权威·前沿·原创

皮书系列为
"十二五""十三五"国家重点图书出版规划项目

BLUE BOOK

智 库 成 果 出 版 与 传 播 平 台

法治蓝皮书
BLUE BOOK OF RULE OF LAW

四川依法治省年度报告 *No.7*（**2021**）

ANNUAL REPORT ON RULE OF LAW IN SICHUAN No.7 (2021)

主　　编／李　林　刘志诚　田　禾

执行主编／吕艳滨

副 主 编／刘雁鹏

社会科学文献出版社
SOCIAL SCIENCES ACADEMIC PRESS (CHINA)

图书在版编目（CIP）数据

四川依法治省年度报告. NO. 7, 2021 / 李林，刘志诚，田禾主编. -- 北京：社会科学文献出版社，2021.4
（法治蓝皮书）
ISBN 978 - 7 - 5201 - 8158 - 7

Ⅰ. ①四… Ⅱ. ①李… ②刘… ③田… Ⅲ. ①社会主义法制 - 研究报告 - 四川 - 2021 Ⅳ. ①D927.71

中国版本图书馆 CIP 数据核字（2021）第 053319 号

法治蓝皮书
四川依法治省年度报告 No. 7（2021）

主　　编 / 李　林　刘志诚　田　禾
执行主编 / 吕艳滨
副 主 编 / 刘雁鹏

出 版 人 / 王利民
责任编辑 / 曹长香

出　　版 / 社会科学文献出版社（010）59367162
　　　　　地址：北京市北三环中路甲 29 号院华龙大厦　邮编：100029
　　　　　网址：www. ssap. com. cn
发　　行 / 市场营销中心（010）59367081　59367083
印　　装 / 天津千鹤文化传播有限公司

规　　格 / 开　本：787mm × 1092mm　1/16
　　　　　印　张：24.25　字　数：362 千字
版　　次 / 2021 年 4 月第 1 版　2021 年 4 月第 1 次印刷
书　　号 / ISBN 978 - 7 - 5201 - 8158 - 7
定　　价 / 128.00 元

工作室成员 （按姓氏笔画排序）

王小梅　王祎茗　刘雁鹏　吴　舒　陈翔飞

胡昌明　段立新　栗燕杰　裘有度

学术助理 （按姓氏笔画排序）

车文博　冯迎迎　米晓敏　洪　梅

官方微博 @法治蓝皮书（新浪）

官方微信 法治蓝皮书（Law bluebook）

法治指数（Law index）

官方小程序 法治指数（Law index）

主要编撰者简介

主编　李林

中国社会科学院学部委员，法学研究所研究员。

主要研究领域：法理学、宪法学、立法学、法治与人权理论。

主编　刘志诚

中共四川省委全面依法治省委员会办公室主任、四川省司法厅党委书记、厅长。

主编　田禾

中国社会科学院国家法治指数研究中心主任，法学研究所研究员。

主要研究领域：刑法学、司法制度、实证法学。

执行主编　吕艳滨

中国社会科学院法学研究所研究员、法治国情调研室主任。

主要研究领域：行政法、信息法、实证法学。

副主编　刘雁鹏

中国社会科学院法学研究所助理研究员。

主要研究领域：法理学、立法学、司法制度。

摘　要

　　本书全面梳理了四川省2020年贯彻落实中央依法治国重大决策部署，深入推进全面依法治省的工作经验与成效，并分析了存在的问题与改进的建议。

　　总报告梳理了四川省2020年贯彻落实中央依法治国的各项部署、全面深入推进依法治省、加快四川法治建设的总体情况，详尽分析了四川省在依法执政、科学立法、严格执法、公正司法、全民守法、法治保障等方面的进展与不足，并提出了未来法治建设工作展望。

　　本卷蓝皮书还推出了系列专题调研报告，涉及地方立法、法治政府、司法建设、社会治理、疫情依法防控、脱贫攻坚法治保障等多个专题。在地方立法方面，通过基层立法联系点以及立法助力脱贫攻坚两篇报告，展现了四川推动立法工作的尝试和努力。在法治政府方面，通过推进综合行政执法向乡镇延伸、法治政府示范创建、行政复议形势分析等数篇报告突出了四川2020年法治政府建设的亮点。在司法建设方面，未成年人司法保护、公益诉讼等依然是值得关注的重点。在社会治理方面，既有市场监管局探索基层法治建设新路径，又有社会组织参与社会治理常态化研究。2020年一场突如其来的新冠肺炎疫情打破了全国乃至世界的正常秩序，在疫情依法防控方面，选择了基层治理、破产企业重整两篇报告展现四川依法防疫的相关经验。在脱贫攻坚法治保障方面，既有四川脱贫工作的整体思路和方法，又有广元市法治扶贫的实践与思考，全面展示四川2020年脱贫攻坚成果。

　　关键词： 地方法治　法治政府　社会治理

目　录

Ⅰ　总报告

Ⅱ　地方立法

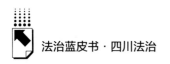
Ⅲ 法治政府

Ⅳ 司法建设

V　社会治理

VI　疫情依法防控

VII　脱贫攻坚法治保障

VIII　成渝双城经济圈建设法治保障

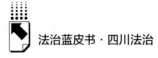

IX 附录

皮书数据库阅读**使用指南**

总 报 告
General Report

B.1

四川省2020年法治发展与2021年展望

中共四川省委全面依法治省委员会办公室课题组*

摘　要：　2020年，四川省深入学习贯彻习近平法治思想，坚持厉行法治，深化全面依法治省实践，加快推进法治四川建设。党对全面依法治省工作的领导全面加强，科学立法、法治政府建设、公正司法、法治社会建设、法治保障等方面取得了新成效、形成了值得总结的特色亮点、积累了法治实践经验做法。本文对照新形势新要求，列举了法治建设各领域存在的问题，并指明了未来努力的方向。

关键词：　依法执政　法治四川　法治政府　法治社会

＊　课题组组长：刘志诚，中共四川省委全面依法治省委员会办公室主任，司法厅党委书记、厅长。课题组副组长：王彬，中共四川省委全面依法治省委员会办公室副主任，司法厅党委副书记、副厅长。课题组成员：陈翔飞、段立新、裘有度。执笔人：裘有度，中共四川省委全面依法治省委员会办公室秘书处一级主任科员。

2020 年，四川深入学习贯彻习近平法治思想，全面贯彻中央全面依法治国工作会议精神和中央全面依法治国委员会第一、二、三次会议精神，认真贯彻落实党中央关于全面依法治国的决策部署，紧紧围绕"把治蜀兴川各项工作全面纳入法治轨道，把四川法治建设提高到一个新水平"，坚持依法治省、依法执政、依法行政共同推进，坚持法治四川、法治政府、法治社会一体建设，统筹推进依法执政、科学立法、法治政府建设、公正司法、法治社会建设、法治保障，扎实推动全面依法治国基本方略在四川落地生根、开花结果。

一 依法执政，加强党对法治建设领导

习近平总书记强调："党的领导是推进全面依法治国的根本保证。国际国内环境越是复杂，改革开放和社会主义现代化建设任务越是复杂，越要运用法治思维和法治手段巩固执政地位、改善执政方式、提高执政能力，保证党和国家长治久安。"① 四川省委认真贯彻习近平总书记重要指示，把依法执政作为全面依法治省的关键，把党的领导贯穿到全面依法治省的各个领域各个方面各个环节，统筹谋划全面依法治省工作，持续抓好领导干部这个"关键少数"，扎实推进党的领导制度化、法治化建设，推进全面依法治省蓝图变为现实。

（一）统筹谋划推进全面依法治省工作

习近平总书记指出，"全面依法治国是一个系统工程，必须统筹兼顾、把握重点、整体谋划"。四川认真贯彻习近平总书记重要指示精神，深刻认识四川"人口多、底子薄、不平衡、欠发达"省情实际，统筹谋划全面依法治省工作，切实做到中央决策部署、省委强力推动、基层落实见效三个有机统一。

---

① 习近平：《论坚持全面依法治国》，中央文献出版社，2020。

一是省委强力推动。四川省委认真贯彻党的十九大和十九届二中、三中、四中、五中全会精神，把全面依法治省工作作为一项重大战略工程系统谋划、扎实推进。省委十一届八次全会研究四川省"十四五"规划时，对法治四川建设作出重大部署，明确提出"社会主义民主法治更加健全，社会主义公平正义进一步彰显，更高水平的法治四川、平安四川建设扎实推进"的"十四五"发展目标，以及"治理体系和治理能力现代化基本实现，法治四川、法治政府、法治社会基本建成"的2035年远景目标，把全面依法治省工作作为重要内容一体谋划。省委全面依法治省委员会第二次会议深入学习习近平总书记在中央全面依法治国委员会第三次会议上的重要讲话精神，听取了全面依法治省工作情况汇报，审议了《四川省乡村振兴法治工作规划（2020~2022年）》等四个文件，对全面依法治省各项工作作出安排部署。举行省委理论学习中心组专题学习（扩大）会，学习贯彻习近平总书记在中央政治局第二十次集体学习时的重要讲话精神，集中学习《民法典》，提出把《民法典》实施纳入法治四川建设总体部署坚定有力推进，推动《民法典》在四川省全面有效实施。地方各级党委切实加强对本地法治建设工作的领导，将法治工作纳入年度工作要点、地方经济社会发展规划和综合目标绩效考核，切实把经济社会发展各项工作纳入法治化轨道。中央全面依法治国工作会议召开后，省委第一时间召开常委会会议及时传达学习习近平总书记重要讲话精神，听取四川全面依法治省工作情况汇报，研究四川贯彻落实意见，强调要坚定用习近平法治思想指导法治四川建设，坚决把习近平法治思想贯彻落实到法治四川建设全过程各方面。精心组织开展"深入学习宣传习近平法治思想　大力弘扬宪法精神"为主题的"宪法宣传周"活动，全省各地采取多种形式深入学习习近平法治思想，全力营造全面依法治省的浓厚氛围。召开省委全面依法治省工作会议，全面总结法治四川建设各项工作，系统分析法治建设新形势新任务，对"十四五"期间全面依法治省重点工作进行了安排部署，推动习近平法治思想在四川落地生根、开花结果。

二是夯实基层基础。四川认真贯彻落实习近平总书记关于"全面推进依法治国，基础在基层，工作重点在基层""坚决破除束缚全面推进依法治国的体制机制障碍，解决法治领域突出问题"等指示要求，将"深化拓展基层法治示范创建"纳入省委常委会年度工作要点，着力夯实全面依法治省底部基础和落点支撑。省委和省委全面依法治省委员会在全省部署开展全面依法治县示范试点暨示范推动解决法治建设八个具体问题工作，着力探索体现四川特色、符合基层实际、解决群众难题的好经验好做法，为决胜全面建成小康社会、推动治蜀兴川再上新台阶提供有力法治保障。省委依法治省办认真研学中央有关决策部署和法律法规，率先开展了全面依法治县系统性理论及实务研究，编制了《四川省全面依法治县（市、区）示范试点工作导引》，查找梳理了 4 个方面、25 个节点、83 个具体问题，研究提出了 137 项工作举措；编制了《示范推动解决法治建设八个具体问题工作导引》，梳理出地方立法质量不高、合法性审查不严、业务与法制结合不紧、行政裁决运用不足、行刑衔接不畅、生效判决执行难、法治宣传教育实效不高、依法治省考评量化不细等 8 个问题、40 种具体表现，研究提出了 42 项解决措施。省委和省委全面依法治省委员会将示范试点作为法治建设的重大部署，决定集中一年时间，在成都市成华区等 14 个县（市、区）开展全面依法治县示范试点，在财政厅等 24 个省级部门（单位）开展示范推动解决法治建设 8 个具体问题有关工作；采取 1 位省级领导、1 个省级部门、1 所院校、1 名律师共同联系指导一个示范点的"四个一模式"，推进全面依法治县示范试点工作。省委高规格召开了全省动员部署会，将示范试点纳入年度目标绩效考核，落实了专项经费。14 位对口省领导认真研究部署、开展调研和督查指导；对口联系单位出席试点县（市、区）动员部署会议，成立工作推进机构，建立定期会商工作制度。省委依法治省办及时加强督促指导，开展专题培训，推动示范试点工作走深走实。

三是推进落地落实。四川认真贯彻习近平总书记"关键在于落实"的指示精神，把全面依法治省作为动态过程、系统工程来谋划和掌握，健全保障落实机制。制发省委全面依法治省委员会 2020 年工作要点，编制包含 157 项工作的任务台账，采用"清单制＋责任制"方式，逐一明确各议事协调小组、责任单位、责任人、完成时限等，确保工作任务可量化、可考核。将全面依法治省纳入省委综合目标绩效考评，注重日常管理，采取包括过程考核在内的多种考核方式，组织开展省直相关单位和市州推进法治建设情况考核，创制包括73个指标、144个观测点的"四川市县法治指数"，切实发挥考核评价"指挥棒"作用。印发省委依法治省办督查工作实施办法，明确督查计划、方式、内容、组织实施与结果运用、工作纪律等内容，组织开展党政主要负责人履行推进法治建设第一责任人职责和法治政府建设督查，督查中发现的问题要求限时完成整改。

（二）抓住领导干部"关键少数"

四川认真贯彻习近平总书记关于"各级领导干部要带头尊崇法治、敬畏法律，了解法律、掌握法律，不断提高运用法治思维和法治方式深化改革、推动发展、化解矛盾、维护稳定、应对风险的能力，做尊法学法守法用法的模范"的要求，紧紧抓住领导干部这个"关键少数"，坚持以上率下、强化责任担当，不断提高依法执政的能力和水平。

一是强化领导干部引领示范带头作用。四川认真执行《四川省宪法宣誓制度实施办法》，着眼"推动国家机关工作人员依宪依法依规履职"，全省共组织宪法宣誓3100余场，开展多种形式的宪法知识考试1800余场，35.1万余名公职人员带头学习宪法知识，切实增强宪法意识。贯彻落实《四川省党政主要负责人履行推进法治建设第一责任人职责实施办法》，将党政主要负责人依法履职情况作为年终报告工作的重要内容。二是推动公务员管理"法治化"。明确干部选任"风向标"，把学法用法结果、能不能依法办事作为考察识别干部的重要内容，及时将法治素养好、依法办事能力强的干部选出来、用起来，注重在领导班子中配备具有法律专业背景或法治工作经验的成员；统筹推进公务员分类改革，稳步实施公务员职务与职级并行，制定公务员录用、调任实施办法，制定平时考核和及时奖励办法，完善收入分配制度，以法治理念提升公务员管理科学化水平。三是切实增强领导干部依法履职能力，完善党委中心组、政府常务会议集中学法制度，突出干部考核"指挥棒",将"依法治省工作情况"纳入省管领导班子和领导干部考核内容,将法律法规作为拟任县处级党政领导职务政治理论水平任职资格考试重要内容,把党员干部学法用法情况作为评选"优秀共产党员"的重要标准,党校主体班次全面开设"中国特色社会主义法治体系"教学单元,引导党员领导干部在全面依法治省中作表率、当先锋,不断提高领导干部运用法治思维和法治方式深化改革、推动发展、化解矛盾、维护稳定、应对风险的能力。

(三)加强党内法规制度建设

四川坚决贯彻习近平总书记"坚持依法治国与制度治党、依规治党统筹推进、一体建设"① 重要指示,认真落实中央和省委党内法规制度建设部署要求,加快补齐党建方面的法规制度,积极推进党内法规建设。健全重大立法问题党委决策、政府重大工作党委常委会审议、党委常委会听取人大党组、政府党组、政协党组工作汇报,党委定期听取法院、检察院工作汇报等制度。认真贯彻执行《省委党内法规制定工作五年规划(2018~2022年)》,科学编制省委2020年党内法规和规范性文件制定计划,制定《四川省贯彻〈中国共产党政法工作条例〉实施细则》《四川省贯彻〈中国共产党机构编制工作条例〉实施办法》等党内法规11件。严把备案审查关口,坚持及时报备、规范报备,审查市(州)党委和省直部门党组(党委)规范性文件1002件,发现存在违法违规问题的,要求作出说明和修改。强化党内法规执行,将党内法规执行工作情况纳入省委目标绩效考核,建立党内法规审核会商及常态化实施评估机制、开展实施评估工作。坚持全面依法治省与全面从严治党协同推进,制定出台《关于深化省纪委监委派驻机构改革的实施意见》《四川省纪检监察机关查处诬告陷害行为实施办法(试行)》等制度。

---

① 习近平:《论坚持全面依法治国》,中央文献出版社,2020。

二 法治先行，服务保障经济社会发展

四川坚定贯彻习近平总书记"发挥法治的引领、规范、保障作用"的指示精神，坚持法治先行、保障同步，认真抓好疫情依法防控、成渝双城经济圈建设法治保障等工作，努力做到党委中心工作推进到哪里、法治保障就跟进到哪里，为经济社会高质量发展提供坚实法治保障。

（一）有序推进新冠肺炎疫情依法防控

四川认真贯彻落实习近平总书记"在法治轨道上统筹推进各项防控工作，全面提高依法防控、依法治理能力"的指示要求，推动立法、执法、司法、守法普法联动发力，切实保障疫情防控工作和复工复产顺利开展。

一是加强疫情依法防控工作统筹。按程序启动突发公共卫生事件一级响应，成立省应对新冠肺炎疫情应急指挥部，建立联防联控机制。编印"疫情防治相关法律法规规章条文汇编"共252页，分类梳理党委、政府、部门、企业和个人的法定权利、责任与义务，引导和增强依法防控自觉。系统研究全国疫情防控中暴露的有关法治问题，形成《关于疫情防控转入"持久战"法律问题分析及建议》共11条、后延伸研究达36条，报省委、省政府领导参阅。认真研究中央文件精神，及时出台疫情依法防控工作方案，从立法、执法、司法和守法普法等方面对疫情依法防控工作进行了安排部署。

二是加强疫情防控法制建设。省人大常委会及时作出《关于依法做好当前新型冠状病毒肺炎疫情防控工作的决定》，省政府启动重大传染病疫情应对紧急立法，省法院出台了包含21条具体举措的《关于充分发挥审判职能作用　为打赢疫情防控阻击战提供有力司法保障的指导意见》，省检察院印发了加强疫情防控案件检察监督专门文件，司法厅印发了强化疫情防控法律服务和法治保障系列文件；省级重点行政执法部门及时印发了严格规范公正文明执法的规范指引。

三是加大疫情防控执法司法力度。省、市、县三级成立合法性审查等5类法治专业小组,抓好防控文件审核、矛盾纠纷调处和风险防范;依法及时公开防控措施和防控信息,省指挥部共向社会发布公告15则、重要信息6033条。公安机关开展"奋进1、2号"专项行动,依法打击制假售假、口罩诈骗、贩卖野生动物等涉疫违法犯罪活动,依法查处妨害疫情防控等违法犯罪案件1761件。卫生监督机构开展8轮传染病防控监督执法检查,检查医疗机构、疾控机构、公共场所等8万多户次。法院系统推行"非接触式"诉讼服务、云端审判和执行,推进网络查控、联合惩戒、网络拍卖、在线案款发放等,累计网上立案38万余件、网上送达近28万件、网上庭审2万余件、在线调解3万余件。法检机关及时发布涉疫情典型案例,其中2个案例入选全国法院服务保障疫情防控典型案例。检察机关召开办理涉疫案件工作视频会,统一全省涉疫案件司法适用标准。组织开展"依法防控、法治同行"专项行动,全省依法治市(州)、治县(市、区)办利用广播、电视、报刊和"两微一端"广泛宣传防疫政策、防护常识、法律知识和抗疫先进典型,为疫情依法防控和社会和谐稳定提供了有力的舆论支持。出台并6次动态调整实施《四川监狱系统新冠肺炎疫情防控战时"1+14"工作标准》和《四川省戒毒系统战时管理指南及规范》,将监所全面纳入地方疫情防控体系,全省监所持续保持疫情"零感染"。

四是依法保障复工复产。围绕复工复产涉及的人员流动、经营许可、商品流通等环节,出台了复工复产操作指引,做到了依法有序。省法院出台服务保障统筹推进疫情防控和经济社会发展意见,全省法院妥善审理劳动争议、融资借贷、破产重整等案件6.51万件。公安机关开启"互联网+公安政务服务"复工复产绿色通道,新增"网上办""一次办""就近办"事项131项,对需集中业务办理的重大工程开工复工等提供上门服务。组织编写疫情分区、复工准备、员工防护等6类宣传指南,以快板书、顺口溜形式印发基层方便企业和群众领会掌握。整合全省律师、公证、仲裁、司法鉴定等法律服务资源,组建228个"法律服务团",依托"12348"四川法网和"丝法通"平台,创办法律专刊、开办法律直播课堂、编写企业复工法律问题解答，为2.2万余家企业开展"一对一"法律服务，助力企业恢复生产。

（二）加强成渝地区双城经济圈建设法治保障

2020年1月，习近平总书记在中央财经委员会第六次会议上提出"大力推动成渝地区双城经济圈建设"，四川与重庆两地法治工作部门积极开展全方位、多层面的深度合作，为成渝地区双城经济圈建设提供坚实的法治保障。

一是推进川渝两地协同立法工作。开展调查研究，形成《成渝地区双城经济圈建设地方人大协同立法与法治保障研究报告》；签署合作协议，明确"立法项目协商确定，立法文本协商起草，立法程序同步推进，立法成果共同运用，法规实施联动监督"的协同立法原则，对协同立法工作进行了安排部署。四川省与重庆市建立区域立法协同机制，研究制定《川渝人大法制工作机构推动成渝地区双城经济圈建设协同立法工作办法》，开展优化营商环境协同立法，防止立法差异造成经济融合发展壁垒。

二是提升一体化执法司法水平。召开川渝政法合作联席会议暨政法部门合作签约仪式，审议通过了《关于提升一体化执法司法水平 服务保障成渝地区双城经济圈建设的指导意见》，从加强执法司法协作等方面强化两地政法系统执法司法联动。四川省高院与重庆高院签署了框架协议以及知识产权、执行工作、跨域诉讼服务等合作协议，明确29项合作内容，建立19项工作机制。四川省检察院与重庆市检察院签订加强检察协助意见和联系协助工作办法，成立平安建设检察协助、经济犯罪检察协作、生态环境资源保护三个专项工作组，构建检察协作合作框架。四川省公安厅与重庆市公安局签订《服务成渝地区双城经济圈建设22条》，构建一体化警务合作机制，深化政务服务、打击犯罪等方面务实合作。四川省司法厅与重庆市司法局签订战略合作协议，制定区域合作重点推进项目清单，重点合作推进45个项目，从法律服务、监管执行、队伍建设等方面加强合作；组织开展"区域协同发展法治保障研究"，对标长三角、粤港澳、京津冀，高位谋划成渝地区双城经济圈法治建设，建立外商投诉处理协作机制，加快构建川渝法律服务联盟，积极打造区域法治、法律服务、监管安全、法治人才"四个共同体"。目前，川渝政法部门间确定了多方面合作事项，形成了"1＋N"制度体系。

三是深化法治政府建设合作。落实深化川渝合作年度重点任务，推进长江、嘉陵江等流域水污染防治，建立生态环境联合执法机制，开展川渝首届毗邻区县水行政联合执法行动，推动生态环境共建共保。积极推进行政执法监督联动，协同开展法治政府建设评估、法治政府示范创建，探索建立行政复议区域协同机制，推进行政复议信息共享、专家库共用，助推行政复议规则制度创新。四川省政府办公厅与重庆市政府办公厅签订关于协同推进成渝地区双城经济圈"放管服"改革合作协议，联合印发第一批川渝通办事项清单，实现95个政务服务事项"异地受理、两地可办"。

三 科学立法，健全完善地方法规制度

立法是法治的前提和基础，是全面依法治国的首要环节；依法治国首先要有法可依。习近平总书记强调，"发展要高质量，立法也要高质量，要以高质量的立法来发展保障和促进经济持续健康发展"①。四川认真贯彻习近平总书记的重要指示要求，加快构建党委领导、人大主导、政府依托、各方参与的立法工作格局，加强改革创新、保障和改善民生、生态环境保护、防范化解重大风险等重点领域立法，全面提升地方立法工作质量和效率，努力使每一项立法都符合宪法精神、反映人民意志、得到人民拥护。

（一）完善地方立法制度机制

一是坚持和完善党对立法工作的全面领导。自觉把党的领导贯穿到立法工作的全过程、各方面，确保党中央和省委的主张通过法定程序转变成全省人民的共同意志。坚持在省委的领导下开展地方立法工作，围绕省委明确的

---

① 习近平：《论坚持全面依法治国》，中央文献出版社，2020。

疫情常态化防控中加强个人信息保护，组织开展工作专题调研，对调研发现的相同信息重复收集，缺乏统一规范管理，信息储存、管理存在安全隐患等问题，及时召开专题会议分析研究，提出改进措施。贯彻落实省委十一届六次全会《关于深入贯彻党的十九届四中全会精神 推进城乡基层治理制度创新和能力建设的决定》，修订《四川省物业管理条例》，开展《四川省城乡生活垃圾分类管理条例》《四川省街道办事处工作条例》等立法调研。坚持地方立法工作向省委请示报告制度，重大立法项目、立法中的重大问题和立法工作中的重要事项以及五年立法规划、年度立法计划，都及时向省委汇报。2020年3月，省委研究审定《四川省人大常委会2020年立法计划》，确定省人大常委会审议省级地方性法规27件、市（州）地方性法规39件、民族自治地方单行条例11件，调研类项目6件。

二是发挥人大主导作用。加强跨区域跨部门重大立法项目统筹协调，成立赤水河流域保护协同立法工作领导小组，召开四川、贵州、云南三省人大常委会赤水河流域保护立法秘书长联席会议，召开立法座谈会，专题研究赤水河流域规划、环境资源承载能力、水资源利用等重点问题，协调推动"三省共立"赤水河流域保护条例。对政府部门起草的法规草案提前介入、协调推进。

三是发挥政府依托作用。优化行政立法项目立项论证机制，对拟列入年度制定类立法计划的项目，实施由起草部门逐一陈述，立法专家提问，起草部门逐一"答辩"的立项论证评估新方法新流程；将风险评估贯穿立法全过程，优化立法项目审查机制，推行省政府立法项目清单式审查工作法，明确包括4个环节、9项重点工作，覆盖立法工作全流程全要素的12个立法项目审查清单，规范立法各环节的具体工作要求和审核标准；做好规范性文件清理，对与民法典精神原则、规定存在不一致的4部地方性法规、3部地方政府规章、52件行政规范性文件，逐一分类提出修改或废止意见建议。2020年省人大常委会立法计划初次审议新制定类法规计划24件，其中20件都是由省政府提交草案。省政府2020年立法计划项目共101件，其中制定类立法项目22件，调研论证类项目79件。

四是加大各方参与地方立法工作力度。坚持开门立法，公开征集地方立法选题、立法建议和地方性法规草案意见建议。制定《四川省行政立法咨询专家库管理办法》，组建行政立法咨询专家库，从法学研究、法律实务以及经济发展、社会治理、行政管理等领域，选聘了36名立法咨询专家，充分发挥专家在立法论证中的积极作用；研究制定《四川省行政立法联系点工作管理规定》，建立首批行政立法基层联系点20个，更好地在立法中掌握民情、收集民意。组织开展立法调研、座谈、研讨近70次，最大程度实现了立法工作共同参与、凝聚共识。省政协积极开展立法协商工作，围绕《四川省优化营商环境条例》《四川省传统村落保护条例》等11件地方性法规（草案）和政府规章（草案）开展立法协商，参与立法协商的专家组人员达95人次，提出119条意见建议。

（二）加强重点领域立法

四川紧扣中央和省委重大决策部署，突出保障和改善民生、生态环境保护、安全生产、防范化解重大风险、科技创新、公共文化服务保障等重点领域立法，审议通过《四川省工伤保险条例》《四川省企业和企业经营者权益保护条例》等省级地方性法规12件，制定、修改、废止省政府规章8件，审查批准41件市州地方性法规和民族地方单行条例。

突出推进基层治理，推进《四川省物业管理条例》修订，完成《四川省〈中华人民共和国城市居民委员会组织法〉实施办法》《四川省村民委员会选举条例》修正。突出保障公共安全，制定《四川省公安机关警务辅助人员管理办法》《四川省粮食安全保障条例》，修订《四川省公共消防设施条例》。突出优化营商环境，制定《四川省优化营商环境条例》，修订《四川省科学技术奖励办法》。突出保障和改善民生，制定《四川省公共文化服务保障条例》《四川省质量促进条例》《四川省传统村落保护条例》，修订《四川省基层法律服务管理条例》。突出生态环境建设，制定《老鹰水库饮用水水源保护条例》《四川省节约用水办法》，修订《四川省农药管理条例》《四川省机动车排气污染防治办法》。

（三）扎实开展备案审查工作

坚持把加强规范性文件备案审查工作作为坚持依宪治国、加强宪法法律监督和维护宪法权威的重要举措，不断增强备案审查效能。加大备案审查工作力度，省人大常委会全年共对269件规范性文件进行备案审查，对63件党内法规和规范性文件草案提出合法性审查意见，对3件公民法人和其他组织提出的审查建议分类进行处理。制定《四川省人大常委会规范性文件备案审查工作规定》，明确备案、审查、纠错等各环节的工作机制，促进备案审查工作科学化、规范化发展。将"两院"规范性文件纳入备案审查范围，组织召开"两院"规范性文件备案审查工作专题座谈会，实现备案审查对象全覆盖。建立规范性文件委托专家审查工作机制，从省律师协会各专业委员会中遴选37名律师作为专家组成员，委托省法学会选派法学专家参与审查，扩大备案审查工作社会参与度，提高备案审查工作的专业化水平。推进市（州）、自治县人大备案审查信息平台建设，目前，已建成覆盖省、21个市州、4个民族自治县三级的全省人大备案审查信息平台，实现互联互通。

四　严格执法，加快推进法治政府建设

四川认真贯彻落实习近平总书记关于法治政府建设的重要要求，强化依法全面履行政府职能、坚持依法民主科学决策、推进严格规范公正文明执法、强化行政行为监督，加快建设职能科学、权责法定、执法严明、公开公正、廉洁高效、守法诚信的法治政府。

（一）依法全面履行政府职能

四川省政府认真贯彻中央和省委法治建设决策部署，制定《四川省人民政府2020年度法治政府建设重点工作安排》，确定7个方面20项重点任务，明确责任单位和完成时间，加强跟踪问效。推动《四川省法治政府建设实施方案（2016～2020年）》落地落实，开展第三方评估，泸州市、成都

市金牛区获得中央依法治国办第一批全国法治政府建设示范命名。组织评选法治政府建设创新实践案例，评选推广20个先进典型，展现各领域推进法治政府建设的有效举措，引导促进各地各部门相互学习借鉴。

一是持续深化"放管服"改革。严格落实国务院"放管服"改革系列会议精神，向中国（四川）自贸试验区、宜宾临港经济技术开发区分别下放或委托实施156项、22项省级管理事项，开展企业投资项目"在线告知备案"，平均备案时间压缩80%，工程建设项目审批事项从82项压减到66项，逐步实现"一网通办、一网通管、一网通看"。编制出台四川省涉企行政事业性收费目录清单（2019）等，省级设立行政事业性收费仅2项，涉企收费实现"零收费"，大幅低于全国平均水平。推进提升乡村惠民服务能力，推动9项省本级公共服务事项下放至乡镇，17个市（州）下放2939项公共服务事项至乡镇。开展证明事项告知承诺制试点和证明事项清理，全省保留的证明事项共796项，全省实行告知承诺制的证明事项共148项。出台《四川省2020年政务服务"好差评"考评细则》，进一步完善省政务服务"好差评"系统，全省标准统一制定、数据统一汇聚、评价统一管理的政务服务"好差评"体系基本建成，2020年收到3152.94万条评价信息，满意率达99.99%。提升政务服务水平，建成省市县乡村五级一体化政务服务体系，全省80%以上的政务服务事项实现"一窗分类受理"，在11个县（市、区）试点开展乡镇（街道）便民服务中心标准化规范化便利化建设。加强事中事后监管，在全国率先出台市场主体专项监管计划，建立监管事项、现场检查、重点监管"三张清单"。加快社会信用体系建设，归集公示188万余户企业及农民专业合作社信用信息，列入严重违法失信企业名单1.6万户，启动省社会信用信息平台（二期）项目建设工作，截至目前，全省已有18个市（州）建成信用信息平台，19个市（州）开通"信用中国"门户网站，着力构建以信用为基础的新型监管机制。

二是实施权责清单动态管理。出台行政权力、公共服务事项、省级行政审批中介服务事项"三张清单"，全省保留行政权力事项6252项、公共服务事项539项、省级行政审批中介服务事项789项。修订完善《四川省权责清单动态调整管理办法》，大力推进乡镇（街道）扩权赋能，印发《四川省乡镇（街道）法定行政权力事项指导目录》《四川省赋予乡镇（街道）县级行政权力事项指导目录》；印发《乡镇（街道）属地事项责任清单指导目录（2020年本）》，明确乡镇（街道）属地管理事项109项，其中乡镇（街道）承担主体责任62项，承担配合责任47项。

三是持续优化营商环境。研究制定《四川省优化营商环境条例》，开展营商环境指标提升行动，省级"最多跑一次"事项占比达98.79%，大力推进"证照分离"改革，企业开办环节精简至3个、时间压缩到1个工作日，工程建设项目审批时间平均压缩至100个工作日内。根据2020年的《中国省份营商环境评价》，四川在全国省级行政区营商环境指数排名中位居第四。

（二）坚持依法民主科学决策

四川认真贯彻落实《重大行政决策程序暂行条例》，强化公职律师、法律顾问、专家学者、社会公众参与行政决策，完善重大项目和重大利益行政决策风险第三方评估机制，切实发挥决策咨询机构作用，着力把行政决策权力关进制度笼子，确保政府决策依法科学民主。

健全重大决策合法性审查制度。对公共政策措施、经济社会发展规划、公共建设项目等方面的重大行政决策，一律要求开展合法性审查；推进备案审查方式创新，出台《四川省备案审查交叉审查办法（试行）》，召开两期全省规范性文件交叉审查及培训会，采取理论培训与实践操作相结合、独立审查与分组研讨相结合、审查意见交流与工作经验交流相结合的"三个结合"方式，对报送省政府备案的369件行政规范性文件开展了全面审查。举办2019年合法性审查工作评估会议，邀请来自省决策咨询委员会、省人大法工委、省内高校的知名专家以及基层业务骨干，对省政府2019年交办的143件重大行政决策及行政规范性文件合法性审查情况进行集中评估。发挥专家作用，建立律师事务所参与合法性审查和备案审查协审工作制度，确定三家律所为协助审查单位。清单式明确省本级51个行政规范性文件制定主体，编制《行政规范性文件、重大行政决策合法性审查指南（第一版）》，推进合法性审查工作规范化建设。积极引导公众参与，在省政府门户网站设置"决策公开"专栏，充分听取公众对重大行政决策事项的意见建议，并及时在专栏公开意见征集情况、反馈决策结果。坚持集体讨论决定，充分听取发表意见，集思广益提高决策质量，2020 年省政府常务会议审议重大行政决策事项 45 项。普遍落实法律顾问制度，各级政府和部门组织法律顾问参与重大行政决策和涉法事务研究、咨询与论证，并形成长效机制。

（三）推进严格规范公正文明执法

习近平总书记指出，"人民群众对美好生活的向往更多向民主、法治、公平、正义、安全等方面延伸，对严格规范公正文明执法的要求和期待也越来越高"①。四川认真贯彻落实习近平总书记的指示要求，稳妥推进综合行政执法体制改革，全面推行行政执法"三项制度"，大力推进执法规范化标准化建设，严格执法证照管理，努力让人民群众在每一起案件办理、每一件事情处理中都能感受到公平正义。

一是推进综合行政执法体制改革。积极稳妥推进市场监管、生态环境保护等 5 个领域综合行政执法体制改革，审定《省级综合行政执法改革机构编制调整方案》，明确市场监管、文化市场、农业领域均不再保留执法队伍，进一步理顺职能配置，大力提升执法效率和监管水平。整合道路、路政、运政、海事、质监等执法队伍，成立省交通运输综合行政执法总队，承担省级交通运输执法 108 项行政处罚事项。2 个市（州）和 161 个县（市、区）设置综合行政执法局，使执法职能和执法资源更加优化协调。

二是规范行政执法行为。全面落实行政执法"三项制度"，修订《四川省行政执法公示规定》《四川省行政执法全过程记录规定》《四川省重大行政执法决定法制审核办法》，组织召开全省行政执法"三项制度"工作推进会，督促推动落地落实。积极构建行政执法标准化体系，围绕打造文书规范

---

① 习近平：《加强党对全面依法治国的领导》，《求是》2019 年第 4 期。

化、过程痕迹化、责任明晰化、监督严密化、分析可量化的行政执法标准化体系目标，制定实施包含五大类34项具体任务的《四川省行政执法标准化建设方案》，编制发布《四川省行政执法流程标准》《四川省行政执法文书标准》两个地方标准，新建修订公安、农业农村、应急管理、生态环境等领域各类行政执法制度800余项，全力打造"教科书式执法"。加强行政执法规范示范指导，成功组织开展"百个行政执法优秀案例评选暨典型案例评析"活动，评选出10个行政执法典型案例和90个优秀案例。探索推进包容审慎监管，拟制《关于推行"一目录""四清单"包容审慎精准执法的实施意见》，首创包容审慎精准执法"一目录四清单"制度，试点推行行政处罚不予处罚、减轻处罚、从轻处罚"三张清单"，着力建立健全适应新经济发展特点的包容审慎精准执法新型监管机制。

三是加强行政执法证件管理，加强执法证件年审、严格执法资格考核，严格行政执法证件申领审查和核查，组织省级部门500余名执法人员参加资格考试，在成都、泸州、德阳、眉山和凉山五个市（州）启动消防行政执法资格试点工作，着力解决消防员执法资格问题，深化消防执法改革。

（四）强化行政行为监督

四川着力强化行政行为的司法、社会监督，不断健全完善行政行为监督体系建设。一是强化行政复议工作。健全府院联席机制，制定《四川省人民政府　四川省高级人民法院关于健全"府院"联动机制的意见》，召开"府院"联席工作专题会，建立行政复议机关与审判机关常态化交流沟通机制。修订复议听证规则，依法办理行政复议案件。2020年，全省各级行政复议机关新收行政复议案件4055件，受理案件4497件，办结案件4667件（含结转1149件）；省政府新收行政复议案件464件，受理案件351件，办结案件448件。加强对行政复议案件的研究办理，审核把关行政复议案件269件（省政府为被申请人的42件），省政府信息公开类复议量和诉讼量同比分别下降近70%、50%，无一件涉案处理决定被纠错。

二是加强执法监督检查。开展全省应急行政执法专项监督检查和全面推行行政执法"三项制度"、行政规范性文件合法性审核机制落实情况专项监督行动，实地监督市（州）执法机关（单位）124个，县（市、区）163个，县（市、区）执法机关（单位）466个，召开座谈会680余次，抽查行政执法案卷2168卷，抽取行政执法人员进行测试考核5900余人次，督促各市（州）扎实推进"三项制度"落地落实。全国首家在省级层面开展人民群众最不满意行政执法突出问题承诺整改活动，按照大调查、大收集、大研判、大整改、大回访5个步骤实施，重点围绕事关社会安全稳定大局、人民群众切身利益的执法领域，广泛听取人民群众意见建议，准确掌握人民群众反映最强烈、最不满意的行政执法突出问题，针对梳理出的突出问题向社会作出公开整改承诺，并加强跟踪监督检查，对整改情况进行大回访，进一步提高行政执法社会满意度。全省共收集确定人民群众最不满意执法突出问题1039个，已全部整改到位，实现问题清零。组织开展面向社会公开选聘行政执法特邀监督员活动，聘请30人为四川省行政执法特邀监督员。

三是主动接受社会监督。发挥政务公开在促进依法行政、建设法治政府方面的积极作用，省级政府透明度指数保持全国前五，政府网站绩效评估保持全国前三，信息发布专项指数连续9年位列第一。推广执行全国首套9项省级政务公开地方标准，推进基层政务公开标准化规范化建设，推动183个县（市、区）及其乡镇（街道）编制发布26个试点领域主动公开标准目录，推进乡镇便民服务中心信息公开标准化建设，集中统一发布公共服务、扶贫资金、义务教育等领域政府信息。创新政府信息公开平台监管模式，建设"四川省政府网站与政务新媒体检查考核系统"，固化采样评分、校对审核、统计分析、报告生成等环节，工作效率提高50%以上。

五 公正司法，切实深化司法体制改革

公平正义是司法的灵魂和生命。保障和推进司法公正是贯彻落实全面依法治国基本方略的关键举措。四川紧紧围绕推进政法机构改革、深化司法体

制综合配套改革、深化诉讼制度改革、统筹破解司法工作难题等方面，创新思路、狠抓落实，推动四川省司法体制改革向纵深发展，切实提升司法公信力，确保司法公正高效权威，努力让人民群众在每一个司法案件中感受到公平正义。

（一）深入推进政法领域全面深化改革

四川坚持把推进政法领域全面深化改革与推进全面依法治省结合起来，统筹抓好改革任务和法治建设任务落实，确保改革和法治共同推进。

一是完善机构职能体系。全省基层法院和三级检察院内设机构改革任务全面完成，精简整合基层法院内设机构755个、精简率为32.1%，完成《人民法庭优化布局指导意见》，在汶川等地设立七个大熊猫国家公园专门法庭，促进审判资源向基层下沉。行业公安机关管理体制调整扎实推进，森林公安转隶工作顺利完成，率先在全国完成高速公路警务机制改革，基层派出所力量得到有效整合。坚持司法所调整与乡镇行政区划改革工作同步推进，共设置司法所3245个，实现乡镇（街道）全覆盖，所均人数由1.6人增加到3.1人。推进司法行政"优化协同高效"工作体系建设，建立18项23类重大专项和特色亮点工作的责任（协同）机制，分类建立依法治省、行政立法、行政执法、公共法律服务、刑事执行五大工作体系，促进司法行政系统各项工作职责优化协同高效发展。深入推动"四大检察"全面协调发展，开展公安执法办案管理中心派驻检察室工作，向公安机关派驻检察室156个，加强刑事立案和侦查活动同步监督，监督立案930件，监督撤案737件。

二是健全诉讼制度体系。全面落实以审判为中心的刑事诉讼制度改革，构建以"繁简分流、轻刑快处"为前提，以"庭前准备，证人出庭，非法证据排除，庭审充分举证质证，当庭认证、当庭宣判"为重点的刑事庭审运行模式，推动全省法院庭审实质化。持续深化民事诉讼程序繁简分流试点改革，完善"分调裁审"机制，全省法院设立速裁团队433个、配备员额法官1059名，促进纠纷化解提速增效。试点法院推进小额诉讼程序改革，加快推进民商事司法参考性案例库建设工作，促进裁判尺度统一。持续深化环境资源审判改革，省法院、省检察院、公安厅、生态环保厅建立联席会议制度，各地法院加强跨区域环境资源司法协作，合力筑牢长江、黄河上游生态屏障。开展防范打击侵害未成年人违法犯罪专项审判活动，定期发布未成年人司法保护典型案例，最大限度保护未成年人利益。制定《四川省关于办理刑事案件的基本证据规范（试行）》，统一故意杀人罪等8类罪名刑事诉讼各阶段的证据标准，并将其转化为数据模型，深度嵌入政法各部门办案平台，对证据进行系统梳理，实现了8类罪名全流程统一的证据标准指引，提升了侦查质量，方便了审查起诉、立案审判等环节。推动刑事涉案财物中心建设，督促未完成建设的市县抓紧完成建设任务，加快推进涉案财物管理系统升级改造。落实捕诉一体和认罪认罚从宽制度，2020年，全省认罪认罚从宽制度适用率82.4%，确定刑量刑建议法院采纳率96.7%。

三是推进刑事执行和戒毒工作体制改革。建成全国首个省级层面监狱管理标准体系，牵头启动西南地区监狱工作标准化协作机制，出台减刑、假释案件办理规定，疫情防控期间依法做好减刑、假释、暂予监外执行及有关社区矫正工作意见，启动罪犯改造综合评估体系，探索建立罪犯财产性判项执行机制。全面推行"四区五中心"统一戒毒模式，首创"三级四类"医联体模式，形成"一所五区"病残戒毒人员收治格局。出台《四川省社区矫正实施细则》，设立市级社区矫正委员会11个，县级社区矫正委员会62个，建成教育基地269个、公益劳动基地934个、就业基地244个。加强监狱服刑等人员职业技能培训，会同人力资源和社会保障部门，将余刑和强制隔离余期不满一年的服刑人员、戒毒人员和社区矫正人员职业技能培训全部纳入地方统筹。推进监管执法协同，构建联席会议、指挥调度、情报会商处置、联勤巡防、联动处置、反恐巡演、警务保障协作等狱（所）地"7+N"联动机制，在内江市召开狱地联动现场会，西南四省到会观摩。

（二）完善权力运行和监督制约机制

四川省委政法委牵头制定《〈关于深化司法责任制综合配套改革的意见〉任务台账表》，就规范权力运行、加强监督管理、健全职业保障、提升办案效能等 22 条综合配套措施进一步细化梳理，共形成 88 项工作任务和 65 项成果检验形式，并明确工作进度、责任处室、责任人及成果形式。进一步修订完善案件评查标准，全面整合执法司法机关大数据，对收集的 241 个数据指标进行分级分层，探索建立执法司法态势监测指标体系。以开展"万案大评查"活动为契机，对评查期间发现的错案追究错案责任，区分层级单位建立通报制度。

一是健全审判权力制约监督体系。制发审判人员和审判辅助人员权力和责任清单，将院庭长办案纳入司法责任制专项巡查，先后开展两次督导检查，用程序规则合理约束和规范法官自由裁量权行使。健全违法审判责任追究机制，强化"四类案件"监管，组织开展落实防止干预司法"三个规定"等专项整治，2020 年对 27 个法院开展司法巡查，开展审务督查 106 次，切实消除风险隐患、改进司法作风。健全院庭长办案情况内部公示、定期通报、考核监督、见效问责机制，院领导办理案件 10.81 万件，占全省法院办结案件的 8.26%。宜宾市构建权责清单化、用权规范化、监管立体化"三化行权"新型审判制约监督体系，取得良好效果。

二是全面深化案件质量评查工作机制，开展"万案大评查"，共评查案件 1.7 万余件，纠正问题案件 2220 件，督促整改执法司法问题 45300 余个。全面建成应用"四类案件"监管平台。2018 年以来，全省法院纳入"四类案件"监管的案件 10.78 万件，占受理案件的 6.87%，基本解决了"四类案件"识别难、启动难、留痕难、公开难等问题。积极拓展人民监督员监督范围，将"四大检察""十大业务"全面纳入人民监督员监督范围。制定法院、检察院入额领导干部直接办理案件规定，对领导干部办理案件的原则、范围和比例等相关内容进一步予以明确和细化，全年全省检察机关入额院领导以独任或主办检察官身份办理案件 21073 件。创新实施定期报告非因正常办案需要、非正常时间地点会见案件关系人、非因履行职责过问案件情况的"三非"工作机制，严格定期填报、台账管理等措施，健全司法廉政风险防控机制。深化"派驻＋巡回"检察工作，组织省内首次跨区域交叉巡回检察，组成 15 个巡回检察组对省内 15 所监狱进行深入检查，共发现问题 301 个，发出检察建议 18 份，书面纠正违法 27 份。

三是坚持依法独立公正行使检察权，完善办案质量责任制，坚决排除对司法活动的违规干预。出台《关于在适用认罪认罚从宽制度案件中加强量刑建议监督管理工作的意见（试行）》，加强对易发生廉政风险的量刑建议工作的监督管理。通过常规抽查、重点评查、专项评查等方式对办案质量进行监管。定期分析研判办案质量态势，对评查中发现的问题，及时督促整改。严格落实"三个规定"，明确检察人员的记录填报责任。开展专项整治及廉政风险点防控工作，组织全省检察机关认真查找司法办案廉政风险点，制订防控措施。聚焦美丽中国、健康中国、法治中国建设，积极开展公益诉讼检察工作，大力推进公益保护跨区域协作，建立"三山五江一河"跨区域协作机制，加强长江黄河上游生态环境保护，组织开展国有财产保护领域、国有土地权出让领域等专项监督活动，切实维护国家利益和社会公共利益。2020 年，四川检察机关共立案办理各类公益诉讼案件 6659 件，履行诉前程序 6383 件，起诉 690 件，立案数、诉前程序数、起诉数均居全国前列，检察建议采纳率 99.6%。

（三）着力解决司法突出问题

四川持续推进执行规范化建设，采取多项举措，深入破解生效判决执行难题。制定《关于加强综合治理 从源头切实解决执行难问题的实施意见》，建立健全党委领导、联席会议统筹协调、法院主体推进、有关部门各司其职的综合治理执行难工作格局，不断巩固综合治理执行难工作。省高院与重庆市高级人民法院签订执行联动协作协议，推动实现查控系统纵向贯通和横向联网。深化信用中国（四川）平台建设，重拳整治规避执行、逃避执行行为，纳入失信被执行人名单 10.1 万人、罚款 1044 万元、拘留 1547 人、限制高消费 28.97 万人次、判处拒执罪 80 件 94 人，社会诚信体系约束效果进一步彰显。全面推进执行指挥中心实质化运行，常态化开展"司法大拜年"等"一季度一行动"，开展涉党政机关、国有企业拖欠民营企业、中小企业债务案件专项执行行动，联合开展涉金融专项执行行动，执结案件

2.01万件，执行到位71.05亿元，全省法院执结案件、执行到位金额同比分别上升6.7%、12.25%。召开新闻发布会，发布2016～2018年全省法院基本解决执行难和2019年执行工作长效机制建设成效、2020年执行工作安排部署。

完善"行政执法与刑事司法衔接"工作机制，解决有案不移、移案不接、以罚代刑等问题。省委宣传部、省法院、公安厅、司法厅、省市场监督管理局、省知识产权服务促进中心联合制定《四川省知识产权行政执法和刑事司法衔接案件移送制度》等五项制度；省生态环境厅、省法院、公安厅签订《关于加强生态环境保护行政执法与司法联动协作的意见》，合力打好污染防治攻坚战。持续开展知识产权、食品药品等领域的专项活动。省市场监督管理局、省药监局联合开展"四个最严"专项行动，印发联席会议、案件协作等五项工作机制，同公安厅联合挂牌督办10起涉食品、药品安全案件。持续推动解决问题，对导致"行刑衔接"工作不畅的问题进行认真梳理，提出了具体解决措施，并制订实施方案。

六 全民守法，扎实推进法治社会建设

习近平总书记强调："要加快实现社会治理法治化，依法防范风险、化解矛盾、维护权益，营造公平、透明、可预期的法治环境。"[①] 四川认真贯彻落实习近平总书记的重要指示要求，紧扣党中央"提高社会治理法治化水平"的法治社会建设战略，从推动全社会形成法治观念、推进多层次多领域依法治理、建设完备的公共法律服务体系和健全依法维权和化解纠纷机制四个方面，全方位推进法治社会建设。

（一）推动全社会增强法治观念

全民守法是法治社会的基础工程。四川认真贯彻落实习近平总书记

---

① 习近平：《论坚持全面依法治国》，中央文献出版社，2020。

"加强全民普法工作力度，弘扬社会主义法治精神，增强全民法治观念"的要求，坚持把推进全民守法工作作为全面依法治省的长期基础性工程来抓，创新法治宣传教育新机制新方法，落实"谁执法谁普法"普法责任制，加强社会主义法治文化建设，切实推动全社会增强法治观念，努力让法治成为社会共识和基本原则。

一是扎实做好守法普法工作。组织对全省 21 个市（州）及 80 余家省级部门开展"七五"普法总结验收，在全国首创"七五"普法亮点工作和点位 VR 全景展示平台，联合有关部门组成工作组分赴相关市州，就"七五"普法规划和决策执行完成情况进行评估。出台深化拓展"法律七进"示范试点方案，深入探索将"法律七进"从"法治宣传七进"向"法律服务七进"拓展延伸，最终实现"依法治理七进"的途径方法，推动法治宣传、法律服务、依法治理有机融合。聚焦国家工作人员、青少年学生、寺庙僧尼等重点对象，推动"宪法法律进高校""宪法藏区行"等活动常态化，开展宣传活动 1100 余场次，受教育干部群众 11 万余人次。省委宣传部大力推动宪法宣传进公共场所，在成都市地铁电视、公交电视、出租车顶灯等平台播放公益广告。省人大监察和司法委在扶贫助教点、法治进校园共建基地和脱贫攻坚驻村帮扶点开展"弘扬宪法精神 做知法守法好公民"专题讲座。省教育厅组织开展第五届全省学生"学宪法讲宪法"系列活动，组织参加 2020 年宪法小卫士行动计划，目前四川参与在线学习及考试完成学生数突破 260 万人，排名居全国前列。省委宣传部等八部门下发《四川省学习宣传〈中华人民共和国民法典〉实施方案》，举办"民法典让生活更美好"法治微视频大赛、川渝"民法典网络知识竞赛"等活动，全省举办《民法典》学习交流活动 4.2 万余场次，各类媒体集中投放宣传公益广告 15 万余条，线上线下覆盖全省 21 个市（州）183 个县（市、区）。持续优化"法治四川行"普法平台，加强传统载体和新媒体在普法中的运用。

二是全面落实"谁执法谁普法"普法责任制。坚持"谁执法谁普法，谁主管谁普法，谁服务谁普法"，调整完善"普法责任清单"，将重点单位调整为45个，法律法规拓展到280多部，推动落实法官、检察官、行政执法人员、律师等"以案释法"制度。省委网信办通过新媒体开通普法专题专区、直播平台，全面深入解析《网络安全法》等网信法律法规。省法院先后推出4批"十佳庭审"、5批"十大典型案例"，获社会各界广泛关注和积极评价，被新闻媒体誉为"四川司法品牌"。省检察院印发《四川省人民检察院典型案例评选工作办法》，形成典型案例年度发布计划，规范案例评选工作，向社会发布了全省检察机关民事检察监督十大案例、全省民营企业涉职务犯罪案例、全省职务犯罪检察适用认罪认罚从宽制度案例和惩治毒品犯罪案例，编撰并向最高人民检察院推荐重罪典型和指导案例素材十余件。省检察院推荐的经济犯罪案例被最高人民检察院采用5个，入选最高人民检察院典型案例汇编，被央视《焦点访谈》报道。省妇联在全省征集评选"维护妇女儿童权益十大优秀案例"并向社会发布。团省委联合13个厅局开展"全省防范打击侵害未成年人违法犯罪　关爱保护未成年人健康成长"专项行动。广泛开展"法治四川行"一月一主题宣传活动，针对防范化解各类重大风险、服务民营经济发展、扶贫攻坚、乡村振兴、污染防治、扫黑除恶等中心工作，统筹组织省委政法委、公安厅、省民宗委等部门共同参与，分主题、分时段开展主题实践活动3900余场次，累计发布资讯5800余条；在城市重要地段LED屏幕、地铁公交显示屏等载体投播公益广告，为全省经济社会发展稳定营造良好的法治氛围。

三是推进社会主义法治文化建设。繁荣法治文化，加强相关作品创作推广，充分发掘巴蜀文化资源，开发群众喜闻乐见、寓教于乐、贴近生活的法治文艺作品，打造具有影响力的优秀法治文化品牌。把法治文化建设纳入现代公共文化服务体系，充分挖掘巴蜀文化资源，打造群众喜闻乐见、寓教于乐的法治文艺作品和文化品牌，推动法治文化融入机关文化、企业文化、校园文化、村（社区）文化、网络文化。推进"智慧普法"，加强新媒体新技术在普法中的运用，不断丰富法治文化活动载体和形式。扩大"法博士"普法宣传名片效应，打造"法博士"普法微课堂和以"法博士"为形象标识的普法宣传用品，进一步加强法治广场、公园、长廊等法治文化阵地建设。目前，全省共设立法治宣传栏 2.6 万余个、法律图书室（角）3.9 万余个，建设法治文化公园、广场、长廊等 7600 余个，建成并投入使用省市两级法治教育基地 668 个。

（二）统筹开展多层次多领域依法治理

四川认真贯彻落实"坚持系统治理、依法治理、综合治理、源头治理，提升社会治理法治化水平"，统筹推进城乡基层依法治理、市域社会治理和民族地区依法常态化治理，切实强化多层次多领域依法治理工作。

一是健全党建引领基层依法治理体系。以镇村建制调整改革为牵引，推动乡村治理体制性变革、结构性调整和格局性重塑。完善村党组织领导村级治理机制，村党组织书记、村委会主任"一肩挑"占比从 2018 年底的 2.7% 提高到 77%，持续深化软弱涣散基层党组织整顿、全力惩治"村霸"。推进"放管服"改革向基层延伸，完善镇村便民服务中心设置，推行"一站式"办理、民事代办等，让"干部多跑腿、群众少跑路"。深化街道管理体制改革，聚焦抓党建、抓治理、抓服务，推动赋权扩能，全省 70% 的街道取消招商引资、协税护税等职能。全省社区党组织书记、居委会主任实行"一肩挑"占比 21%。构建党建引领居民小区治理机制，全省共建立 1.1 万个小区党组织，成立 1.4 万个小区业委会，推动物业党建联建，形成"小区党组织 + 业主委员会 + 物业服务企业"三方联动格局。印发《关于进一步完善村（社区）"两委"班子成员学法制度的指导意见》，建立完善村（社区）两委班子成员集中学法制度，强化乡村治理示范创建，部署开展乡村治理现代化试点和示范镇村创建，组织开展第八批民主法治示范村创建，开展城市基层治理示范体系建设，将法治建设作为重要内容纳入评价体系，在全省选择 50 个乡镇开展试点，创建 350 个城市基层治理示范点，以党建为引领，着力提升城乡基层治理社会化、法治化、智能化、专业化水平。

二是有序推进市域社会治理现代化试点。三次召开全省市域社会治理现代化试点工作相关会议，制定推进市域社会治理现代化实施意见、试点工作方案以及《四川省区域特色工作指引》等文件，对工作任务进行系统安排部署。经批准，全省21个市（州）被确定为全国第1期和第2期市域社会治理现代化试点地区，其中成都等14个市（州）为第一期试点地区。建立"亮点同塑、督导同步、培训同办、信息共享、要事共商"的"三同两共"等工作机制，着力实现市域社会治理与城乡基层治理"双线融合""同向发力"。

三是深入开展扫黑除恶专项斗争。紧紧围绕"深挖根治"目标，两次召开专题会议推进工作，安排部署"抓市促县"工作；组织开展对重点市（州）专项斗争工作督导检查和对重点行业领域的专项整治，部署十大行业领域乱象整治，印发十大行业领域乱象整治方案，行业治乱不断深化；健全涉黑涉恶线索发现移交、监管漏洞通报整改等机制，实现打击与防范、治标与治本有机统一，圆满完成中央督导"回头看"工作。建立律师辩护代理涉黑涉恶案件"五个机制"，实现政治效果、社会效果、法律效果三效合一。三年来，四川依法打掉涉黑组织148个、涉恶集团和团伙1468个，查封、扣押、冻结涉案资产174.46亿元，提起公诉涉黑涉恶案件836件6337人，判决涉黑涉恶财产刑标的额18.01亿元，破获涉黑涉恶刑事案件11192件，累计立案审查调查涉黑涉恶腐败和"保护伞"问题3983件，查处6566人，通报典型案例1106件。2020年上半年全国扫黑办会同国家统计局开展的民意调查显示，四川96.08%的群众对扫黑除恶专项斗争成效表示"满意"或"比较满意"。

四是务实推进民族地区依法治理。召开省委涉藏工作会议，深入学习贯彻中央第七次西藏工作座谈会精神，对涉藏州县提高依法治理水平作出部署。推进涉藏地区依法常态化治理，持续实施涉藏地区法治宣传"百千万"工程，推动"宪法藏区行"活动常态化，开展汉藏双语宪法法律宣讲2670余场，解答各类法律咨询2.1万余人次。持续开展律师公证法律服务团送法进寺庙工作，组织律师公证员1172人次，赴33个县（市）开展法律援藏服务，覆盖寺庙80余座，服务僧尼群众5万余人次。深入乡村、社区、机关、寺庙、学校等开展普法讲座及法律咨询服务150余场次，发放普法资料2万余份。加强彝区禁毒防艾工作，坚持"治毒、治愚、治穷、治病"一体推进，加快推进"绿色家园"项目建设，以"1＋15＋N"戒治康复布局为支撑、吸毒人员服务管控系统"索玛花工程"为载体、"三戒三管"闭环戒治管控模式为手段的禁吸戒治体系和毒品治理体系基本形成。省戒毒管理局联合北京师范大学法学院，开展艾滋病戒毒人员分类管理与关怀救助项目实证研究，总结提炼了以安全管理为前提、以人文关爱为载体、以医疗救治为支撑、以权益维护为基础、以教育戒治为核心、以转介帮扶为延伸的艾滋病戒毒人员管理模式，形成了《四川艾滋病戒毒人员分类管理与关怀救助12条特色工作经验与专家论证》和《四川艾滋病戒毒人员分类管理与关怀救助技术指南》等项目成果，探索禁毒防艾工作新途径新方法。凉山州持续深化禁毒攻坚战，《凉山彝族自治州禁毒条例》正式颁布实施，"绿色家园"项目建设加快推进，社区戒毒康复人员管控率达到99.3%，戒断三年未复吸人员由2016年的1.85万人增至4.12万人。对1.38万名建档立卡贫困吸毒人员实行"一人一策"精准帮扶，对无能无力的"一个不少"纳入低保兜低。无新增吸毒人员村达3634个，占行政村总数的93.65%。近五年来，毒品刑事案件数及涉案人数分别占刑事案件总数、总人数的比例由峰值36.23%、38.4%降至8%、15.94%。凉山籍外流犯罪人数逐年大幅下降，由2016年的1947人下降至2020年9月底的297人，下降84.75%。

（三）推进公共法律服务体系建设

为人民群众提供公共法律服务是法治社会建设的核心环节。四川认真贯彻习近平总书记关于"要加快建设覆盖城乡、便捷高效、均等普惠的现代公共法律服务体系"的重大要求，坚持以人民为中心的发展理念，制定建设标准、完善体系网络、夯实基层基础、延伸服务触角，切实推进公共法律服务水平有效提升。

一是加大公共法律服务体系建设工作统筹力度。将《四川省"十四五"公共法律服务体系建设规划》纳入四川省"十四五"一般专项规划目录清单。加速完善公共法律服务制度机制，印发《四川省公共法律服务体系建设行动方案》和《四川省公共法律服务体系建设2020年工作要点》，进一步明确工作目标，细化任务措施，明确责任部门；制定四川省基本公共法律服务实施标准（2020~2022年）和四川省公共法律服务发展指标（2020~2022年），修订出台《四川省公共法律服务体系建设"五年三步走"发展规划（2018~2022年）》，推进将公共法律服务体系建设作为法治政府、服务型政府建设的重要部分纳入全省"高质量发展"指标中"共享发展"二级指标，列入依法治省、法治政府建设考核清单，同步纳入省委、省政府对各市（州）党委、政府绩效目标考核。

二是健全公共法律服务网络。加速推进公共法律服务平台建设，集电话热线、网站、微信、移动客户端于一体的公共法律服务网络初步建成，完成省级公共法律服务中心的功能设计和建设规划，建成市县两级公共法律服务中心216个，乡镇（街道）公共法律服务站4687个，村（社区）公共法律服务室36081个，基本实现全覆盖。"12348"热线升级为全天候24小时响应，设英语、韩语、日语及藏语、彝语等多语种服务，开设农民工、退役军人、消费者、妇女儿童等专项热线座席。"12348"四川法网升级改造，驻中国法律服务网服务人员"上线率""服务咨询量""驻场人员解答咨询率"三项指标持续位列全国第一。延伸网络法律服务触角，在小区放置自助法律服务机，在楼栋公示微博、微信公众号，推进公共法律服务到基层、入社区、进院户，让人民群众抬头能见、举手能及、扫码能得。落实村（社区）法律顾问制度，出台《关于规范和加强村（社区）法律顾问工作的意见》，指导各市（州）司法局将市直属律师事务所律师和法律服务机构人员调配到法律服务资源不足的县（市、区），推动村（社区）法律顾问"全覆盖、全规范、全时空"发展，目前全省1.2万名律师、基层法律服务工作者担任村（社区）法律顾问，建立微信工作群2.4万个，实现贫困村法治宣传覆盖率、法律顾问配备率、贫困户法律援助受援率"三个100%"。

三是加速推进天府中央法务区建设。法治是最好的营商环境。推进实现国家发展战略，实现经济高质量发展，离不开高质量的法律服务。四川省委、省政府决定由省委政法委牵头，在天府新区成都直管区规划建设"天府中央法务区"，着力打造辐射西部、影响全国、面向世界的一流法律服务高地。"天府中央法务区"是全国第一个在省级层面提出和推动实施的法律服务聚集区。四川省委高度重视天府中央法务区建设工作，组织召开专题会议研究部署，将推进"天府中央法务区"建设纳入"十四五"建设规划。目前，已编制《天府中央法务区建设总体实施方案》，确定"三步走"产业发展目标；已形成"一心一带多点"的总体结构，"一心"即公共法律服务中心，"一带"即高端法律服务产业发展带，"多点"即法治文化交往节点，6家法律服务机构和13个项目首批入驻，于2021年2月正式挂牌并实体化运行，已形成"天府法务"门户网站及App建设运营工作方案并强力推进。

四是开展农民工专项法律服务。畅通农民工法律服务"绿色通道"，在实体、热线、网络三大平台开设农民工服务专门通道，推进"四零"法律援助服务。2020年以来，共受理农民工民事法律援助案件10364件，为农民工讨回欠薪、工伤赔偿金9312.72万元。先后组织开展了《保障农民工工资支付条例》宣传周活动、农民工劳动合同普查与体检、助力农民工讨薪维权"暖冬行动"和公共法律服务农民工春季专项行动，举办普法活动2278场次，提供法律服务3万余次，调处矛盾纠纷3700余件。创新推进省外川籍农民工法律援助协作机制，在北京、上海、广州等省市建立25个异地法律援助工作站。为川籍省外农民工提供法律咨询4922人次，举办宣传活动75场次，办理法律援助194件。成立四川农民工维护服务工作（广东）指导站，开展"助力企业复工复产维护农民工合法权益"主题宣传活动，深化与广东省司法行政、法律援助机构协作机制。

（四）加强多元化纠纷解决体系建设

化解社会矛盾纠纷，依法维护社会成员合法权益是法治社会建设的最终保障环节。四川认真贯彻习近平总书记"要完善预防性法律制度，坚持和发展新时代'枫桥经验'，促进社会和谐稳定"[①]的指示要求，坚持人民调解、公调对接、诉源治理等机制，贯彻落实《四川省纠纷多元化解条例》，创新推进矛盾纠纷多元化解工作，不断健全多元纠纷解决体系，确保矛盾纠

---

① 习近平：《论坚持全面依法治国》，中央文献出版社，2020。

纷早预防、早发现、早化解。

一是加强人民调解制度机制建设。根据乡镇区划调整改革和村建制改革进度，指导乡镇村居人民调解组织建设，确保调整后的乡镇村居人民调解组织全覆盖。共设立各类专业性、行业性、区域性人民调解委员会2527个，其中县级行政区域医疗卫生、交通事故、劳动争议纠纷人民调解委员会建立率达100%，加强派驻人民法院、公安派出所人民调解组织建设，全省派驻法院人民调解组织（含调解室）190个，派驻公安派出所人民调解组织（含调解室）1859个，提高派驻调解组织覆盖率。建立四川省知识产权纠纷人民调解委员会、四川省版权协会知识产权纠纷人民调解委员会和四川省商标协会知识产权纠纷人民调解委员会3个省级知识产权纠纷人民调解组织，指导成立了四川省川商总会人民调解委员会，实现人民调解领域有效拓展。加强行业性专业性调解组织建设，指导成立四川天府商事调解中心、四川民商经贸商事调解中心，积极开展跨省、跨国（境）商事争端调解，全力服务"一带一路"建设和成渝地区经济社会协同发展，全省建立商事调解组织（含调解室）66个。大力推进个人调解工作室建设，全省建立个人调解工作室621个。积极推动市（州）人民调解协会建设，目前，宜宾、广安、达州等6市成立了市（州）级人民调解协会。

二是强力推进诉源治理。在全国率先探索开展党委主抓的"诉源治理"机制，以省委办公厅名义出台《关于建立健全诉源治理机制 加强矛盾纠纷源头预防和前端化解的指导意见》，地方诉源治理"一盘棋"工作格局初步形成。全省法院积极探索，涌现出成都"和合智解"等先进经验，有力促进矛盾纠纷前端预防和化解。2020年，全省法院新收案件数增幅同比下降6.5个百分点，一审案件服判息诉率90.34%，全省法院首次申请执行的衍生案件同比下降1.09%。

三是推进矛盾纠纷多元化解体系机制建设。印发《2020年全省矛盾纠纷多元化解工作要点及责任分工方案》，从健全体系机制、提升多元化解能力、防范"民转刑"命案、夯实工作基础4个方面细化形成10类26项工作重点，制定重点工作细化措施表、任务分解图，明确责任人和时间进度。出台加强人民调解员队伍建设的意见，深化"诉非衔接""检调、公调、访调对接"，推动构建以人民调解为基础，行政调解、行业专业性调解等多种方式相互配合的矛盾纠纷多元预防调处机制。建立"一站式"多元解决纠纷和诉讼服务体系，推动诉讼服务中心实质化运行，全省法院建成诉讼服务中心204个，设置诉讼服务站875个、诉讼服务点2616个，在诉讼服务中心集成各类解决纠纷资源、合理布局调解组织，打造覆盖全省的诉讼服务"实体店"。出台《关于加强全省矛盾纠纷多元化解协调中心建设的指导意见》，规范省、市（州）、县（市、区）、乡镇（街道）四级矛盾纠纷多元化解协调中心建设。全年全省共化解矛盾纠纷82.1万余件，成功率达98.6%。启动"枫桥式司法所"试点创建工作，确定40个司法所为首批省级"枫桥式司法所"，推进司法所规范化建设。命名首批100个省级"枫桥式"公安派出所。

四是建立健全预防性法律制度。扎实推进社会心理服务体系建设试点，开展"健康四川"心理健康促进专项行动，逐步建立和完善疏导机制、危机干预机制，预防和减少因矛盾突出、生活失意、心态失衡、行为失常等导致的极端案（事）件发生。绵阳市召开社会心理服务体系建设试点推进暨专家调研反馈会，自贡市形成了培养社会心理服务人员的长效机制。深入推进社会心理服务体系建设试点工作，全省目前共有自贡、绵阳2个国家级试点城市和绵竹市、江安县等21个省级试点县（市、区）。常态化抓好"民转刑"命案防范工作，关注易激化为刑事治安案件的婚恋家庭、邻里关系、经济往来等民间纠纷的排查化解，探索"民转刑"命案防范长效机制，加强社会面治安防控，做好重点人员社会心理服务、情绪疏导化解和危机干预工作，尽最大努力防止"民转刑"命案发生。扎实做好信访矛盾纠纷排查和信访形势研判，深入开展大接访活动，完善信访联席会议机制，修订完善《依法分类处理信访诉求清单》，制定《关于进一步加强初信初访办理工作的办法》，初信初访的办结率、群众的参评率和满意率持续上升。加强"民转刑"命案调查研究，完善矛盾纠纷预测预警预防预置"四预"机制，防止"民转刑"命案发生。健全完善律师调解机制，统筹推进律师调解试点、刑事案件律师辩护全覆盖试点工作。制定出台全省统一的调解员工作职责、律师调解规则、律师调解室外观等标准，发布《四川省律师调解工作指引》《四川省律师调解工作案例汇编》。开展建立律师专业水平评价体系试点工作，完善公职律师、公司律师制度。建立法律援助对口帮扶机制，全省65家律师事务所对口帮扶三州地区34个县区办理法律援助案件。

七　法治保障，推进队伍科技理论建设

建设中国特色社会主义法治体系，需要建设有力的法治保障体系，筑牢法治中国建设的坚强后盾；离开健全完善的法治保障体系，全面依法治国也难以推进。四川切实加强法治人才队伍、科技信息化、理论智库等方面的保障，为全面依法治省提供重要支撑。

（一）加强法治工作队伍建设

习近平总书记指出："建设法治国家、法治政府、法治社会，实现科学立法、严格执法、公正司法、全民守法，都离不开一支高素质的法治工作队伍。"[①] 四川认真贯彻落实习近平总书记关于建设德才兼备的高素质法治工作队伍的指示精神，推进法治专门队伍革命化、正规化、专业化、职业化，推进法治专门队伍教育培训，深化理想信念教育，探索完善政法干警管理和职业保障制度，切实加强法律服务队伍建设，努力打造一支党中央放心、人民群众满意的高素质的社会主义法治工作队伍。

一是推进法治专门队伍教育培训工作。全省法院系统开展基层法官轮训，举办优秀年轻干部首期"百人班"，研究制定《全省法院"青蓝工程"建设实施方案》，指导全省中基层法院积极探索新形势下法院年轻干警培育路径。省检察院拟订年度培训工作方案，梳理近几年司法人才教育培训工作形成经验材料，完成调训、国家检察官学院线上培训23期162人、实体班

---

① 习近平：《论坚持全面依法治国》，中央文献出版社，2020。

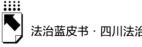

26 期 128 人，组织听取最高人民检察院领导干部业务讲座 12 期 23834 人，组织参加中国检察网线上各类培训 50 余期，举办省院各业务培训实体班 9 期 911 人。司法行政机关出台司法行政干警政治轮训实施细则（试行）、教育培训师资库管理办法（试行），推进"教、学、练、战"一体化培训，开展"大培训、大练兵、大比武"活动，举办业务培训班 24 期，线上线下受训干部累计达 2.6 万余人次，着力队伍专业化建设。公安机关建立执法资格管理制度，组织 6000 余人次参加基本级、高级执法资格考试，组织开展大培训大练兵和民警法律应用能力大比武活动，集中学习修订后的《公安机关办理行政案件程序规定》，各级公安机关举办各类执法培训讲座 3200 余期次，培训民警 20000 余人次。印发《关于实施省级卓越法律人才教育培养计划的意见》，建立高校与实务部门联合培养人才协同机制，获批 4 个国家级卓越法律人才培养计划项目，立项建立 12 个省级卓越法律人才培养计划项目；立项建立 30 个省级校外法学实践基地，实施高校与法律实务部门人员互聘"双千计划"，积极构建卓越法律人才协同育人机制。

二是完善政法干警管理和职业保障制度。建立法官、检察官员额动态调整管理机制，制定出台相关管理办法。法院推动省级层面统筹管理、动态调整员额比例，将编制 35% 以内的员额授权各中院调控，持续提升员额资源使用效能，缓解了各地"忙闲不均"情况。完善法官、检察官选任及员额退出机制。2016 年以来，开展 6 批次员额法官、检察官初任遴选工作，累计产生员额法官、检察官 1.3 万余名。创新建立遴选递补机制，实现人员进退无缝衔接。鼓励引导全省跨院遴选员额法官 60 名，打通上级法院法官助理到下级法院入额、同级法院跨院遴选通道。制定法官、检察官员额退出实施办法，完善退出情形、细化退出程序。员额制实施以来，规范办理 882 名员额法官的退出手续和 118 名员额法官、检察官的交流确认手续。完善司法人员职业保障和司法辅助人员管理制度。制定《四川省法官、检察官单独职务序列等级择优选升工作方案（试行）》等文件，对首批入额的法官、检察官进行了等级确定，常态化开展按期晋升，有序开展择优选升。全省法院共按期晋升法官等级 3848 人、择优选升晋升法官等级 820 人。推动完成法官、检察官单独职务序列转换套改，法官、检察官助理以及书记员职级套改。落实法院人员工资制度改革，做好工资、津补贴和绩效奖金计发工作。制定《四川省各级法院、检察院聘用制书记员管理办法（试行）》，实现编制外辅助人员主要由省级统一分配额度、统筹招聘。建立实习法官助理制度，成都中院"探索法律人才培养院校共建共享新模式 打造配备实习法官助理'成都样本'"入选最高人民法院司法改革案例。

三是推进法律服务队伍建设。举办2020年度十大法治人物评选活动。研究制定《律师和公证员高级职称评审标准》，坚持不唯专业、不唯资历、不唯"身份"、不唯论文的"四不唯"导向，创新开展全省律师公证员高级职称评审工作，组织全省103名律师和14名公证员职称评审。在公证、仲裁、司法鉴定行业推进开展党支部"十个标准化"建设，开展"司法为民·最美法律服务人"评选活动，指导司法鉴定行业开展法医精神病司法鉴定人继续教育培训、优秀司法鉴定文书评选活动，公证行业开展涉外公证员培训，156名公证员获得涉外公证资格。强化律师队伍教育管理工作，率先编印《新时代四川律师行业党建工作标准化手册》，推进律师行业党建工作与业务融合发展，举办首届"新时代四川律师行业党建论坛"，出台省律师行业党委工作规则，推行党员律师"亮身份、亮承诺"活动，制定青年律师党员发展三年工作规划，推动党建工作实现从"有形覆盖"向"有效覆盖"提升；组织开展律师违规兼职专项清理，共清理出违规兼职律师2870人，涉及律师事务所867家。加强基层法律服务工作者队伍管理，组织开展基层法律服务工作者执业核准考试，扎实做好基层法律服务工作者实习、执业工作。实施"法律明白人"培训工程，举办全省"法律明白人"培训班。目前，全省有基层法律服务所1000个、基层法律服务工作者4026名。

四是全力开展政法队伍教育整顿试点工作。在宜宾市和珙县开展全国政法队伍教育整顿试点，紧盯清除害群之马、整治顽瘴痼疾、弘扬英模精神、提升能力素质"四项任务"，狠抓学习教育、问题查纠、整改总结"三个环节"，通过媒体向社会公示2批16项顽瘴痼疾问题，并将整改情况进行公示，调访群众12948人，主动接受群众监督评议。坚持"照镜子"，聚焦

"找影子"，主动"挖根子"，对症"开方子"，强化建章立制，注重经验集成。宜宾市探索出"五心谈话""智慧案管平台""八查八究""三界定四步查五到位"等亮点纷呈、适用管用、可复制推广的经验，符合市县政法队伍建设实际。司法行政机关制定"廉政风险防控工作流程图""岗位廉政风险排查及防控措施清单"，建立覆盖全系统的廉政风险分级分类防控体系，排查廉政风险点 5685 个，制定防控措施 6657 条。

（二）强化科技和信息化保障

一是加强政法智能化工作统筹力度。健全智能化工作制度，印发实施《四川政法智能化建设五年规划（2020～2024 年)》，印发《2020 年全省政法智能化工作要点及责任分工方案》；起草完成全省政法系统智能化工作管理、项目管理、安全管理和人才队伍建设管理 4 个文件；开展新型智慧城市、政法机关跨部门智能办案助推政法领域全面深化改革课题调研。加快推进公共安全视频监控建设，联网应用纳入新型智慧城市建设总体布局，完善网格化服务管理、矛盾纠纷多元化解和"雪亮工程"三大信息系统，着力实现"天网""雪亮工程""慧眼工程"联网共享，不断提升预测预警预防能力。目前，全省 31488 个村（社区）完成了"雪亮工程"建设，覆盖率达 89.5%。

二是深入推进全省政法系统跨部门办案平台建设。编制基础标准、数据标准、业务标准、管理标准等统一标准；重点推进大数据智能辅助办案系统和涉案财物跨部门集中管理信息平台升级改造，成立工作专班，确定试点单位，开展深度调研，组织试点培训，进行集中研讨，促进一体化跨越式发展，推动数据融合，实现政法系统办案协同和静默式监管。科技创新手段运用进一步深化，已实现远程视频庭审、提讯和数字化出庭等功能。

三是推进法治信息化工程建设。推动"四川公安综合服务平台"建设，以"网上公安局""网上派出所"和公安微博集群建设为载体，打造以"政务网＋公安微博"为核心的执法公开主阵地；推动公安机关互联网政府公开平台建设，健全生效行政处罚、行政复议决定文书网上公开机制，完善公安机关辖区社会治安形势发布制度，充分运用科技手段，采取手机 App、微信公众号、政务微博等多种方式公开执法信息，部署应用智能笔录系统、行政处罚均衡量罚系统、执法视音频管理系统，进一步规范执法司法活动。统筹推进智慧法院建设，优化司法大数据平台，建立四川法院政法大数据智能辅助办案平台，出台指导意见推进区块链技术应用，不断提升政法数据协同应用水平，完善电子卷宗生成和归档机制，成都崇州市法院试行的"电子卷宗完整归档、纸质卷宗精简归档"入选法治蓝皮书《中国法院信息化发展报告 No. 4（2020）》。四川检察机关积极推进智慧办案系统建设，推动统一业务应用系统 2.0 应用。推进行政执法监督平台建设，着力通过执法监督平台加强对执法机构、执法人员、执法主体等信息的综合管理；推进执法公示平台建设，对四川省行政执法证件管理系统进行升级改造。推动智慧执法平台建设，在长宁县和蓬安县启动"智慧执法"平台建设试点，不断提升行政执法智能化、智慧化水平。

（三）强化理论研究

四川积极搭建理论研究平台，组织实务部门、科研院校、法治智库等开展理论研究。印发《关于建立法治理论与实践研究基地的通知》，在全省建立首批法治理论研究基地 4 个和法治实践研究基地 11 个，开展前沿理论研究和实践创新探索。以全面"展示法治成就、开展法治研究、讲好法治故事、传播法治声音"为宗旨，创办《法治四川》内刊，聚焦依法防控疫情、城乡基层依法治理、区域协作法治保障、"七五"普法总结等主题刊印五期。编纂并在线发布法治蓝皮书《四川依法治省年度报告 No. 6（2020）》，全面展示 2019 年四川全面依法治省成效，重点推出了"立法引领和保障乡村振兴战略实施"等 23 个依法治省典型案例。成功举办依法治省智库高端论坛和蜀光法学讲坛，召开以"优化服务业法治化营商环境"为主题的"四川省服务业发展法治论坛"，聚焦全省服务业企业在疫情冲击下存在的突出法律问题和法治需求，集中研讨政法机关保障服务业发展的政策措施，组织动员全省法学法律界为服务业企业提供更加优质、高效的法律服务，进一步优化法治化营商环境,促进全省服务业高质量发展。省法学会充分发挥凝聚法学法律人才优势和第三方群团组织作用,建立"四川省法学会法学法律专家库",评选第二届"四川省十大中青年法学专家",成立"一带一路"法治研究会,举办第二届"破产法治·天府论坛——预重整制度"专题研讨会,组织开展第七届"治蜀兴川"法治论坛征文活动,评审发布年度法治实践创新专项课题30个;四川省社科联评审立项"法治四川专项课题"29个。

八 四川全面依法治省面临的问题与前瞻

四川坚决贯彻落实党中央法治建设决策部署,坚定不移走中国特色社会主义法治道路,全面加强党对全面依法治省工作的领导,协调推进科学立法、法治政府建设、公正司法、法治社会建设以及法治保障体系建设,全面推进依法治省工作取得了良好成绩。但对照党中央全面依法治国的新要求和人民群众对法治建设的新期待,我们也清醒地看到,四川在推进全面依法治省工作过程中仍存在一些困难需要克服、一些问题需要解决、一些瓶颈需要打破、一些藩篱需要跨越。

(一)党委依法执政方面

四川在推进依法执政过程中,还面临以下几个方面问题。一是个别地方对推进全面依法治省工作长期性、基础性、艰巨性、复杂性的认识不到位,还未真正把全面依法治省放到"四个全面"战略布局的层面来认识,缺乏行动自觉。二是全面依法治省各项制度机制还需优化,党领导立法、保证执法、支持司法、带头守法的制度机制还需进一步健全,法治领域重大事项请示报告事项范围不明确、机制不健全。个别地方领导班子及其成员年度述法制度落实不理想。三是党内法规制度体系还需进一步健全。党内法规制度的实施体系、保障体系、监督体系尚不完善,纪委监委落实党内法规、查办案件的程序需进一步完善、透明度需进一步提升。四是党委法治建设议事协调机构的办事机构亟须进一步建好建强，配齐配强工作力量，调查研究、协调解决地方和部门解决不了、存在分歧的重大问题，法治建设机构缺编缺人现象较为突出，市县乡三级法治人才严重不足，专业性不高，与革命化正规化专业化职业化有较大差距，还不能有效适应全面依法治省的工作需要。五是领导干部选任法治导向需进一步加强。个别地方突出法治素养和法治能力的选用干部导向不鲜明，在领导班子配备时，优先配备具有法律专业背景或者法治工作经历的成员落实未到位。

对此，四川将在以下几个方面着力。一是完善党领导立法、保证执法、支持司法、带头守法工作制度，深化"1+4+N"法治建设工作格局，压紧压实立法、执法、司法、守法普法协调小组责任，完善依法治省工作的统筹协调机制，不断深化依法治省实践。二是狠抓"关键少数"，将党政主要负责人依法履职情况作为年终报告工作的重要内容，完善党委中心组、政府常务会议集中学法制度。三是推进全面依法治省与全面从严治党协同发展，加强党内法规制度建设，严格执行党内法规责任制，开展党内法规实施评估工作，全面落实党委法律顾问、公职律师制度，加强备案审查平台建设。四是开展市县两级党委依法治市（县）办公室机构及人员到位情况调研，推动各地把办事机构建好建强、人员配齐配强。五是推进有法学专业背景、法治工作经历的优秀干部人才跨领域交流使用，发挥示范和带领作用，切实提升各领域法治化工作水平。

（二）地方科学立法方面

四川在科学立法方面还存在以下问题。一是"党委领导、人大主导、政府依托、各方参与"的立法工作格局还没有完全形成。有的地方人大主导作用尚未充分发挥，依然依赖政府职能部门，"立法部门化"现象较为明显。一些地方性法规起草、论证、审查、审议主体责任和程序落实不到位，委托第三方起草法规草案机制还不够健全，公众参与立法机制不完善。二是立法协商作用发挥不明显。立法中重大利益调整论证咨询机制不健全，重要条款单独表决办法尚未制定，跨区域、跨部门立法协商推动还不够，立法依然存在破碎化、系统性不强的问题，行政立法与人大立法的衔接协调机制还需进一步完善。三是立法质量还需进一步提高。一些地方性法规的针对性和可操作性不强，有的搞"管理型"立法，一定程度上存在"重复立法""盲目立法"现象。四是立法评估还未完全到位。普遍的、定性定量的评估分析制度机制尚未健全完善，还存在缺乏"事前析"，忽视"回头看"的问题，个别立法项目与改革发展不同步。五是重点领域立法推进缓慢、新兴领域立法滞后。未能及时针对中央和省委确定的重点领域提出立法项目立项计划，特殊重点项目推进机制缺乏。

四川将在以下几个方面着力。一是切实加强党对立法工作的领导。立法规划计划及立法过程中的重大事项应及时向同级党委请示报告，建立争议较大的重要立法事项引入第三方评估机制与立法助理制度，积极开展立法协商，引导人大代表以多种形式参与立法。充分发挥基层立法联系点的立法直通车和联系群众优势，探索建立重大立法项目"双组长制"，强化地方人大与同级政府的统筹协调。二是科学编制立法计划，建立健全立法计划立项评估论证制度。三是围绕治蜀兴川再上新台阶，突出加强高质量发展、保障和改善民生、生态环境保护、成渝地区双城经济圈建设等领域立法。四是加强备案审查制度和能力建设，健全备案审查工作情况报告、通报制度，推进备案审查规范化、信息化建设。五是加强对市（州）立法权工作指导和衔接机制。

（三）法治政府建设方面

四川在法治政府建设方面还存在一些突出问题和薄弱环节，主要表现如下。一是"放管服"改革不平衡，政府职能还未完全转变到位。"放管服"改革中还存在不配套、不到位、不衔接、不均衡等问题，有的内部授权机制不健全，对窗口人员授权不充分。二是行政决策程序执行不到位。行政决策法治风险意识不强，对合法性审查（审核）的认识不深、重视不够、流于形式，审查审核不够，流程不规范，决策公众参与、专家论证、风险评估等程序总体落实情况不佳，法律顾问、公职律师作用发挥不充分。三是合法性审核机制不完善。一些政府部门内部开展合法性审核不深不细不严，依赖心态较为突出。四是综合行政执法体制改革缺乏配套措施。行政执法还存在"运动式""一刀切"等问题，在执法过程中还存在法律适用不准确、引用法律条款不全面等问题，部分地区行政执法公示不规范、公开程度参差不齐，"互联网＋执法"建设整合进度较为缓慢。五是行政权力监督还需进一步加强，政府信息公开的力度有待加强，依然存在"需要的不公开、公开的不需要"现象，信息公开方式和渠道比较单一。行政执法监督约束机制不够健全，行政复议体制改革推进缓慢，政府信用激励惩戒机制、评价机制、监督机制还不健全。六是"两法衔接"机制不畅，部分行政机关没有制定相关标准，移动平台建设滞后，执法人员没有准确掌握和正确区分违法与犯罪的界限，存在有案不移、有案难移、以罚代刑的问题。

四川将从以下几个方面着手解决。一是持续深化"放管服"改革，开展"一网通办"前提下"最多跑一次"改革百日攻坚行动，推进"放管服"向乡村延伸，提升乡村惠民服务能力。二是规范行政决策程序。探索制定操作性强的重大行政决策操作办法，落实重大民生决策事项民意调查制度、行政决策咨询论证制度，加快合法性审查规范化、标准化建设，落实重大行政决策出台前向本级人大报告制度，探索建立健全法律顾问服务事项清单，对重大行政决策执行情况和实施效果开展评估，落实违法决策终身责任追究制度及责任倒查机制。三是坚持严格规范公正文明执法，推进法制和业务深度融合。推行依法行政"账图模式"，全面推行行政执法"三项制度"，落实行政执法裁量标准，加强行政执法协调监督工作体系建设，推进行政执法标准体系建设和综合行政执法体制改革，加强"智慧执法"平台建设，严格执行行政执法人员持证上岗和资格管理制度。四是切实解决"两法衔接"难，分行业、分领域研究建立行政执法与刑事司法衔接清单，探索将行政执法与刑事司法衔接工作纳入监督考核范围。探索制定重点领域涉嫌犯罪案件移送标准指南，畅通行政执法信息共享平台与行刑衔接平台的对接，推动案件双向咨询和移送。五是稳妥推进行政复议体制改革，健全府院联席会议机制，推进行政复议案件审理规范化专业化。

（四）公正司法方面

当前在推进依法治省司法领域工作中还存在一些问题。一是推进司法改革任务的系统性、整体性、协同性还有待进一步增强，个别地方仍需进一步深化司法责任制改革。二是生效判决执行难问题还没有完全破解，"切实解决执行难"工作长效机制还需进一步完善。三是司法权力监督制约体制机制尚需进一步健全，对司法活动的监督还需要进一步强化。四是以审判为中心的诉讼制度改革还需要进一步推进，庭审实质化推进尚有差距，刑事庭审实质化仍然存在"为实质化而实质化"问题，民事诉讼程序繁简分流改革试点工作存在资源配置不到位等瓶颈问题。五是司法腐败现象依然存在，个别司法工作人员充当司法掮客、枉法裁判现象仍未杜绝。

四川将从以下方面推进司法公正高效权威。一是进一步推进政法机构职能体系优化，持续深化司法体制综合配合改革，全面落实司法责任制。二是健全完善党委领导、联席会议统筹协调、法院主体推进、有关部门各司其职合力破解执行难工作格局，完善失信被执行人联合惩戒机制，健全一处失信、处处受限的信用监督、警示和惩戒体系。三是落实领导干部干预司法活动、插手具体案件记录制度和责任追究制度，深入开展政法队伍教育整顿活动。四是切实推进司法公开，完善人民陪审员和人民监督员制度，拓宽人民群众参与司法活动渠道，加强司法活动人民群众监督和社会监督。

（五）法治社会建设方面

在推进法治社会建设过程中，仍然存在一些不足，主要表现如下。一是市域社会治理现代化任重而道远，以简单属地管辖和网格治理的传统治理思维惯性很重，不能适应新经济、新业态、新模式发展的需要，智能化治理运用不足。法治乡村建设存在短板，个别地方抓乡村法治建设意识不强，社会组织有效参与社会治理不够。民族地区依法常态化治理还需加强，特殊人群服务管理制度需要进一步完善。二是法律服务供给地域分布不均衡，城乡公共法律服务差异大，少数民族地区法律服务人员严重不足，高端、涉外法律服务能力不足，法律服务行业监管还需进一步加强。三是普法工作创新方式方法不够，运用新媒体、新技术开展普法不够，一些地方没有将普法与依法治理有机衔接，公益普法责任制度机制仍需进一步健全。四是社会稳定风险评估制度未实现全覆盖，"多元化调解"工作体系不够完善，行政调解运用不足，"诉非衔接"和"检调对接"机制推广不够。

四川将从以下几个方面着力。一是增强普法宣传的针对性实效性，提升民众理性维权意识，紧扣群众需求开展法治宣传教育活动，建立完善"普法责任制＋清单制"法律七进工作制度；持续推进"以案说法"，落实"谁执法谁普法"责任制；加强法治文化阵地建设，持续开展法治文化作品创作推广和法治文化传播。二是加快建设覆盖城乡的现代公共法律服务体系。加快推进"实体、热线、网络"三大平台一体化建设；推动优质法律服务资源在城乡、区域、人群间合理流动，消除基本公共法律服务覆盖盲区，促进公共法律服务均等共享；推进公共法律服务供给侧改革，加快推进供给主体、供给产品、供给方式多元化，不断提高公共法律服务供给的质量与效率。聚焦防范和化解重大风险、脱贫攻坚和乡村振兴、推动经济高质量发展等领域，提升公共法律服务精准化水平。三是完善矛盾纠纷多元化解机制。坚持和发展新时代"枫桥经验"，完善人民调解组织网络，优化人民调解队伍结构和素质，健全管理制度和工作保障机制，强化行业性专业性调解指导管理，健全行政调解制度和律师调解制度，推动律师事务所、公证处等主体提供市场化矛盾纠纷多元化解服务，完善诉调对接机制，推广网上司法确认模式。

（六）法治保障方面

在推进法治保障体系建设过程中，仍存在以下短板。一是法治保障机制部门化、行政化色彩偏重，人财物保障还需要进一步加强，执法司法人员的职业保障制度落实不够。二是存在市县党委法治建设议事协调机构的办事机构不健全、工作人员少甚至没有，立法工作人员配备较少、年龄和知识结构难以适应工作需要，行政执法机关高素质法治专门人才缺乏、分布不均衡，司法审判案多人少矛盾突出，民族地区法治专门队伍和双语法律人才队伍建设仍需进一步加强。三是法律服务队伍职业道德、执业能力、执业权利保障及失信惩戒等机制有待健全，法治人才培养、交流机制不健全。四是法律职业人员统一职前培训制度和法官、检察官、警察、律师同堂培训制度欠缺，法学教育、法学研究工作者和法治实践工作者之间双向交流渠道不畅通。五是政法机关内部信息整合还不够，技术标准、工作要求、业务流程以及统计口径等仍需进一步统筹谋划，还缺乏全省统一的法治信息共建共享共用平台。

四川将进一步完善法治保障体系，着力从以下几个方面入手。一是建立法律职业人员统一职前培训制度和在职法官、检察官、警官、律师一体化培训，高校与实务部门协同育人等培养机制，支持政法部门业务骨干到高校任教，畅通立法、执法、司法部门干部和人才相互交流通道。二是推动法治干部和人才跨部门跨系统交流，切实提升各领域各行业法治化工作水平。三是建立法律服务人才向民族地区、经济欠发达地区、边远山区流动机制，着力破解基层法律服务资源不足和人才匮乏问题。四是推动政法机关信息基础设施建设，推动跨部门大数据办案平台建设，推进办案数据智能化运用。五是充分发挥各级法学会以及专门研究会的作用，建立健全参与法治领域工作机制，团结协同法律工作者和法学工作者开展法学研究、法学交流和法治实践。

地方立法
Local Legislation

B.2

达州市行政立法基层联系点
建设的探索与实践

达州市司法局课题组[*]

摘　要：　立法联系点作为公众参与立法的重要途径，是贯彻党中央提
出的"科学立法，民主立法"的具体体现，对于提升地方立
法质量、推进立法精细化具有重大现实意义。本文以达州建
立行政立法基层联系点，探索"立法联系点＋信息点＋宣传
点"模式为例，介绍达州立法联系点的亮点、实践成果以及
存在的问题，并提出未来应当健全立法联系点制度体系、创
新立法联系点工作机制、完善立法联系点队伍建设等，推动
立法联系点工作向更有利于地方立法的方向发展。

关键词：　立法联系点　公众参与　民主立法

---

* 课题组负责人：魏雪峰，达州市委依法治市办主任、司法局局长。课题组成员：杨忠、周
倩、符文碧、尹鳝。执笔人：周倩，达州市司法局立法科科长。

公民参与立法是现代民主政治的重要体现，是人民群众依法参与国家事务和社会事务管理，向立法机关反映民意的重要途径①。党的十八届四中全会提出，建立基层立法联系点制度，推进立法精细化②。2015 年，全国人大常委会法工委在上海虹桥街道设立基层立法联系点，之后，全国多地陆续建立基层立法联系点。从全国范围来看，各地人大主导建立基层立法联系点的居多，政府主导建立基层立法联系点的较少。达州市行政立法基层联系点（以下简称"立法联系点"）由市政府主导建立，服务于人大立法和政府立法。同时，按照司法部将普法贯穿于立法全过程的要求，积极拓展立法联系点职能，创新"立法联系点 + 信息点 + 宣传点"模式，达州扩大公众参与立法的深度、广度，提升地方立法的科学性、民主性，使地方立法更接地气、获得更广泛的支持。

一　设立背景

（一）立法联系点的设立必要性

1. 建立立法联系点有助于保障公众参与社会治理权的实现

立法是法治的起点，良法是善治的前提。法律作为治国之重器，上至国家，下到地方，法治都是实现社会治理的重要依托。党的十九届四中全会提出，"完善党委领导、人大主导、政府依托、各方参与的立法工作格局"，完善立法机制，构建科学合理的立法工作格局，有助于公众参与社会治理权的实现。从社会治理角度看，通过立法联系点让不同利益主体参与到立法工作中，有利于拉近立法机关与人民群众的距离，让人民群众直接参与到社会治理中，表达对立法草案的意见建议，反馈已生效法规规章的实施情况，从

---

① 赵遵国：《关于甘肃人大的立法联系点制度》，《人大研究》2011 年第 12 期。
② 参见党的十八届四中全会《中共中央关于全面推进依法治国若干重大问题的决定》，http://www.dangjian.cn/shouye/zhuanti/zhuantiku/dangjianwenku/quanhui/202005/t2020052 9_5637876.shtml。

而实现社会治理，推进民主法治建设。

2. 建立立法联系点是贯彻科学立法、民主立法的有益探索

立法联系点作为公众参与立法的重要平台，其建立依据主要来自《立法法》《规章制定程序条例》以及党中央和国务院的一系列文件。党的十八届四中全会提出"拓宽公民有序参与立法途径"等要求后，党的十九大报告也明确提出，"完善科学立法、民主立法机制，创新公众参与立法方式"。可以看出，建立立法联系点已成为当前创新立法机制的重要目标，是贯彻科学立法、民主立法的有益探索，对推进地方立法精细化、提升地方立法质量具有重要作用。

3. 建立立法联系点是公众直接参与立法活动的重要载体

法律法规是自上而下的行为规范，而立法联系点则便于自下而上的意思表达，立法机关通过立法联系点将触角延伸到基层，直接收集基层群众和组织对有关立法的建议意见，让立法不再神秘和遥远，让基层群众和组织可以在家门口表达立法意见建议，客观上有助于提高基层群众和组织参与立法活动的意愿。而立法机关通过倾听基层一线的声音，汇集各方利益诉求，有助于综合研判不同社会阶层、不同利益群体的诉求，确保立法决策的科学性、合理性，使法规规章更符合社会现实，更具可行性。

（二）立法联系点的比较优势

从立法主体、立法程序和立法内容三个方面来看，通过立法联系点征集公众意见，能更好地保障地方立法的科学性、民主性。

一是立法联系点是基层单位和组织，直接面对各行各业的群众，通过其收集立法意见能在更大程度上代表不同地域、不同行业、不同社会阶层和不同利益群体的诉求，充分体现了地方立法参与主体的广泛性，保障人民群众在地方立法中的参与权、表达权。

二是借助立法联系点这个平台，让基层群众和组织直接参与到地方立法活动中表达自己的诉求，这个参与地方立法的过程本身就体现了地

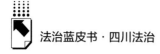

方立法程序的公开、透明、民主，是贯彻落实科学立法、民主立法的具体体现。

三是通过立法联系点对多元利益群体的意见建议进行汇总、整理，归纳其主要观点向立法机关反馈，使立法机关在立法决策过程中能更好地平衡各方利益，避免利益垄断、立法不公和部门利益法制化等倾向，从源头上把好立法这个调整社会关系和维护社会秩序的总开关，提高社会公众对地方立法的认可度，实现社会和谐、人民满意的立法效果。

二 运行情况

为拓宽社会各方有序参与地方立法的途径和方式，达州市于2019年9月建立行政立法基层联系点，并探索出"立法联系点＋信息点＋宣传点"工作模式，实现双向联动、汇集民意、广泛宣传。

（一）立法联系点组建过程

2019年5月，市司法局制发《关于建立行政立法基层联系点工作方案的通知》，通过"县（市、区）推荐＋市司法局筛选＋公示确定"的方式，明确由各县（市、区）摸排本地群团组织、基层自治组织、行业协会、企业等参与地方立法的意愿、履职能力等情况，推荐备选立法联系点32个，市司法局在实地考察后，筛选出21个立法联系点初选名单，经公示无异议报市政府批准同意后，挂牌运行。

立法联系点职责主要包括：对立法规划、立法计划、法规规章草案提出建议意见，开展地方性法规、政府规章宣传工作，参与立法培训、立法调研、立法后评估和立法课题研究等，拓展了基层群众和组织参与地方立法的广度、深度，其工作贯穿地方立法全过程。

（二）立法联系点组织结构

达州市首批挂牌运行的立法联系点有21个，包括行政机关、群团组织、基层自治组织、事业单位、行业协会和企业等 6 类主体，覆盖行政、教育、医疗、法律服务、电子商务、残疾人权益保护、妇女权益保护、电力、饮水、食品安全等多个领域，覆盖面广、代表性强，有利于立法机关听取不同利益群体的呼声和诉求，提升地方立法的民主性、科学性（见图 1）。

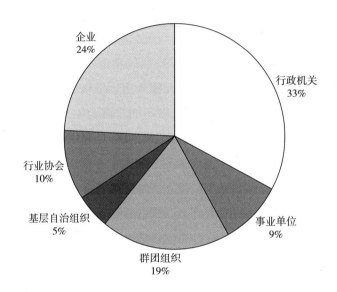

图 1　达州市立法联系点类型占比

当前，达州市的立法联系点均确定了 1 名责任领导和 1 名立法联络员，立法联络员主要负责立法机关与立法联系点的对接，立法建议意见的收集、整理和反馈，以及已颁布法规规章的宣传等工作。具体而言：一是将地方立法工作、法规规章草案中的法律语言转换为群众易于接受、易于理解的生活化语言，向基层群众传递立法信息，让群众在充分了解法规规章草案内容的情况下提出建议意见；二是对基层群众和组织提出的立法建议意见进行收集、汇总和整理，将其生活化的语言转化为法律语言或专业术语，并归纳提炼出核心观点，及时提交给立法机关，以增加群众意见被立法机关采纳的机会。

（三）立法联系点工作机制

为充分发挥立法联系点汇集民意、集中民智的作用，推进立法联系点工作制度化、规范化，市政府于 2019 年 9 月制发《达州市行政立法基层联系点工作规定》（达市府办函〔2019〕77 号）（以下简称《立法联系点工作规定》），对立法联系点的产生、运行、考核和退出等进行全面系统规定，为立法联系点的有效运行提供制度保障。

1. 立法联系点的产生机制

达州地处川渝陕交界处，以山地丘陵为主，下辖 3 区、4 县和 1 个县级市，各县（市、区）经济社会发展水平不同，群众生产生活习惯存在一定差异，各地群众对地方立法的诉求也不尽相同。因此，在设立立法联系点时，必须综合考虑各县（市、区）的实际情况，科学确定各县（市、区）立法联系点的数量、分布、类型。设立立法联系点首先由县级司法行政机关进行初步推荐，经市司法局综合考察、筛选后，向社会公示，经公示无异议后报市人民政府确定，并向社会公布。目前，达州市立法联系点实现了县域全覆盖，各县（市、区）均有立法联系点分布。

2. 立法联系点的运行机制

市司法局负责全市立法联系点的统筹、指导和联系，县级司法行政机关配合做好本辖区立法联系点的协调、联系等工作。市司法局向立法联系点征集立法建议，将立法背景、立法目的、立法工作开展情况、法规规章草案以及工作方式、工作要求等提前告知立法联系点，或者通过县级司法行政机关将相关资料转送至立法联系点。立法联系点根据自身单位的特点和优势，采取座谈会、论证会、发放调查问卷、网上征集意见、数据统计、设置意见收集箱等多种方式，广泛征集基层群众和组织建议意见。以律师事务所和乡镇人民政府为例，律师事务所相较于其他类型的立法联系点更具专业优势，多采取座谈会、论证会等方式征集立法意见，其反馈的立法建议意见往往相对专业，更易于被立法机关采纳；而乡镇人民政府则利用其贴近基层、贴近群众的优势，主要采用发放问卷调查表、开展数据统计、设置意见收集箱等形式征集立法建议，其提供的与立法相关的数据往往更具参考价值，有利于立法机关综合平衡不同利益主体的立法需求。

3. 立法联系点的培训机制

根据立法工作需要，市司法局采取以会代训、集中培训、网络培训等形式，不定期组织对立法联系点工作人员开展相关法律知识培训和工作指导，并邀请立法联系点工作人员参与地方立法调研、立法座谈等活动，丰富立法联系点工作人员的实践经验，提高其服务地方立法工作的能力和水平。2019年10月，市司法局组织召开全市行政立法基层联系点工作培训会议，对立法联系点负责人、立法联络员开展集中专题业务培训，培训内容包括地方立法基础知识、立法联系点履职方式与考核方式等，为推动立法联系点规范化开展工作提供指导。

4. 立法联系点的宣传机制

根据立法机关要求，各立法联系点结合自身情况，开展定期或者不定期宣传。定期宣传主要是在法规规章出台后，由各立法联系点自行组织在其所在行业、领域或行政区域内开展为期1个月的法规规章集中宣传，并在月末将宣传活动开展情况以图片或文字等形式报送立法机关。同时，要求立法联系点每季度至少开展一次关于地方立法的不定期宣传，立法联系点可以自行选择宣传内容、宣传形式，扩大立法联系点的公众知晓度，做好对地方立法的全程宣传。

5. 立法联系点的考核机制

市司法局每2年组织对立法联系点工作情况进行综合考评。综合考评主要包括立法联系点的组织管理情况、征求立法建议反馈情况以及参与其他立法活动情况等内容。综合考评采取立法联系点自我评议与组织评议相结合的方式。由立法联系点根据工作台账，填写考评表格，对其2年来的工作情况进行客观公正的评价。市司法局根据其掌握的各立法联系点工作情况，结合立法联系点自评情况，综合开展组织评议，提出考评等次建议，报市政府研究确定。综合考评结果分为优秀、合格、不合格三个等次，作为表扬先进和撤销立法联系点的主要依据。

6. 立法联系点的退出机制

立法联系点的退出主要包括以下几种情形：①综合考评不合格的；②情况发生变化，不宜再作为立法联系点的；③根据立法工作实际需要进行调整的；④主动申请撤销的；⑤有其他产生社会负面影响行为的；⑥其他应当撤销的情形。撤销立法联系点应当由市司法局提出或者立法联系点主动提出，经市人民政府批准，撤销该立法联系点。

（四）立法联系点的实施效果

1. 扩大群众参与，地方立法更接地气

立法联系点成立近一年来，立法机关采用书面征求意见、召开立法座谈会、发放立法问卷调查表、实地调研等多种方式，通过立法联系点征集群众意见，立法联系点将收集到的群众意见进行汇总整理后，统一向立法机关反馈。在《达州市物业管理条例》起草过程中，起草部门在条例送审稿中规定，"欠缴物业管理费的业主，不得提名为业主委员会委员候选人"。根据立法联系点收回的立法问卷调查，参与立法问卷调查的 400 名群众中，95.3% 反对该项规定；参与立法座谈的 7 个立法联系点中，有 6 个立法联系点反对该项规定，认为该项规定将两个法律关系混为一谈，损害了业主的权利，故市司法局在审查阶段将该规定删除，充分体现了对民意的尊重。截至目前，起草部门通过立法联系点发放调查问卷 6000 余份，收回有效调查问卷 5300 余份。立法机关通过立法联系点发放立法调查问卷 1500 份，收回 1379 份，书面征求立法联系点意见 6 次，收到立法联系点回复意见 120 份，召开立法座谈会 9 次（见图 2），发放法规规章宣传册 8000 余份。通过上述活动畅通了地方立法民意征集"最后一公里"，为《达州市城区禁止燃放烟花爆竹管理办法》《达州市文明行为促进条例》《达州市物业管理条例》《达州市户外广告和招牌设置管理办法》《达州市违法建设治理办法》等 5 部法规、规章的科学制定和有效实施提供了民意支持，提升了地方立法的科学性、民主性。

2. 双向互通，地方立法更有效率

立法联系点是立法机关与基层群众之间的桥梁，构建双向互通的立法模式，

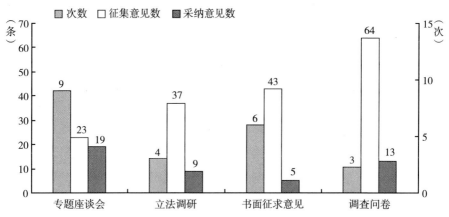

图2　2019~2020年达州市立法联系点意见征集方式效果对比

说明：图中不含起草部门数据。

有助于上情下达、下情上达。立法机关将法规规章草案传至立法联系点，由立法联系点将法规规章草案文本在其所在地进行广泛张贴，群众在家门口就能便捷、直观地看到立法草案内容，通过立法联系点面对面地向立法联络员反映立法建议，能有效拉近立法机关与基层群众的距离，增强民众参与立法的意愿，群众不再是旁观者，使立法联系点的"桥梁"和"纽带"作用得到有效发挥。同时，立法联系点还是立法语言的转换器。立法联系点利用其专业优势，能够更好地将收集到的群众意见转化为法律语言，提高立法建议表达的规范性、立法建议的采纳率。截至目前，通过立法联系点直接收集群众建议167条，其中，立法机关采纳建议31条，部分、间接采纳建议15条（见图3）。针对建议采纳情况，立法机关通过网络、电话、现场会等多种渠道向立法联系点和群众进行反馈，让群众切实感受到立法联系点征集立法建议不是摆样子、搞形式。

3. 讲好法言法语，地方立法更获支持

立法联系点是立法机关延伸到基层听取群众意见、宣传地方立法的触角，将立法联系点建设与法治宣传教育相结合，通过立法联系点征集立法建议，形成社区公共议题，汇聚不同群体的声音，在沟通互动、畅通民意中形成共识，使每项立法都拥有扎实的群众基础。在《达州市文明行为促进条

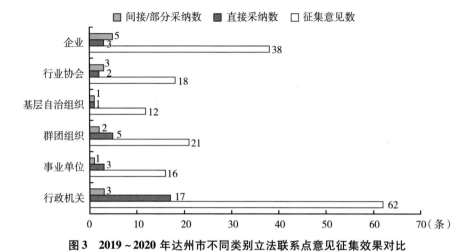

图3　2019~2020年达州市不同类别立法联系点意见征集效果对比

说明：图中不含起草部门数据。

例》立法过程中，通过民意调查、社区反馈，该项立法成为达州市2020年度群众关注度最高的地方立法项目。据起草部门统计，该项立法在起草阶段共有6000余人次参与立法问卷调查，群众广泛、高度参与立法过程，本身也是对该项立法的宣传，有助于法规生效后的有效实施。在条例颁布后，乡镇、社区等立法联系点，通过发动志愿者、制作宣传标牌、张贴宣传海报等多种形式，采用通俗易懂的语言向群众宣传条例，提升了群众对法规的认可度，增强了群众遵守法规的自觉性。

三　存在问题

（一）经费保障不足，影响立法联系点工作积极性

目前，市县两级政府及司法行政部门未能向立法联系点提供必要的工作经费。因缺乏稳定的经费来源，立法联系点配合立法机关开展立法活动往往要自行解决工作经费，一定程度上影响了立法联系点主动开展工作的积极性，导致部分立法联系点刚开始热情高涨，后续工作乏力。

（二）机构性质不同，导致立法联系点发展不平衡

由于各立法联系点所属领域不同，机构性质不同，对立法联系点工作的认识和重视程度也不一样，致使立法联系点整体发展不平衡。有些立法联系点能够积极自主创新开展工作，但仍有少数立法联系点工作缺乏主动性，配合立法机关开展立法活动较为消极，工作多停留在表面，往往应付了事，未能充分发挥立法联系点汇集民意、集中民智的作用。

（三）专业素养不够，立法联系点作用发挥不充分

达州市立法联系点多设在乡镇人民政府、街道办事处和村、社区，队伍建设较为薄弱，专业人才缺乏，除律师事务所、法律工作者协会外，大多数立法联系点的联络员缺乏法律专业教育背景或法律实践经验，难以将立法背景、立法目的、立法程序等相关知识传达给基层群众，难以将法律语言准确转化为易被基层群众理解的通俗语言，未能在立法机关与基层群众之间实现有效沟通和交流。

四　工作展望

（一）健全立法联系点制度体系

《立法联系点工作规定》实施以来，为达州市立法联系点的规范化运行提供了指引，但仍存在制度设计过于宏观、内容相对单一、可操作性不强等缺陷。为进一步做好立法联系点工作，在原有制度基础上，进一步健全立法联系点制度体系很有必要。

1. 建立立法信息公开制度

立法信息透明度是决定立法联系点参与度的关键，立法机关与立法联系点之间实现无缝衔接，做到立法信息对称，有利于立法联系点组织公众深层次参与地方立法，有利于避免立法联系点基于错误信息建言献策，也有利于

提升立法机关甄别立法建议意见的效率。具体来讲，建立立法信息公开制度，要从立法信息公开范围、立法信息公开形式、立法信息公开途径、立法信息公开时间等方面进行规范。立法信息公开范围应当限于不涉及国家秘密、商业秘密或者个人隐私，且与征集意见立法项目有关的立法信息；立法信息公开形式应包括采取立法信息解读、立法起草说明、征集意见公告等多种形式；公开途径应当不拘泥于政府、部门或者立法联系点网站、纸质媒体、立法联系点公告栏等传统途径，还应当引入官方微博、微信公众号、App 小程序等新兴媒体。

2. 建立立法联系点常态化交流制度

立法机关应当与立法联系点建立常态化交流制度，常态化交流制度如下。一是定期交流。每季度召开一次立法联系点工作会，听取立法联系点对地方立法、联系点日常工作的建议意见，以便及时解决立法联系点面临的现实困难，推动立法联系点顺利向好发展。二是不定期交流。不定期交流主要包括不定期交办立法工作任务、传递立法信息等内容，该种交流贯穿于立法项目征集、立法项目调研、立法草案意见征集、立法宣传情况反馈、立法实施效果反馈等地方立法全过程。

3. 建立立法联系点工作保障制度

兵马未动，粮草先行。物资保障一直是工作顺利开展的基础，对于立法联系点来说，物资保障主要体现在办公硬件保障和工作经费保障两方面。办公硬件保障在于办公场所、办公设备等基础办公条件的配置，办公场所多由立法联系点在其原办公场所中调剂，办公设备则可由立法机关在立法经费中列支，统一采购工作经费保障则是提高立法联系点工作积极性的重要手段，可以采取"固定经费保障＋经费激励机制"方式保障立法联系点工作经费。固定经费保障可以从立法机关立法经费中列支，或者纳入立法联系点所在地区财政予以保障；经费激励机制则与立法联系点年度考核结果挂钩，对考核结果为优秀的，进行额外经费激励，提高立法联系点争先创优的积极性。

（二）创新立法联系点工作机制

立法联系点工作不应当停留在表面，征集立法建议时象征性回复几点建议或者走形式回复无意见，开展立法宣传则简单发放宣传册了事，长此以往将导致立法机关向公众延伸的触角停滞不前，进一步深化完善"立法联系点＋信息点＋宣传点"工作机制是化解上述问题的良策。

1. 完善立法联系点联系工作机制

联系工作机制应当明确立法联系点"纵向联络＋横向联动"工作职责。纵向联络要求立法联系点作为立法机关与社会公众之间的桥梁，准确向公众发布立法信息，及时向立法机关传达公众建议意见；横向联动则要求立法联系点在管辖范围或者业务领域成为各方参与立法的组织者，由点及面，提高公众参与度。

2. 完善立法联系点信息工作机制

信息工作机制应当着眼于由浅入深推进立法联系点信息处理，逐步提升立法联系点信息处理能力。建立立法联系点信息处理四步工作法，即"收集—选择—提炼—传达"四大信息处理程序，细化各环节工作要求，实现立法联系点由信息搬运工向信息处理员的转化。

3. 完善立法联系点宣传工作机制

宣传工作应当采取多元化宣传手段，丰富立法宣传方式，拓宽公众了解立法、参与立法的渠道。立法联系点在发放宣传资料、宣传品等传统宣传方式的基础上，应当结合自身实际，开展法治宣讲、立法解读、法律答疑、律师"以案释法"等群众喜闻乐见的宣传活动，将立法工作与普法宣传有机结合，使普法工作贯穿于地方立法全过程，提升地方立法在群众中的知晓率和认可度。

（三）加强立法联系点队伍建设

要落实好立法联系点各项制度，配备高素质的立法联系点队伍是关键。因此，加强立法联系点队伍建设刻不容缓。

1. 定制个性化立法联系点队伍建设方案

立法联系点涉及行政机关、基层自治组织、群团组织、行业协会、事业单位、企业等多个类别，类别不同，特点不同，队伍建设侧重点也应不同。对于行政机关和基层自治组织，应当采取"负责人 + 联络员 + 司法所 + 志愿者"模式进行队伍建设，其中，负责人和联络员由立法联系点工作人员担任，负责立法联系点的统筹协调工作；司法所则应当发挥专业优势，当好立法联系点的法律顾问和信息处理员，将专业法律语言转化为通俗易懂的群众语言，开展立法意见征集和立法宣传，为立法联系点工作提供法治支撑；志愿者的来源比较广泛，有人大代表、政协委员、法律工作者、在校法学专业大学生等，可以根据工作地点或者居住地划分片区实现志愿者网格化管理，鼓励志愿者利用业余时间参与立法联系点工作，提高立法联系点收集建议意见质量。对于行业协会和群团组织，则采取"负责人 + 联络员 + 领域代表"模式进行队伍建设，负责人和联络员由立法联系点工作人员担任，而领域代表则在所属行业或者群团范围推选产生，充分发挥其行业、专业优势，为所涉领域立法提供专业性的建议意见，提升地方立法的专业性。对于企业和事业单位，则侧重于发挥其职工群体本身的力量，在负责人和联络员的基础上，增设职工代表，让普通职工直接参与立法，在立法中发出自己的声音。

2. 制定多元化培训机制

立法联系点的培训不应局限于工作业务培训，还应当增设立法知识培训、法治理念培训、新制定法规规章学习培训，以及立法项目知识培训等多样培训。立法知识培训侧重于立法精神、立法程序和立法目的的培训；法治理念培训侧重于贯彻习近平新时代中国特色社会主义思想和习近平法治思想，树立以人民为中心的法治理念；新制定法规规章学习则为新制定法规规章的宣传解读工作打好基础；立法项目知识培训则针对某一具体立法领域的法律知识进行培训，在立法项目启动前开展，促进立法联系点立法意见建议紧扣立法项目，做到言之有物、言之有理，提高建言献策质量。

B.3

强化立法监督助推脱贫攻坚的人大实践

四川省人大农业农村委课题组*

摘　要： 近年来，四川省人大常委会坚定不移用习近平总书记关于扶贫工作重要论述武装头脑、指导实践、推动工作，充分发挥人大职能作用，强化立法监督，运用法治思维和法治方式积极推动中央和省委脱贫攻坚决策部署落地落实落细。立足省情实际制定《四川省农村扶贫开发条例》，筑牢四川脱贫攻坚的法治之基，展现依法助推脱贫攻坚的法治之力，走出了一条强化立法监督助推脱贫攻坚的四川人大实践之路。

关键词： 地方立法　立法监督　脱贫攻坚

党的十八大以来，习近平总书记就脱贫攻坚工作作出了一系列新决策、新部署，提出了一系列新思想、新观点，是打赢脱贫攻坚战的行动指南和根本遵循。近年来，四川省人大常委会始终坚持用习近平总书记扶贫工作重要论述武装头脑、指导实践、推动工作，充分发挥人大职能作用，强化立法监督，运用法治思维和法治方式积极推动中央脱贫攻坚决策部署落地落实落细，为深入贯彻落实习近平总书记关于扶贫工作重要论述、强化立法监督助推脱贫攻坚提供了四川人大的实践经验。

* 课题组负责人：邓良基，四川省人大农业农村委原主任委员。课题组成员：徐建群，四川省人大农业农村委副主任委员；李江，四川省人大农业农村委副主任委员；杜志仁，四川省人大农业农村委副主任委员。执笔人：曾英，四川省人大农业农村委办公室主任；龙建英，四川省人大农业农村委办公室副主任；刘子平，四川省人大农业农村委办公室干部。

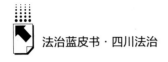

一 四川人大实践的主要做法

四川省人大常委会始终坚持以习近平新时代中国特色社会主义思想为行动指引，始终把脱贫攻坚工作作为牢固树立"四个意识"、坚定"四个自信"，坚决做到"两个维护"的重要体现，始终将脱贫攻坚工作作为最大的政治责任、民生工程和发展机遇，充分发挥人大职能作用，确保脱贫攻坚工作在法治轨道上有序有效推进。

（一）既立足当前又着眼长远，立法筑牢四川脱贫攻坚的法治之基

四川省人大常委会坚持立法工作要主动适应四川改革和经济社会发展需要，高度重视扶贫开发工作及其法治化进程，既结合四川实际立足当前，又着眼长远为党和国家工作重中之重的脱贫攻坚提供长期性的法治保障，制定颁布了《四川省农村扶贫开发条例》（以下简称《条例》）。《条例》的制定颁布为决战脱贫攻坚、决胜全面小康、依法规范农村扶贫开发工作奠定了坚实的法治基础。

1. 《条例》围绕中心大局应时而生，制定科学、填补空白

（1）《条例》的立法背景

针对我国农村发展不平衡的实际，为缓解和消除贫困，最终实现共同富裕，党中央、国务院作出了扶贫开发重大战略决策。在实际工作中，国家鼓励地方立法先行，《中国农村扶贫开发纲要（2011~2020年）》中明确提出："加快扶贫立法，使扶贫工作尽快走上法制化轨道"。

四川省坚持把脱贫攻坚工作作为头等大事，将基础扶贫、产业扶贫、新村扶贫、能力扶贫、生态扶贫等五大扶贫工程纳入省委十届三次全会决定的"三大发展战略"和"两个跨越"目标强力推进。2015年7月，中共四川省委十届六次全会首次以全会的形式，专题研究部署扶贫开发工作，并审议通过了《关于集中力量打赢扶贫开发攻坚战，确保同步全面建成小康社会的决定》，科学制定了扶贫开发的"时间表"和"路线图"。《四川省农村

扶贫开发条例》的制定与《关于集中力量打赢扶贫开发攻坚战，确保同步全面建成小康社会的决定》和《四川省农村扶贫开发纲要（2011～2020年)》形成"三位一体"、相辅相成、有机统一的扶贫开发工作架构。

（2）制定《条例》是四川迫切的现实需要和法治需要

一是现实需要。四川作为全国扶贫工作的重点省份，全省183个县（市、区）中，97.3%（178个）有脱贫攻坚任务，全省共有国家片区县、重点县和省规划县88个、贫困村11501个、贫困人口625万人，扶贫对象"量大、面宽、程度深"。四川省扶贫开发工作前期推进，未能从地方性法规层面予以规范。同时，四川贫困群众多，人民群众对扶贫立法的期盼由来已久，需要通过扶贫立法反映广大群众的愿望和要求，维护广大贫困群众的根本权益。

二是法治需要。《条例》的出台是贯彻落实中央和四川省委推进扶贫工作法制化进程的需要。《条例》出台前，四川省扶贫开发工作出现了一些新情况和新问题，迫切需要用法规的形式贯彻落实中央和省委扶贫开发战略，用法规来固化和提升历年来四川省探索总结的扶贫开发工作成功经验，建立和完善保障扶贫开发工作的长效机制。

（3）及时颁布实施

《条例》于2012年10月申报立项，省人大农业农村委员会同省扶贫开发局等省直相关部门先后深入7个市（州）实地调研，赴6个省（直辖市）学习调研，听取立法意见建议、学习借鉴立法经验，并多次征求省直相关部门及各市（州）意见，不断修改完善，前后历时两年多。2015年4月，省人大常委会审议通过《条例》，并于当年6月1日起施行。

2.《条例》立足四川省情，特色突出、亮点鲜明

《条例》严格遵循实事求是、精准扶贫的原则，紧密结合四川省贫困面大量多程度深、区域性整体性贫困突出、致贫原因复杂多样的实际，分为总则、扶贫开发对象、扶贫开发措施等9章61条，增强了针对性与可操作性，突出四川地方特色和亮点。

一是全面贯彻精准扶贫理念。四川省制定的《条例》是全国率先纳入

"精准扶贫、精准脱贫"理念的地方性法规，明确了四川省扶贫开发工作必须遵循精准扶贫的原则，要求扶贫开发工作要做到精确识别、分类扶持，因村施策、因户施治。

二是凸显群众主体作用。将群众自力更生作为扶贫开发的重要因素，对出台的重要政策和建设的重大项目，专门明确建立贫困影响评估制度，对可能产生的贫困影响进行充分预判，并确定扶助补偿措施，确保了贫困群众的利益不受损害。

三是构建大扶贫工作格局。《条例》就社会各类组织和社会力量参与扶贫开发，构建政府、社会、市场等多方协同推进的大扶贫工作格局作出了明确规定。

四是明确扶贫资金的财政投入增长机制。为防止各地出现对扶贫开发投入随意、缺乏刚性约束的情况，切实保障四川省繁重脱贫攻坚任务的财政投入，《条例》要求将农村扶贫开发资金列入地方各级政府的财政预算，并稳定投入，逐年增加财政专项扶贫资金。

五是确保对脱贫攻坚工作的有力监督。《条例》要求县级以上地方人大及其常委会、乡（镇）人大应当将农村扶贫开发工作作为人大履职行权、依法开展监督的重要内容，根据扶贫开发工作的推进情况，适时听取同级政府的工作报告；要对扶贫资金使用、扶贫项目管理、扶贫产业发展等工作情况进行严格的考核、监察、审计，确保监督有效、监管有力。

3. 《条例》的颁布实施具有重要意义

一是具有重要的政治意义。《条例》紧紧围绕贯彻党的十八大和省委全会精神，贯彻依法治国、依法治省战略部署，全面总结和固化了四川省多年积累的扶贫开发实践成果，确保与中央和省委脱贫攻坚决策部署目标同向、工作合拍、步调一致，更大程度上实现和维护了贫困群众的合法权益。

二是具有重要的立法意义。《条例》是四川省第一部关于农村扶贫开发工作的地方性法规，填补了地方立法空白。它的颁布实施，具有里程碑式的立法意义，为实现四川省扶贫开发战略，依法规范农村扶贫开发工作，解决扶贫工作中遇到的新情况和新问题，推动扶贫开发工作步入法制化轨道奠定了坚实的法治基础。

三是具有重要的现实意义。四川省高度重视农村扶贫开发工作，通过实施一系列行之有效的重大举措，成效显著。《条例》要求各级各部门强化扶贫责任，以法治思维、法治手段全力推动脱贫攻坚各项部署落到实处，不断推进贫困地区夯实基础设施建设、提升公共服务水平、培育发展扶贫产业和贫困群众持续增收，动员全省各方力量积极参与扶贫开发，形成强大合力，确保每名贫困群众"摘掉穷帽"。

（二）创新工作方式，监督"组合拳"展现依法助推脱贫攻坚的法治之力

要实现高质量脱贫，脱贫攻坚成效就必须真正获得群众认可，经得起实践与历史检验。四川省人大常委会综合运用多种监督方式依法助推脱贫攻坚，作为深入贯彻落实习近平法治思想和关于扶贫开发重要论述的具体实践，全力依法助推脱贫攻坚决策部署落地落实。

1. 制订专项监督方案

为推动脱贫攻坚工作在法治轨道上有序开展，省人大常委会主任会议于2015年通过了《条例》专项监督五年工作方案。方案规定了专项监督的时间为五年，监督方式包括执法检查、听取专项工作报告、专题询问、满意度测评等多种方式，制定了常委会依法助推脱贫攻坚的具体行动计划。

2. 持续深入开展执法检查

从2015年10月到2020年6月，省人大常委会连续开展《条例》执法检查八次，呈现以下特点。一是行动快。省人大常委会打破惯例，在《条例》施行仅4个月后，即在全省范围内迅速组织开展了执法检查工作，这在四川省人大常委会的执法检查史上前所未有。二是力度大。《条例》的每次执法检查，均由常委会领导担任各检查小组组长，由常委会办公厅主任及各专委会主任委员担任副组长，并以常委会委员、各专委会委员和全国、省、市、县人大代表为检查组成员，扎实开展实地检查。三是全覆盖。2017～2019年，执法检查对全省88个贫困县及当年计划摘帽贫困县实现了检查全

覆盖。2020 年，重点选取 6 个国定贫困县、省定贫困县和有扶贫任务的非贫困县进行检查，实现了检查类别全覆盖。四是方式新。高度重视暗访，每次执法检查均采取不打招呼、随机选点、随机抽查、随机走访等方式深入干部群众进行暗访，掌握客观真实情况，获取第一手资料；切实解决形式主义问题，精简会议和报告，不影响基层正常脱贫攻坚工作，不增加基层负担。五是效果好。这八次执法检查，每一次都是对前一次的再督促、再前进、再落实。2017 年，四川省委常委会听取了省人大常委会党组关于《条例》执法检查的报告，给予了高度评价和充分肯定。

3. 开展专题询问

2017 年 6 月，四川省人大常委会对《条例》贯彻实施情况和扶贫开发工作情况开展了专题询问，省政府及教育厅、农业厅、省扶贫移民局等省直相关部门到会应询。省人大常委会组成人员聚焦脱贫攻坚"两不愁、三保障"等目标，对政策措施、防止返贫、产业就业、资金项目、住房建设、教育医疗、交通设施等脱贫攻坚重点内容进行专题询问，针对脱贫攻坚中社会关注、百姓关心、群众盼望解决的问题，进一步沟通了情况、凝聚了共识，形成在省委领导下，人大和政府共同推进脱贫攻坚的工作合力。

4. 开展满意度测评

2018 年 7 月，四川省人大常委会首次运用电子测评方式对省扶贫开发局脱贫攻坚作风建设工作进行了满意度测评，通过将满意度测评和听取政府专项工作报告结合起来，量化监督评价，增强监督刚性，进一步推动了政府及相关部门依法行政，更好地发挥了四川省人大常委会依法监督助力脱贫攻坚的作用。

5. 加强跟踪监督

四川省人大常委会坚持问题导向，在审议《条例》执法检查报告时紧密结合执法检查中发现的问题，及时将审议意见印送省政府研究处理，并跟踪督促省政府就审议意见办理情况进行专项工作报告。同时，省人大常委会还将执法检查中发现的问题"点对点"反馈到相关市（州）和省直相关部门，督促及时整改反馈。通过跟踪监督，有力督促了各级政府及相关部门进一步深入贯彻《条例》，自觉运用法治思维和法治方式贯彻落实中央和省委关于脱贫攻坚的决策部署，取得了良好的效果。

二 四川人大实践的经验和启示

《条例》颁布实施5年多来，四川省人大常委会强化立法监督助推脱贫攻坚的生动实践取得了明显成效。这个实践是旗帜鲜明跟党走的政治实践，是紧扣法规助扶贫的法治实践，是深化认识强理论的学习实践，是一心为民谋发展的民生实践，是依法履职勇担当的作风实践，收获了珍贵的实践经验和启示。

（一）必须一以贯之坚持把习近平总书记关于扶贫工作重要论述作为依法助推脱贫攻坚的根本遵循

四川省人大常委会坚持常学常新、真学真用，准确把握核心要义和精神实质，坚持用习近平总书记关于扶贫工作的重要论述武装头脑，推动工作。四川人大实践证明，只有坚持把习近平总书记关于扶贫工作的重要论述全面贯彻落实到脱贫攻坚工作的各个环节，才能打赢打好精准脱贫攻坚战，做到脱贫工作务实、脱贫过程扎实、脱贫结果真实，用实际行动践行"两个维护"，才能以"功成不必在我，功成必定有我"的工作成效，向党和人民交上一份满意的答卷。

（二）必须毫不动摇坚持党的领导

党的领导是决战决胜脱贫攻坚的根本保证。四川省人大常委会在依法助推脱贫攻坚工作中，无论是立法还是监督，都认真贯彻落实党中央关于加强党领导人大工作的意见，将省委关于脱贫攻坚工作的指示要求全面贯彻落实到人大工作中。四川人大实践证明，只有坚持党的领导，把坚持党的领导、人民当家作主、依法治国三者有机统一起来，才能确保脱贫攻坚的正确方向。

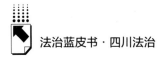

（三）必须自始至终坚持以人民为中心的理念

习近平总书记关于扶贫工作重要论述中所蕴含的人民本位意识，是我们党和国家社会主义性质的鲜明昭示，是对共产党人永远站位于人民立场的再次强调。四川省人大常委会在依法助推脱贫攻坚过程中始终把人民立场作为根本立场，坚持把"以人民为中心"的思想贯穿立法、监督、调研工作始终，制定、修订了《四川省古树名木保护条例》《四川省农村能源条例》《四川省都江堰水利工程管理条例》等与广大农民群众切身利益密切相关的地方性法规，开展了扶贫开发条例等涉农法律法规贯彻实施情况执法检查、专题询问，听取政府专项工作报告等，围绕贫困群众关心关注的住房、医疗、教育、增收等热点、重点和难点问题扎实开展调研。四川人大实践证明，只有在依法助推脱贫攻坚工作中，始终坚持人民至上，才能不断保障贫困群众对美好生活的向往和追求。

（四）必须确保扶贫遵循法治轨道

扶贫开发工作是社会各界广泛关注的焦点，省人大常委会颁布施行的《条例》，为提高四川省扶贫开发工作的质量和水平提供了法治保障。四川人大实践证明，只有牢牢把握扶贫法治轨道，才能不断提高干部群众依法治贫、依法扶贫的思想认识；才能营造更加浓厚的依法扶贫、依法治贫的良好氛围和法治环境，真正做到以法治平衡各方关系、规范扶贫行为，确保扶贫工作在法治轨道上有序进行。

（五）必须准确把握人大职能定位

各级人大及其常委会是代表人民行使国家权力的机关，其权力来源于人民，也必须为人民服务。从人大职能定位的角度来讲，各级人大及其常委会依照法定程序、充分履职行权，通过依法助推扶贫开发这个实践，将党的主张和人民意志有机统一起来，督促各级政府依法扶贫、依法治贫。四川人大实践证明，各级人大及其常委会只有从扶贫开发这个重中之重来准确把握人大的职能定位，准确把握人大工作所处的历史方位，找准依法助推脱贫攻坚工作的切入点和着力点，才能依法开展工作、履行职责，全面有效地服务脱贫攻坚。

三　坚决贯彻落实十九届五中全会精神，全力依法助推脱贫攻坚成果巩固拓展同乡村振兴有效衔接

脱贫摘帽只是新生活、新奋斗的起点，要实现巩固拓展脱贫攻坚成果同乡村振兴有效衔接。当前，我国正处于脱贫攻坚与乡村振兴统筹衔接的历史交汇期，四川省各级人大常委会要依法助力二者的有效衔接和协同推进，巩固脱贫攻坚成果、全方位预防和化解返贫风险，接续推进脱贫地区发展和群众生活改善，促进农业农村优先发展、全面推进乡村振兴。

（一）进一步学懂弄通做实习近平总书记关于扶贫工作的重要论述

习近平总书记关于扶贫工作的重要论述，思想深邃、内涵丰富、系统完整，既是思想武器，又是行动指南。各级人大及其常委会要认真学习领会，努力从中学出提升"四个意识"、坚定"四个自信"、坚决做到"两个维护"的政治站位来，学出不忘初心、牢记使命的担当作为来，学出对人民群众的深厚感情来，学出依法助推脱贫攻坚的方法举措来，在学懂弄通做实上下真功夫，不断增强巩固脱贫攻坚成果、推进乡村振兴的政治自觉、思想自觉和行动自觉。要坚定不移用习近平总书记关于扶贫工作重要论述指导工作实践，结合四川全省脱贫攻坚工作与乡村振兴进展，联系实际、带着问题，通过学深悟透主动扛责任、解难题、促工作，推动脱贫攻坚成果巩固拓展与乡村振兴取得新成效。

（二）进一步用法治保障脱贫攻坚成果巩固拓展与乡村振兴有效衔接

脱贫地区从集中力量脱贫攻坚转向巩固拓展脱贫攻坚成果和全面推进乡村振兴是"三农"工作的重大任务，各级人大及其常委会在立法上，要抓

紧研究依法保障衔接的工作方案和具体办法，灵活采取纳入四川省乡村振兴促进条例统筹、适时作出人大决定、继续开展调研和监督等方式确保依法平稳过渡，巩固拓展脱贫攻坚成果，全面依法助推乡村振兴。各级人大及其常委会在监督上，要认真履行宪法和法律赋予的职责，善于监督、勇于监督，加强对与巩固拓展脱贫攻坚成果和乡村振兴有关的法律法规贯彻实施情况的监督检查，督促各级各部门依法依规扶贫脱贫防止返贫和推进乡村振兴，切实解决好制约贫困地区发展的重点问题、影响脱贫群众持续致富增收的民生难题。同时，对检查中发现问题的整改进行跟踪督办，通过听取专项工作报告、开展工作评议、作出决议决定等方式，督促各地将中央和省委巩固拓展脱贫攻坚成果和推进乡村振兴的决策部署落到实处，真正把开展的工作变成民心工程、德政工程，经得起历史、人民和实践的检验。各级政府及相关部门要自觉接受同级人大的工作监督和法律监督，及时改进工作中存在的问题，确保相关工作依法依规运行。

（三）进一步充分发挥各级人大职能作用，持续形成工作合力

一方面，要坚持党的领导，把人大履职工作置于党的绝对领导之下，自觉接受党委领导，确保党巩固拓展脱贫攻坚成果同乡村振兴决策部署落实见效。另一方面，要积极督促支持政府及相关部门的工作，同时上级人大要对下级人大进行工作指导，形成相互支持、积极配合、密切协作的良好互动局面和强大工作合力，充分发挥各级人大助推脱贫攻坚成果巩固拓展同乡村振兴有效衔接的作用。

法治政府

Government of the Rule of Law

B.4

泸州市法治政府
示范创建的实践与探索

泸州市司法局课题组*

摘　要：　近年来，四川省泸州市坚持把法治政府建设作为依法治市的
重点任务和主体工程，全面推动政府各项工作纳入法治化轨
道，成功创建为首批全国法治政府建设示范市。泸州市增强
法治政府建设示范创建的主体意识、主动意识和首创意识，
抓实法治政府建设示范创建的组织领导、典型打造、申报评
估和考核监督，提升法治政府建设示范创建的统筹引领成
效、制度建设成效、职能转变成效、规范执法成效、法律服
务成效。未来深化法治政府建设示范创建需要进一步完善示
范创建组织体系，进一步明确示范创建重点导向，进一步激
发示范创建内生动力，进一步加强示范创建经验推广。

---

*　课题组负责人：王亚强，泸州市司法局党委委员、副局长。课题组成员：王朝洪、尹国涛。
执笔人：尹国涛，泸州市司法局法治研究与督察室主任。

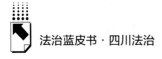

关键词： 法治政府 示范创建 考核监督

2016 年以来，泸州市坚持以习近平总书记关于法治的重要论述为指导，以示范创建为抓手，不断健全依法决策机制，严格规范公正文明执法，持续增强政府公信力和执行力，全面提升酒城法治政府建设水平。2020 年 7 月，泸州市被中央依法治国办评为全国第一批法治政府建设示范市。

一 增强法治政府建设示范创建"三个意识"

（一）增强示范创建"主体意识"

行政权力的运用涉及国家治理和生产生活的方方面面，依法行政水平某种程度上决定着整个国家的法治建设水平，因此法治政府建设是公认的国家法治建设重点和难点。法治政府建设的主体是各级政府，担负起新阶段法治建设突破重任的主体也必然是各级政府。因此，各级政府必须增强示范创建"主体意识"，以创建为突破口，加速建设法治政府，助力实现 2035 年法治建设远景目标。

（二）增强示范创建"主动意识"

法治政府建设是政府改良自身的内部革新举措，最核心的价值目标是实现权力制约。地方政府既是地方法治建设的推动主体，也是法治建设的变革对象，这两种身份内在的矛盾性导致了地方政府推进自身法治建设中自发动力的有限性。因此，法治政府建设的实践途径，既需要采用上级设定目标监督下级执行的方式，也需要从更广范围、用更大力度调动基层政府主动性的方式。法治政府建设示范创建活动目的就是通过正面引领，把法治建设目标转化为地方政府的自觉行动，充分发挥地方的主观能动性，用有效的创新举措为法治政府建设提供坚实、持久的驱动力。

（三）增强示范创建"首创意识"

地方法治建设是国家法治建设的"最后一公里"，地方政府具体执行行政事务是践行法治要求、体现法治建设成效的最终环节。因此，法治政府建设示范创建既要考虑顶层设计，统一各地建设标准，也要考虑地区差异，推动各地结合实际发挥能动作用和首创精神。中央新一轮法治政府建设示范创建活动分为综合示范创建和单项示范创建，就是充分考虑到了这一点。基层政府需要增强示范创建"首创意识"，在地方实践的生动语境下，推动法律实施过程中服务型政府功能的持续强化、法治框架内合理规则的细化创新、公民权利的有力保障以及社会秩序的有效维护。

二　抓实法治政府建设示范创建"四个环节"

法治政府建设示范创建不是一个一蹴而就的短期行为，而是一个需要持续发力、不断夯实基础的长久工作。泸州市紧扣组织领导、典型打造、申报评估、督导考核等关键环节，不断深化依法行政、法治县（市、区）、法治政府建设等示范创建活动。

（一）强化示范创建组织领导

1. 探索"1+1+N"工作统筹模式

经过实践磨合，逐渐形成市委全面依法治市委员会（原市委依法治市工作领导小组）领导、市法治政府建设工作领导小组推动、各部门协作的统筹推进模式。示范创建活动的方案、指标、考核督察均由依法治市办发布，具体工作的组织实施由法治政府建设工作领导小组办公室完成。随着机构改革的调整，依法治市办与法治政府建设工作领导小组办公室都设在司法行政部门，实现了深度融合，组织推进示范创建活动更为便利。

2. 成立示范创建领导小组

泸州申报法治政府建设综合示范创建项目后，成立了由市委、市政府主要负责人任组长的领导小组，下设综合协调、档案资料、测评工作等八个工作组，负责具体工作。领导小组对标分解落实创建任务，并通过召开工作部署会、推进会、问题整改会，强力推动各级各部门完成各项示范创建工作任务。

（二）发挥示范创建典型作用

1. 持续打造依法行政示范点

每年要求区县打造依法行政示范点，并作为当年依法治市考核重要内容，年底检查验收。"十三五"期间，泸州着力打造了130多个法治示范点，包括全国法治县（市、区）创建活动先进单位6个、省级依法治理示范创建合格单位16个、市级依法行政示范单位52个。

2. 实施"一区县一品牌"战略

在法治政府建设过程中，泸州市各区县着力打造自己的特色品牌。例如，江阳区减证便民工作成效显著，龙马潭区商事制度革新被国务院通报表扬，泸县农村土地三项制度改革试点获中央改革办肯定，古蔺县农村土地及林权纠纷联动调解获省级矛盾纠纷多元化解工作优秀创新项目等。

3. 定期推广交流先进经验

每年在一个区县召开示范创建工作现场会，组织参观依法行政示范点，交流学习工作经验。每年确定重点市级部门，在法治建设工作会上对示范创建工作进行述职交账，推广先进做法。

（三）做好示范创建申报评估

1. 扎实开展调研申报

在中央依法治国办公布全国法治政府建设示范创建指标后，泸州市组织开展了一系列调研考察活动。根据调研分析，市级法治政府建设工作符合综合示范创建要求，决定申报创建。在网络申报期间，组织专班集中对104项指标进行论证和资料收集审核，努力做到一项不漏、一分不失。申报工作组织的扎实有序，为泸州在第一轮从全省33个市县政府中脱颖而出和第二轮专家书面评审进入全国前 50 强奠定了坚实基础。

2. 积极应对实地评估

根据创建指标收集更新印证资料，开展行政执法案卷大抽查，确保评估资料真实、完整、规范。针对各级领导、执法人员、普通群众等不同群体编印参阅资料和宣传资料，分层分类进行培训、考试和开展宣传活动。制作专题片、微视频在电视台、LED 大屏幕、公交车等载体上播放，在街头巷尾营造创建氛围，提高群众知晓度。

3. 收集梳理特色亮点

清理筛选省部级以上表彰奖励和全国推广的先进经验，编印《可复制可推广经验选编》。根据创建指标确定重点部门，打造示范点位，体现创建内容和工作特色。

（四）加强示范创建考核督导

1. 落实绩效考核

将"抓法治"纳入全市综合绩效目标考核，与"抓发展""抓党建"放在同等重要的位置，法治政府建设作为"抓法治"的重要板块，分值权重不断提升。对标"市县法治政府建设示范指标体系"，制定责任清单，实行台账管理，逐一分解任务、落实责任，定期对账销号。

2. 落实工作督导

法治政府建设日常工作由市法治政府建设领导小组办公室抽调人员组成督导组，开展工作督查。示范创建工作由纪委监委抽调人员组成追责问责工作组开展专项督查，对存在问题的根据情况进行约谈、通报或责令整改。

三 提升法治政府建设示范创建"五个成效"

法治政府建设示范创建活动的目的是以创促建，通过示范创建促进各地区各部门找差距、补短板、提水平。在推进法治政府建设工作中，泸州紧盯组织统筹、制度建设、职能转变、规范执法、法律服务等重点领域，全面转化示范创建工作成果，开创地方法治政府建设新局面。

（一）突出"关键少数"，提升统筹引领成效

1. 高位规划明确"路线图"

在制定"十三五"发展规划时，泸州市旗帜鲜明地提出建设"全省领先、全国一流"法治政府目标。市委、市政府主要负责同志认真履行推进法治建设第一责任人职责，市委常委会、市政府常务会及时听取法治政府建设情况，组织区县、部门按期完成《泸州市法治政府建设实施方案（2016～2020年）》确定的重点任务。市委、市政府紧扣"首创即成"的目标要求，定期研究法治政府建设工作，推动示范创建落地落实。

2. 抓住关键落实"责任人"

创新制定《将依法治理纳入干部管理任用工作八项制度》，用制度保障推动"关键少数"落实法治责任。制定《市区县政府及部门主要负责人履行推进法治建设第一责任人职责清单》，建立健全领导干部年度述法报告制度，每年专题听取各区县及部分市级部门主要负责人关于法治政府建设的工作述职。

3. 学法考法形成"常态化"

坚持逢会必学法，制定《领导干部学法制度》《市人民政府常务会议会前学法制度》，从制度层面固化领导干部带头学法。2016～2020年，市政府常务会议学法76次，涉及法律法规160件。加强府院联动，定期组织政府及部门负责人到法院观摩庭审。在全省率先推行科级领导干部任前考法，未经考试或考试不合格者一律不得提拔。2018～2020年，全市参加任前考法干部3422名，达标率近90%。

（二）严把决策"关口"，提升制度建设成效

1. 地方立法特色突出

认真落实《立法法》赋予的地方立法权，以"立良法、促发展、保善治"工作思路出台具有地方特色的法规7部、规章3部。《泸州市白酒历史

文化遗产保护和发展条例》为泸州窖池的保存、技艺的传承提供了法律保障，《泸州市中心城区山体保护条例》为泸州山水城市建设、长江上游绿色生态屏障建设提供了法治保障。

2. 决策机制日益完善

2019 年 9 月，泸州市创新建立重大决策"三方会审"机制，纪委监委、司法、审计部门在重大决策事项提请市委常委会审议前要先把关审核。截至 2020 年 12 月共审核 187 件重大决策事项，提出 193 条审查意见。推进政府行政决策规范化、法治化，完善市政府常务会议议事决策规则、重大行政决策程序规定及相关配套办法。2018～2020 年，84 件重大行政决策事项事前均全文公开，1669 件规范性文件全部进行合法性审查，涉企规范性文件全部征求企业、行业协会意见。

3. "红头文件"管理规范

创新出台规范性文件制定主体正面、负面清单，52 个行政机关和法律法规授权组织被列入正面清单，322 个单位被列入负面清单，列入负面清单的单位不具备规范性文件发文权限。创新编制规范性文件审查清单，22 项内容被列为程序和实体审查要件。严格规范性文件备案审查，对违法事项逐一发函整改，确保合法合规。2018～2020 年，备案审查的 177 件规范性文件中 31 件未予备案、49 件函告整改。

4. 法律顾问普遍落实

切实规范政府法律顾问聘任、使用和考核机制，整体提升法治化水平和决策质量。市、县、乡三级党政机关普遍聘请法律顾问，参与重大行政决策、政府合约审核、规范性文件制定等涉法事务。2018～2020 年，市政府法律顾问团共提出法律建议 720 余条，采用转化率达 80%。

（三）推进权力"瘦身"，提升职能转变成效

1. 行政审批改革持续深化

每年动态调整公布行政权力清单，全部取消非行政许可审批事项，市政务一体化平台实现所有行政审批事项目录化、编码化、动态化管理。成立区

县行政审批局，集中行使审批权。深化工程建设项目审批制度改革，申请材料精简率达 35%，审批时限缩减 198 个工作日，审批提速 69%。创新企业投资项目信用承诺制，6 个工作日以内即可办完投资项目核准、建设用地规划等许可事项，单个具体项目办理时间缩短 90 天以上。不动产登记申请材料减少 116 项，实现"60 分钟领证"。

2. 政务服务效率显著提升

围绕打造最佳政务服务示范城市，加快推进"一门、一窗、一次、一网"办理，政务服务实现优化提速，93% 的行政许可审批事项实现网上办，100% 的政务服务事项实现"最多跑一次"。2018 年，国家发展改革委推广泸州市深化行政审批"最多跑一次"改革做法。

3. 减证便民举措一步到位

泸州在辖区内全域开展"零证明城市"建设，以直接取消、当事人告知承诺、数据共享、部门协查、部门自行调查核实等方式解决群众和企业办事过程中证明材料的提交问题，真正由"群众跑"变为"部门找"。全市共取消行政审批和公共服务证明事项 6923 项，全面实现证明事项"零保留"的目标，全年为办事群众减少各类证明材料约 150 万份。

4. 商事制度革新成果丰硕

创新实施"企业开办小时清单制"，实行审批"倒计时"，被国务院办公厅通报表扬。推进简易注销登记改革试点，实施涉企证照联合简易注销登记，符合条件的企业可自主选择申请涉企证照"套餐式"注销服务。在自贸区川南临港片区探索试行"准入即准营"清单制等制度，累计形成制度创新成果 320 项，其中生产型企业出口退税服务前置、增值税小规模纳税人智能辅助申报等经验在全国推广。

（四）防止权力"任性"，提升规范执法成效

1. 综合执法体系不断完善

在全市区县、乡镇（街道）设置综合行政执法机构，积极探索联动综合执法。完善城管部门综合行政执法模式，城管部门统一行使九个部门城市

管理领域的行政处罚权,将90%的编制下划至区级,平稳下沉200名执法人员,实现了执法重心下移、集中统一执法。

2．"三项制度"试点圆满完成

泸州市在全国首先试行行政执法"三项制度",成功探索总结三项经验做法。一是行政执法公示"五个必须",即必须公开执法主体和人员、权力清单和责任清单、"双随机"抽查清单、执法决定、行政复议决定书。二是行政执法全过程记录"六个齐备",即齐备的音像设备、执法办案场所、档案管理场所、法律构成要件、法律文书和证据资料。三是重大执法决定法制审核"七个一工作法",即创立一套制度、制定一张执法目录清单、明确一份岗位责任、刻制一枚专用印章、规范一套文书、编制一本台账、整理一套档案。

3．执法监管模式持续创新

不断探索"柔性执法"方式,试点包容审慎精准执法,行政执法过程中对川南临港片区入驻企业根据违法程度实施事前事中事后"三段式"监管。创新"三维联动"信用监管模式,泸州成功创建为第二批国家社会信用体系建设示范城市,地级市信用监测排名居全国第7位。

4．复议应诉监督不断深化

制定实施《关于对行政机关负责人出庭应诉工作监督的意见》,不断提升行政机关负责人出庭应诉率。制定《关于建立府院联动机制的意见》,不断深化司法监督。严把质量关,建立健全行政复议应诉和行政审判联席会议、司法建议跟踪、复议文书网上公示等制度。2018～2020年,全市行政复议结案666件,纠错139件,纠错率达20.9%。

(五)清除服务"盲区",提升法律服务成效

1．公共法律服务全盘推进

推进公共法律服务平台提档升级,市县乡村四级"一站式""窗口化"综合性公共法律服务平台全部建成投用,高品质打造泸州市(自贸区)公共法律服务中心,全年办理公证、法律援助等各类法律服务事项6万余件。

"一村（社区）一法律顾问"实现全覆盖，法律服务延伸到基层。成立民营企业"法治体检"服务团，为民营企业免费查找法律风险。

2. 法治宣传品牌全域打造

认真落实"谁执法谁普法"责任制，深入推进"法律八进"活动，形成"法娃"卡通形象普法、"向日葵"法治夏令营等普法品牌，打造奢香法治公园、宪法广场等185处主题鲜明的法治文化阵地。突出宣传《宪法》《民法典》等重点法律，开展"万人诵读宪法"快闪、微信有奖知识竞赛、微视频大赛等形式多样的法治宣传活动。2019年，泸州市获评全国"七五"普法中期先进城市。

3. 纠纷化解能力全面提升

认真学习借鉴"枫桥经验"，健全矛盾纠纷多元化解机制。创新建立"诉调""警调""访调"组织70个，龙透关派出所被评为全国首批"枫桥式公安派出所"。成立医疗纠纷、民营企业纠纷、校园矛盾纠纷等专业性、行业性调委会199个，2个调解组织被表彰为全国模范人民调解委员会。全市各类人民调解组织1911个，专兼职人民调解员1.1万人，2018～2020年调解矛盾纠纷4.69万件。

四 深化法治政府建设示范创建"四点思考"

（一）进一步完善示范创建组织体系

法治政府建设工作不仅包括依法行政，还涉及党的领导、人大监督、公正司法、法治社会等方方面面。而目前法治政府建设工作领导机构主要是政府主要领导人牵头的法治政府建设工作领导小组。人们容易形成"法治政府建设就只是政府的事儿"这种错误认识，不利于整合法治政府建设力量。近两年，中央以依法治国委员会及其办公室来统筹推进法治政府建设，开展示范创建工作。但在地方仍然存在观念转变不到位的情况，在推进法治政府建设工作中依法治市（县、区）办更多的是起到发文机关的作用，未真正将法治政府建设作为法治建设的"拳头产品"来打造，统筹推进力度较弱。因此需要进一步探索构建党委统一领导、政府实施、各方参与的组织推进架构，形成职责明确、运行科学的法治政府建设推进体系。

（二）进一步明确示范创建重点导向

1. 突出引导法治化营商环境建设

在市场经济越来越发达的今天，经济高质量发展迫在眉睫，对法治化营商环境的要求越来越高。因此法治政府建设应当将转变政府职能、深化"放管服"改革作为重中之重，努力提高政务服务质效，切实减轻企业群众负担。法治化营商环境的提升，能够提高地方区域竞争力，增强吸引外部资源的能力，形成有效的良性循环。

2. 突出引导公正文明执法

法治的公平正义体现在法律的实施过程中，示范创建要突出引导规范行政执法行为。要进一步推进行政执法体制改革，强力推进综合执法，提高基层执法能力；推进行政执法标准化建设，规范执法行为；落实行政执法责任，加强监督考核；加强执法队伍管理，切实提高行政执法水平。

3. 突出引导公众参与

法治政府建设关系到人民群众的切身利益，法治政府建设示范创建成效如何当然需要人民群众认可。而且行政行为对象的监督更为彻底持久，是其他任何监督方式无可比拟的。有了公众参与，法治政府建设示范创建才不会成为政府的"独角戏"。

（三）进一步激发示范创建内生动力

1. 由上促下，增强内部考评"指挥棒"作用

中央对地方的考核评价是地方政府推动自身法治建设的重要动力，同时也是区域法治竞争的驱动力之一。中央依法治国办统筹开展法治政府建设示范创建活动，已经将该项工作提升到了前所未有的高度，要求各地在2035

年之前都要积极开展创建工作。但是，示范创建工作并未列入对地方的考核，不是一个硬性考核指标，所以主动申报全国创建的市县政府比例并不高，多数地区处于等待观望状态。因此有必要将法治政府建设示范创建工作列入地方绩效考核，增加创建层级，拓宽创建范围，形成全员参与、全员竞争、全面提高的局面。同时，贯彻落实好《法治政府建设与责任落实督察工作规定》，通过督察强力推进法治政府建设示范创建工作。

2. 由外促内，发挥外部监督"风向标"作用

实现权力制约、防止权力滥用离不开公众的监督，法治政府建设示范创建工作更应如此。市县政府在参与示范创建的周期内，一开始就应将创建目标、指标向社会公布，坚持以公开为常态、不公开为例外，接受公众监督。同时，加强公众参与的程序制度建设，防止公众参与的形式化、符号化。

（四）进一步加强示范创建经验推广

示范创建一直是深化法治政府建设的重要抓手，在多年的实践中取得了很好的成效，涌现出许多先进经验。但是，由于法治政府建设涵盖范围太广，各地发展参差不齐，到目前为止形成的典型经验更多体现在一些单项工作上，未能形成系统性的典型经验可以推广。新一轮的全国法治政府建设示范创建类型分为综合和单项，且单项示范创建不设具体指标，最大限度允许各地探索新经验。相信通过两年一轮的创建活动积累，法治政府建设工作能够在政府职能转变、制度完善、行政决策、规范执法、权力监督、纠纷化解等领域树立起新标杆，从而达到典型引路、整体提升的示范创建终极效果。

B.5

成都市金牛区工程建设项目并联并行
办理机制改革调研报告

中共成都市金牛区委全面依法治区委员会办公室课题组*

摘　要：　"放管服"改革即"简政放权、放管结合、优化服务"，工程
建设项目审批制度优化升级作为"放管服"改革的关键一
环，是检验地方营商环境状况和行政审批改革成效的重要指
标。受客观因素影响，工程建设项目存在环节多、时间长、
成本高等问题，亟须运用法治手段破除制约其健康发展的制
度藩篱。成都市金牛区以推进法治政府建设为牵引，以"放
管服"改革为抓手，大力开展工程建设项目并联审批改革，
推动工程建设项目审批流程、数据平台、管理体系、监管方
式"四统一"，创新项目招引、电子审图、中介服务以及现
场勘验方式，提升了审批效率和公众满意率，激发了经济运
转活力，取得了良好的经济社会效益，对促进区域经济高质
量发展具有重要意义。2020年8月，金牛区"工程建设项目审
批并联并行办理机制"被中央依法治国办命名为"全国法治
政府建设示范项目"，为该区加快打造市场化法治化国际化
营商环境谋定了良好开局。

---

* 课题组负责人：沈翔，中共成都市金牛区委常委、政法委书记、区委依法治区办主任。课题
组成员：江晶、高芳、胡蕊、包军蓉、吴雪莲。执笔人：江晶，金牛区司法局党组副书记、
局长；高芳，金牛区司法局普法和依法治理科科长；胡蕊，金牛区司法局普法和依法治理科
科员；包军蓉，金牛区住房建设和交通运输局行政审批科科长。

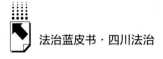

关键词： 工程建设项目 并联审批 营商环境

工程建设项目审批制度改革是国家推进政府职能转变和深化"放管服"改革、优化营商环境的重要内容，也是解决当前许多城市发展瓶颈的一项"牛鼻子"工作。推进建设工程项目审批制度改革，对激发市场主体活力、提高投资效益、实现高质量发展具有重要意义。

一 工程建设项目审批制度改革的必要性

一是适应经济发展形势的应时之举。我国已成为世界第二大经济体，经济已由高速增长阶段转向高质量发展阶段。但是，世界银行 2018 年《全球营商环境报告》显示，我国的营商环境在全球 190 多个经济体中整体排名第 78 位，其中"办理建筑许可"指标位列第 172 位，排序靠后，与我国经济地位不相符。2018 年 3 月，李克强总理在十三届全国人大一次会议和记者会上提出了"工程建设项目审批用时减少一半"的目标，并多次召开国务院常务会议研究部署。2018 年 5 月，国务院办公厅印发《关于开展工程建设项目审批制度改革试点的通知》（国办发〔2018〕33 号），决定在包含成都市在内的"15 + 1"地区开展工程建设项目审批制度改革试点。改革成效明显，2019 年《全球营商环境报告》中我国整体排名提升 32 位；其中"办理建筑许可"指标位列第 121 位，提升 51 位。实践证明，高标准推进工程建设项目审批制度改革是突破城市经济发展瓶颈、激发市场主体发展活力、引领营商环境持续优化升级的有效举措。

二是深化"放管服"改革的内在要求。"放管服"改革是一场刀刃向内的政府自身革命，是推动政府职能深刻转变、激发市场活力的战略举措。在工程建设项目审批领域，由于涉及利益巨大、涵盖成分复杂，多头审批、重复审批、审批事项互为前置等问题层出不穷。在 2013 年的广州市两会上，广州新城市投资控股集团董事长、广州市政协常委曹志伟展示了广州市投资项目建设审批办证流程"万里长征图",直观呈现了一个房地产投资项目从立项到审批完结的漫长历程,走完全部程序必须经过20个委、办、局,53个处、室、中心、站,100个审批环节,盖108个章,最少799个工作日。广州并非特例,企业对项目高效审批的需求和政府烦琐审批程序的矛盾在全国极为突出,这一现象与"放得彻底、管得到位、服务得好"的要求背道而驰,极大挫伤了企业的积极性,浪费了社会资源,阻碍了经济发展。因此,进行工程建设项目审批制度改革势在必行。

三是推动智慧政务建设的必然选择。近年来,大数据、物联网、人工智能等先进信息技术受到全社会热议,市场主体对便捷、高效、智慧、透明政务服务的要求越来越高,信息技术正在深刻改变政府的治理模式和服务方式。以"互联网+政务服务"为引领的智慧政务建设作为便民惠企的重要工程,正在各地如火如荼发展。将智慧政务引入工程建设项目审批领域,加快打造升级工程建设项目在线审批平台,推动审批服务跨地区、跨部门、跨层级协同办理、统一受理、并联审批,实现全城通办、就近能办、异地可办。一方面,很大程度上推动了审批过程公开,有利于加强对政府权力的监管;另一方面,用"数据跑路"代替"人工跑腿",能够极大节省企业时间成本,降低审批成本,有利于形成市场主体良性互动的发展环境。

二 金牛区实行工程建设项目并联审批
制度改革的可行性

一是法治政府建设深入推进为改革营造了优质的营商环境。近年来,金牛区法治化、普惠化市场环境的吸引力不断增强,市场新签约引进重大项目数连续位居成都市首位。全区市场主体达32万户,总量居全省第二,活跃的市场氛围孕育了改革的先机。金牛区作为行政执法三项制度国家级改革试点地区,率先将工程建设项目审批制度改革纳入法治政府建设的重要内容。2019年是成都市确定的"国际化营商环境建设年",金牛区践行"法治就是最好的营商环境"理念,高标准建设西部法律服务集聚区,制定《金牛区深化营商环境综合改革　争创国际化营商环境建设先进城市标杆城区的实施方案》，聚焦企业需求，全面改革创新，深度激发各类市场主体活力，积极培育"国际化、市场化、法治化、便利化、优质化"的投资生态和营商环境。

二是机构改革高标准完成，减小了改革的内生阻力。按照《金牛区机构改革方案》，金牛区分步骤、高标准完成了政府机构改革，实现了部门职能的优化重组。承担工程建设项目审批任务的多个关键部门实现了职能整合，如住房、建设、人民防空和交通运输行业工程建设项目的绝大部分审批职能集中到了住房建设和交通运输局。部门职能的整合优化，使工程建设项目审批权限相对集中，有效降低了部门间协调的频率和难度，减少了并联改革的内生阻力。同时，金牛区政务服务大厅已投入使用多年，各部门窗口集聚的"物理反应"为行政审批改革升级的"化学反应"提供了基础条件。

三是信息技术高速发展为改革提供了技术支撑。信息技术的成熟为审批事项网上办理提供了技术支撑，网络安全技术的迭代更新也使更多行政审批事项能够"一网通办"。金牛区运用先进技术，连接整合工程建设项目审批各阶段各部门现有的 10 套业务系统，并与国家审批管理系统和省级 3 套系统对接，为一套行政审批材料通过网络在各部门流转、向各层级报送创造了条件。

三　金牛区工程建设项目并联审批制度
改革的主要做法及创新

（一）以简政放权为导向，统一审批流程，实现政府"权力瘦身"

党的十九届三中全会审议通过的《中共中央关于深化党和国家机构改革的决定》指出，要深入推进简政放权，提高资源配置效率和公平性，大幅降低制度性交易成本，营造良好营商环境。简政放权的实质就是要处理好政府"有形之手"和市场"无形之手"的关系，发挥市场在资源配置中的决定性作用。在工程建设项目审批领域，其直观表现就是再造审批流程，精简审批事项，实现政府"权力瘦身"。

再造审批流程是在改革中坚持整体政府理念，系统性重构工程建设项目审批的事前、事中、事后流程，由原先单线推进、前后衔接的串联式审批调整为多头并进、互不干扰的并联式审批，这能有效厘清部门权责边界，改变过去各自为阵、环节设置互为前置的状况。精简审批事项需要政府开展一场自上而下、刀刃向内的自我革新，简化审批环节，统一审批流程，最大限度压缩自由裁量权，进而消除权力寻租空间。

金牛区秉持"全流程、全覆盖"的改革思路，打通影响工程建设项目审批效率的"肠梗阻"，为工程建设企业"松绑"，有效激发了上中下游产业链的整体活力。以"全流程"为改革纲要，将审批时序逻辑关系归整为完全并联并行关系，将项目审批从立项到竣工验收划分为立项用地规划许可、工程建设许可、施工许可、竣工验收四个阶段，每个阶段实行"一家牵头、统筹协调、并联审批、限时办结"，建构多个单元任务多线处理、同时推进的运行模型。以"全覆盖"为改革内容，针对审批涉及的所有主体、所有事项，将工程建设项目按照类型、规模和投资方式划分为 8 类，分类应用全市统一的审批流程图，将涉及审批的 33 个审批事项、27 个中介服务事项和市政公用服务事项，分"主线""辅线"两条线纳入流程管理。

在流程再造过程中，金牛区在《行政许可法》规制范围内，创新推出承诺制，改革效果尤为突出。按照《成都市关于进一步深化工程建设项目审批制度改革实施方案》（成府发〔2020〕6 号）要求，金牛区明确 10 个方面 45 项改革任务，高标准推进国家"清单制＋告知承诺制"改革试点。在工程建设类项目审批的范畴内，按照"告知—承诺—办理"流程，由相关的行政审批机关事先拟定清单，公开告知审批服务事项方面的审批条件以及办理要求，社会公众、企业法人或者社会组织提出审批方面的申请，并且以书面方式承诺其本人或者其所代表的组织机构完全符合规定的审批条件，可以在期限要求范围内提交所有材料，有能力并且愿意承担相关法律责任和后果。行政审批的主管机构适用容缺受理机制，可以当场或者在规定的时间

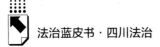

范围内作出是否审批通过的决定。

面对政府这一拥有绝对权威和强制力的施信方,受信方(企业)基于理性经济人角度考虑,会尽可能避免作出虚假承诺,因为一旦涉及故意隐瞒真实情况、逾期不提供材料等虚假承诺问题,企业已经获得的行政审批就会被撤销,还会面临一定程度的行政处罚。随着社会信用体系的成熟,申请人诚信档案日益完善,"一处失信、处处受限"的联合惩戒机制也会形成强大的不利后果威慑。

金牛区目前已将企业需要完成的行政审批(许可)30项优化为政府代办7项、企业书面承诺15项,政府帮办8项,较之前压缩审批用时一半以上。

(二)以集成高效为导向,统一信息数据平台,实现依法共建共享

互联网时代,政务服务向电子化、信息化和网络化方向发展是大势所趋,但在工程建设项目审批领域,"信息孤岛""数据烟囱""连接壁垒"等现象仍然十分突出。

出现这些问题的原因是多方面的。一是大数据领域法律法规还不健全,网络安全性仍是制约信息数据统一平台建立的关键因素。二是信息全流程上网,意味着将政府审批权力置于较大范围的监督之下,部门基于自身利益考量,不愿意进入统一信息数据平台。为应对信息化大趋势,个别部门单独开发内部办事系统,有各自单独的操作系统和数据库,但部门之间办事系统功能没有互联互通,信息也没能互换共享,实质上造成了极大的资源浪费。三是现有信息系统的稳定性、兼容性、通配性还不高,工作人员耗费精力将数据录入系统后,数据丢失或达不到方便审批效果的情况时有发生,这就容易使部分工作人员将数据系统视为一种负担,从心理上抵触这一新生事物。四是数据共享建设涉及的行业主管部门广泛、利益众多,前期沉没成本较大,协调开发难度大。

为突破数据壁垒,金牛区在提升大数据系统风险应对防控能力的基础上,分三个环节统一了信息数据平台。第一个环节:横向上,连接整合审批

各阶段各部门现有的 10 套业务系统，建立纵横互动、功能齐全、数据集中的审批管理服务集成平台；纵向上，与国家审批管理系统和省级 3 套系统对接，项目信息实时交互共享，形成"横向到边、纵向到底"的审批管理系统。第二个环节：汇总审批基础数据，收集汇总多部门、多层级的业务数据，通过"多规合一"等方式整合专业资源，通过科学整合信息，提高专业数据准确性和服务效率。第三个环节：实现智能化应用，通过企业项目信息共享、部门审批结果互认的方式，实现工程建设项目审批信息全流程共享，企业"只跑一次"提交"一张表单"，就可办理多个审批事项，部分审批阶段企业甚至"不用跑"就能完成"一网通办"。

"电子审图"是金牛区信息惠企的一项创新举措。金牛区应用数字化施工图审查系统，实行电子审图，实现建设用地红线图、工程设计方案图、施工图和竣工测绘图等资料一网归集、传输和存储，取消施工图行政审查，由各行业管理部门直接认可审图机构审查意见，降低了企业纸质图纸出图送审成本，提高了施工图设计文件审查效率。在实地调查中，不少企业反映，现在是用一个硬盘取代了几个板车的图纸，每个项目节省的打印图审材料费用基本都在万元以上。同时，探索部分小型社会投资项目实行审图服务政府"买单"，小型装饰装修项目取消施工图审查。截至目前，数字化审图平台办理金牛区项目数量 773 个，减少企业时间成本、人力成本、材料成本一半以上。

（三）以系统推进为导向，统一审批管理体系，实现政府职能优化

新的历史时期，在建设法治政府和服务型政府的客观需求下，地方政府需要进一步转变思想认识，强化服务意识，为企业提供周到服务，建立亲清政商关系。从思想意识上，政府应该牢固树立依法服务意识，坚持以法律为底线，聚焦政策落地生根，依法为企业提供各种便民服务。工程建设项目审批工作以往存在各部门各自为阵，审批手续多且不统一等现象。金牛区为解决这一问题，从四个方面发力，系统推进审批管理体系优化统一，实现政府职能依法优化。

"一张蓝图"统筹项目策划生成。成都市整合 29 个专题规划，形成现状及规划数据图层 113 个，消除中心城区差异图斑 407 处，基本建立"多规合一"空间规划体系，金牛区紧紧依托这一体系，催生项目落地。年度重点项目、近期建设行动计划等政府性工程建设项目，可提前进行合规性审查、建设条件集成等前期工作，进入项目储备库，可立即供地实施建设。目前，全区已有 297 个项目通过了项目生成阶段的合规性审查。

"一个窗口"提升综合服务。为解决企业"多头申报"等问题，整合工程建设项目审批涉及的部门服务窗口，设立统一受理窗口，提供审批咨询、指导、协调服务，构建"前台综合受理、后台分阶段办理、材料网上流转、窗口统一出件"的服务新模式，由综合服务窗口统一收件、出件、编码、咨询。优化"综合一窗受理"机制，强化协同，培养通才，设置企业自助报建专区，探索试行建设项目"不见面审批"，工程建设项目审批事项可登录"网上窗口"实现"网上咨询查询、线上报建审批"。

"一张表单"规范办事指南。为解决企业审批流程不清楚、审批要件反复提交等问题，制定统一的办事指南和申报表格，通过现场公示、网上发布、二维码、小程序等形式向社会公布，每个审批阶段项目业主只需提交一套申报材料，不同审批阶段的审批部门共享申报材料、互认审批结果。对已取得的审批结果，由审批部门通过平台共享获取，不再要求申请人重复提交，实行"一份办事指南、一张申请表单、一套申报材料，完成多项审批"。

"一套机制"规范审批运行。为解决审批标准不统一、审批过程不规范等问题，建立健全工程建设项目审批配套制度，明确部门职责，明晰工作规程，规范审批行为，确保审批各阶段、各环节无缝衔接。通过线上和线下联合巡查、工作人员与办事企业双向评价、督办与追责共同促进等方式，建立"日巡视、周督查、月通报、季讲评"工作机制，并纳入部门绩效考评，推动项目审批提质增效。

（四）以解决痛点为导向，统一监管方式，实现行政监管不缺位

在行政审批制度改革的进程中，往往会出现"一管就死，一放就

乱"的现象。因此，如何恰到好处地处理政府与市场的关系，使得依法监管不缺位成为亟待解决的问题。在工程建设审批中一直存在多头监管和重复监管的痛点。只有解决这一痛点，才能为后续改革工作的推进夯实基础，让依法监管时时在线，让监管方和被监管方都实现价值最大化。金牛区在精简审批环节、减少审批事项后，转变监管方式，从"重事前审批"向"强事中事后监管"转变，使得政府监管职能更加强化。主要做法如下。

一是发挥作为行政执法"三项制度"国家级改革试点单位优势，通过强化督查管控压实政府部门责任。秉持有权必有责、用权受监督原则，聚焦行政执法的源头、过程、结果三个关键环节，以全面公开为基础、全程记录为关键、全部审核为核心，全面推行行政执法"三项制度"，实现全生命周期规范管理。完善"双随机、一公开"监管。建立"全覆盖"的事中事后监管体系，围绕33个行政审批事项及与之关联的行政检查事项，建立责任清单。对已精简取消、下放调整、合并实施、购买服务等事项配套制定重点监管措施，加大监管力度。统一"双随机、一公开"制度和流程，区分不同风险级别的项目，分类完善监管检查机制，加大对高风险项目的监管力度，严肃查处违法违规行为。

二是推进智能化管理。全国首创行政审批现场勘查标准化电子化，探索应用于联合验收，企业通过微信小程序"一键预约"勘查时间、"一张表单"知晓审查要点，现勘人员通过"一次记录"全程取证、实时上传勘查结果，实现审批现场勘查全过程统一规范、公开透明，约束自由裁量权，消除权力寻租空间。建立以大数据为支撑的智能治理系统，实时分析显示金牛区经济、地理、自然、社会、交通等数据，为行政决策提供全方位支撑，提高审批和监管效率。为加强审批后的项目过程监管，金牛区改变传统建筑施工现场参建各方现场管理的交互方式、工作方式和管理模式，推行智慧工地建设，开发扬尘在线监测、远程高清视频监控、实名制考勤、运渣车管理、项目进度、进场材料等子系统，实现八大功能，实时将项目建设信息上传至平台进行统计、分析、展现，实现安全管理从人防到技防、从事后被动监管

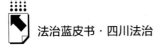

向事前主动监管、从静态监管向实时动态监管的转变，逐步实现了工程管理的可视化、智能化。

三是大力培育市场主体，依法规范中介机构行为。依托"工程建设项目网上中介服务大厅"，引入集合10个行政部门涉及的所有中介服务事项1303个中介服务机构进入"网上中介超市"，应用全市统一的办事指南，规范服务流程、时限、收费标准和机构信用情况，实行全流程"透明"监管，企业可在网上选择服务机构、查询办理进度、获取服务成果、评价服务效果，中介交易就像"网络购物"一样方便快捷。

四　金牛区工程建设项目并联审批制度改革的主要成效

（一）审批效率明显提高

金牛区自2010年即开始试点工程建设项目审批制度改革，尝试探索区内部门并联审批，历经8年实践，在2019年取得明显成效。通过改革，清理不合规审批事项，改革后审批事项由原有的71项压缩至33项，精简率为53.5%；对申报材料进行整合，由原来的248项减少到115项，精简率为53.6%。采取"多图联审""多评合一""区域评估""多测合一""联合验收"等改革措施，整合同一部门实施的管理内容相近或者属于同一办理阶段的多个审批事项，打破部门藩篱，变串联为并联，变多头审为集中审，实现集约化、扁平化、极简化。通过事项压缩和流程优化，审批时限由平均219个工作日以上压缩到90个工作日内（见表1）。

表1　改革前后流程对比

类别	改革前	改革后
审批阶段（个）	7	4
参与部门（个）	24	10
审批方式	各部门审批	一家牵头，并联审批
审批要件（项）	248	115

续表

类别	改革前		改革后	
审批系统	多个业务系统或线下		一个系统线上审批	
行政审批事项（项）	71		33	
中介服务事项管理	无		建立"中介超市"	
行政审批时间（工作日）	承诺	58 天	承诺	16～40 天
	实际	104 天	实际	27 天
审批总用时（工作日）	219 天以上		90 天以内	

（二）企业成本大幅下降

降低企业融资成本。由于工程建设项目一般投资体量较大，对于企业来说，时间成本的降低就意味着资金回笼时间的缩短，尤其对于贷款融资的项目企业，可以节省很大一笔利息支出，资金回笼时间的加快就意味着项目可以早盈利。2019 年金牛区投资总额 571.20 亿元，项目审批总用时从以往平均 219 个工作日以上压缩至 90 个工作日以内，预计可节约建设单位资金成本 18 亿元（按行业资金利息计算方式）。降低企业图审成本。通过电子政务，全面推行数字化审查，实现在线数字化审图，变"人带着图纸跑"为"图纸网上走"。在以往的审批中，企业需要将图纸打印出来，送给相关审批部门，如需修改还要再次打印。实行数字化审图后，至少为每个项目节省打印图审材料费用万元以上。部分项目将施工图纸审查由企业付费改为政府购买服务，直接降低企业报审成本。以成都德商金泓置业有限公司开发的国宾锦麟天玺花园项目为例，该项目于 2019 年 4 月取得用地并启动办理立项用地规划许可手续，6 月 18 日取得建设工程规划许可证，后续仅用时 11 天即取得了施工许可证，在组织施工的同时同步兑现了承诺事项。该项目从拿地到开工用时仅两个月，其中还包含了市政公用服务、中介机构服务和业主工作时间，全流程审批用时仅 12 天，较改革之前大大提速，不仅为企业节约了三分之一以上的时间成本，更为企业节约了资金成本近 600 万元。

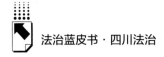

（三）政府职能加快转变

金牛区工程建设项目审批制度改革以项目单位需求为出发点，为企业提供了贴心全面的服务，成为全区政务服务的一张名片。改善了传统模式下政府被动审批的模式，将重心从"审批"转向"监督"，将理念由"管理"转向"服务"。通过信息主动公开和提前介入服务，保证了审批政策和流程的公开、透明，有效促进政府职能转变，增加了政府的公信力。改革以来，金牛区未发生过一起因工程建设项目审批引发的行政复议或诉讼案件，这也直观反映了金牛区建设服务型政府取得的成果。

（四）营商环境持续优化

基本统一金牛区工程建设项目审批流程、信息数据平台、审批管理体系、监管方式，打造"阳光、透明、高效"的政务环境。2019 年金牛区被评为"中国最佳国际营商环境城区"。2020 年，在经济下行压力加大、有效投资增长乏力的大环境下，金牛区完成地区生产总值约 1345 亿元，同比增长 2%，总量、增速均居五城区第一，土地开工面积 335.67 万平方米，位居成都市前列，区域竞争力持续提升。

（五）企业获得感不断增强

金牛区作为工程建设项目审批制度改革工作的基层执行层，始终坚持以人民为中心的发展思想，通过精简优化流程、规范权力运行，全面推动效能提升和职能转变。同时，坚持共建共享理念，畅通政企沟通，诚邀企业代表全程参与，分类分阶段召开培训会座谈会，及时反馈调整改革措施，真正让企业公众成为改革的监督者、推动者和受益者。"金杯银杯不如老百姓的口碑"，据第三方测评反馈，企业公众对金牛区工程建设项目审批制度改革的满意度达 100%。

五 展望

基础建设工程一直是我国推动经济发展的重要方式之一。由于工程建设牵涉面特别广，对经济的拉动作用明显，所以推动各级政府从简政放权的角度提升市场活力，降低各项行政成本是大势所趋。但是由于这条产业链涉及的利益大、成分复杂，政府的审批主体多，改革面临一定困难。

要深化改革成效，打造工程建设项目高效落地、高速运行、高质量结项的市场环境，必须紧紧依托法治政府建设：一方面，加快建设职权法定、运行规范、公开透明、权责统一、廉洁高效的服务型政府；另一方面，要将已经比较成熟的改革经验和行之有效的改革举措，尽快上升为法律法规规定。对不适应改革要求的现行法律法规，及时修改或废止，避免过时的法律条款成为改革的"绊马索"。

金牛区工程建设项目并联并行办理机制为工程建设项目审批制度改革提供了先行先试的范本。下一步，金牛区将探索推行"全流程全链条招引促建""承诺即开工""全程网办""部分项目取消现场核验"等创新举措，继续扩大法治便民惠企的利好，增强 90 个工作日含金量，进一步降低企业制度性交易成本，为地方经济高质量发展筑牢制度根基。

B.6
四川财政行政执法标准化建设实践

四川省财政厅课题组*

摘　要：　行政执法是政府法治形象的集中反映。四川省财政厅结合财政部门行政执法特点，通过标准化建设，规范财政行政执法流程、文书、用语、裁量及法制审核，促进财政部门严格规范公正文明执法。本文系统介绍了财政部门在行政执法标准化建设中的探索与实践。

关键词：　财政部门　行政执法　标准化建设

严格规范公正文明执法，是全面推进依法治国的基本要求，也是深入推进依法行政依法理财、建立现代财政制度的现实需要。近年来，四川省财政厅针对财政部门行政执法面临的突出问题，着力推进财政行政执法标准化建设，探索构建"4+1"财政部门执法标准体系，即制定完善行政执法流程标准、文书标准、用语标准和自由裁量权标准等4个标准，推行法制审核1张清单，做到了用标准促进"严格"、实现"规范"、推进"公正"、提升"文明"、确保"依法"。

一　财政行政执法标准化建设背景

（一）重要意义

党的十八届四中全会作出全面依法治国的战略部署，提出了"严格规

---

* 课题组组长：陈炜，四川省财政厅党组书记、厅长。课题组成员：方颖，四川省财政厅法规处处长；方守盎，四川省财政厅法规处副处长；詹祖建，四川省财政厅法规处二级调研员；王峻，四川省财政厅法规处四级调研员；邢翼，四川省财政厅三级主任科员。执笔人：詹祖建、王峻、邢翼。

范公正文明执法"的明确要求。应当说，坚持严格规范公正文明执法，是全面推进依法治国、建设社会主义法治国家的基本要求，是促进社会公平正义、维护社会和谐稳定的重大举措，是维护国家法律权威、提升执法公信力的重要途径，也是行政执法工作最重要的价值追求。党的十八届三中全会将"财政"定位为"国家治理的基础和重要支柱""实现国家长治久安的制度保障"，财政部门掌管着"钱袋子"，肩负着规范理财行为、促进社会公平正义和保障经济发展的职责使命，财政部门做到严格规范公正文明执法，对于加强财政收支管理、维护市场经济秩序、促进会计以及资产评估等行业健康发展具有十分重要的意义。

（二）现状分析

根据职能划分，财政部门主要行使财政监督管理、财务会计、政府采购、资产评估等 4 个领域的行政执法权力，执法对象既有行政事业单位，也有会计师事务所、供应商等市场主体，还有会计从业人员等公民主体。随着财政收支规模不断扩大，社会公众法律意识和权利意识的不断强化，财政行政执法案件逐年增长、争议发生率不断增高、法律风险持续加大。财政行政执法面临的形势和环境发生了复杂而深刻的变化，对财政部门行政执法水平提出了更高要求。

一是行政执法案件总量逐年增长。经统计，全省财政部门行政执法案件总量 2018 年 3830 件；2019 年 3848 件，同比增长 0.5%；2020 年 4261 件，同比增长 10.7%，呈现逐年增长态势。从执法案件涉及业务领域来看，政府采购类案件增长较快，2020 年同比增长达 29.8%。由于近年陆续开展脱贫攻坚财政资金、一卡通等专项检查，财务会计类案件数量也呈较大增幅，2019 年增长 11.0%，2020 年增长 7.1%。政府信息公开类、财政管理类案件数量在 2019 年有所下降后，数量基本保持稳定（见图 1）。

二是行政争议发生率有所升高。由于财政行政执法案件总量增多、行政诉讼立案条件放宽等，行政争议也有所增多。全省财政部门因行政执法案件

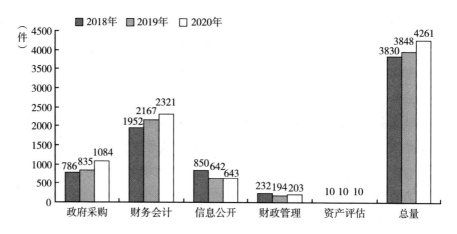

图1　四川省财政部门2018~2020年行政执法案件类型统计

而引发的行政复议诉讼数量逐年增长，2018年164件，占2018年执法案件总量的4.3%；2019年191件，占2019年执法案件总量的5.0%，同比增长16.5%；2020年214件，占2020年执法案件总量的5.0%，同比增长12.0%，争议发生率不断增高。特别是县级财政部门行政复议案件数量增长较快，2018年95件，2019年129件，同比增长35.8%，2020年155件，同比增长20.2%（见图2）。

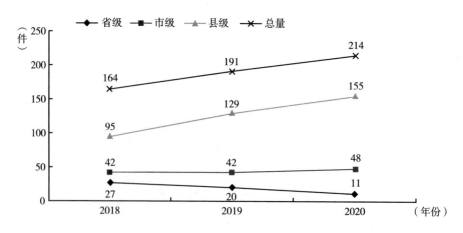

图2　四川省财政部门2018~2020年行政争议案件情况

三是行政执法法律风险持续加大。随着行政争议案件数量的增长，财政部门行政执法错案发生率也居高不下，而且呈上升趋势。省市财政部门作为复议机关的复议案件纠错率远高于全国平均水平，2018 年分别为 35.3%、38.2%，高出全国平均数 20.2、23.1 个百分点；2019 年分别为 50.0%、42.9%，高出全国平均数 33.96、26.86 个百分点；2020 年分别为 52.4%、43%，纠错率依然较高。

（三）存在问题

上述情况体现出财政部门充分发挥了行政复议的纠错功能，切实维护了行政相对人的合法权益，但也反映了财政部门行政执法离严格规范公正文明的要求还有一定差距。对近年来财政部门复议纠错案件进行统计分析发现，财政行政执法中主要存在以下问题。一是程序意识不够强。行政执法程序错误、执法步骤前后颠倒，超越法定时限的情况时有发生。根据政府采购法律制度规定，财政部门收到政府采购投诉后，对不符合受理条件的投诉要先补正，补正后予以受理。但在政府采购投诉处理中，却出现受理后要求补正等程序违法情况。二是文书表述不严谨。法律文书是承载行政执法决定的唯一载体。部分财政部门作出的法律文书，存在行政执法对象名称错误、文字使用错误、固定法律条款引用错误等情况，导致行政执法行为因事实认定不清被撤销。三是执法用语不规范。一些财政部门执法人员在调查询问中，不根据案件事实提前制定问话预案，不主动告知当事人享有权利，在案件事实调查询问中使用假设性用语，导致调查取证笔录模棱两可、前后矛盾。四是自由裁量不一致。一些财政部门作出的行政处罚畸轻畸重，在行政处罚决定书中不对违法行为减轻、从轻、加重、从重的情节进行认定，出现作出的行政处罚违反法律法规确定的处罚种类和幅度等问题。五是法制审核不专业。基层财政部门法律专业人才缺乏，法制审核机构人员一岗多职，不会审、审不全的问题较为突出，法制审核流于形式，防范法律风险的作用没有很好发挥。

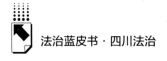

二 财政行政执法标准化建设实践

针对上述问题，四川省财政厅坚持问题导向、树立系统思维、着眼重点突破，以标准化建设作为提升财政部门行政执法水平的切入点，通过构建财政部门"4+1"执法标准体系，解决行政执法程序、文书、用语、裁量以及法制审核存在的突出问题。

（一）概念定义

标准化是指在经济、技术、科学和管理等社会实践中，为获得最佳秩序，对实际或潜在问题制定共同且能重复适用规则的活动，标准化建设包括制定、发布及实施标准的全部过程。财政行政执法标准化体系建设，就是通过分析财政行政执法面临的共性问题，依据财政法律法规规章的规定，提炼财政行政执法可以重复适用的规则，逐步形成包含流程、文书、用语、裁量以及法制审核等标准的体系，并推动标准落地落实，实现财政部门行政执法的严格规范公正文明，达到提升行政执法水平、增强行政执法公信力的目的。

（二）主要做法

1.梳理执法流程标准，促进"严格"执法

程序正义是实体正义的保障，是一种"看得见的正义"。依法行政不仅要求执法行为实体合法，还要求执法主体严格遵守法定程序。四川省财政厅通过系统梳理法律法规规章中的程序性规定，制定《四川省财政部门行政执法流程标准》，以线性流程图直观展示执法程序，并对各流程节点相关要求进行明确，实现执法权力运行的全流程管控。

一是全方位梳理执法流程。通过梳理细化不同种类执法权力运行的必要环节、判断节点、可选路线，编制财政部门执法权力运行流程图，实现从立案受理开始，到案卷资料归档结案的全流程管理。流程标准共包含流程节点

115 个，其中行政处罚 24 个、行政裁决 31 个、行政许可 20 个、行政检查 17 个、行政强制 23 个。

二是多角度说明节点要求。逐项描述流程标准的 115 个节点，说明执法流程节点的主体、对象、时间、法律依据、适用文书等要求。确保行政执法人员只要按照执法流程节点的要求，规范行使执法权力，就能做到程序不漏、文书不缺、依据不错。

三是深层次规范重点事项。针对争议较为集中的行政处罚和政府采购投诉处理决定两项执法权力流程，重点释明行政处罚告知、听证、决定，政府采购投诉受理、审查、答复、鉴定、裁决、送达、公示、移送、终止等环节，强调上述行政执法行为必须遵守的程序性要求，切实保障人民群众依法享有的权利。

2. 提升执法文书标准，实现"规范"执法

执法文书是行政执法程序结果的主要载体，是评价行政执法水平的重要渠道，既代表执法机关的形象，又反映执法人员的法律素养。执法文书一旦内容错误、要素缺失、表述不当，就会引发行政争议，产生法律风险。四川省财政厅坚持问题导向，通过制定《四川省财政部门行政执法文书标准》，发布涵盖所有财政行政执法权力的执法文书示范文本 60 个，以执法文书标准规范执法行为。

一是实现执法权力文书标准全覆盖。文书标准包含了财政部门执法通用、行政裁决、行政许可、行政处罚、行政强制、行政检查等 6 类执法权力，对每项执法流程中需要对外出具、送达和内部审批、记录的执法文书均规定了示范文本，实现了权力类型全覆盖、执法过程全记录。

二是推行示范文本必备要素格式化。通过执法文书示范文本，统一执法文书结构、字体、字号、落款等格式要素。对政府采购投诉处理决定等特定执法文书，在示范文本中将主体对象、逻辑结构、事实表述、阐述理由、引证法律等核心要素进行规范，推行填空式执法文书，切实提高全省财政执法文书制作水平。

三是突出执法文书示范文本实用性。编写行政执法文书标准适用说

明，对执法文书示范文本的适用、期间、送达、归档等行为进行指引。归纳整理行政执法使用频率较高的 9 个通用执法文书示范文本，对亮证、结案、调查、送达、移送等执法必备流程进行规范，切实防范行政执法法律风险。

3. 规范自由裁量标准，推进"公正"执法

"同案不同罚""人情案""态度案"等滥用行政处罚自由裁量权的行为，不仅损害行政执法公正性，也侵犯了人民群众的合法权益。四川省财政厅坚决落实行政处罚自由裁量权标准动态调整制度，2009 年以来先后四次根据法律法规立改废情况，组织修订《四川省财政行政处罚自由裁量权实施标准》，确保裁量公平、处罚公正。

一是系统梳理，夯实自由裁量法律依据。以财政部门现行的 81 项行政处罚权力事项为基础，对处罚事项中的具体违法行为种类、依据进行系统梳理，夯实财政部门行使行政处罚自由裁量权的法律基础。共梳理出行政处罚违法行为 127 种，相关行政处罚条文 67 条，涉及法律、法规、规章 16 部。

二是区分情节，分档定级处罚种类范围。结合行政处罚实践，逐项分析违法行为事实、性质、情节、危害、主客观等因素，将违法行为情节原则性划分为轻微、一般和严重三种情况，由轻到重对应不同种类、范围的行政处罚。对违法行为可能涉及刑事犯罪的，明确违法行为涉嫌犯罪的移送标准。

三是从严执法，确保裁量标准落到实处。明确财政部门实施行政处罚，必须在法律、法规和规章规定的种类、范围内进行。将行政处罚自由裁量权适用纳入合法性审查范围，对超出自由裁量权标准给予处罚的，要求执法机构说明从重、加重、从轻、减轻情节适用情形，确保处罚公平公正。

4. 确立执法用语标准，提升"文明"执法水平

执法用语贯穿于行政执法的全过程，既是对执法者与执法对象法律关系的表达，也是执法人员法治思维、执法能力和文明素质的体现。规范文明的执法语言，不仅有利于执法双方的良性互动，更能有效缓解执法相对人抵触

情绪，促进相对人主动履行执法决定。四川省财政厅通过出台《四川省财政部门行政执法用语规范标准》，对不同行政执法场景执法人员用语进行规范，要求行政执法用语要做到有礼在先、严肃文明、教育疏导、讲法释法、以理服人。

一是接待用语文明礼貌。明确财政部门在接待群众来访、办事过程中，要坚持群众路线，树立礼貌待人、换位思考、耐心倾听、真诚服务意识。与群众沟通时严格按照法律法规规定，用朴实诚恳的语言，了解询问案情，要求补正材料，告知法定途径，全面细致做好执法接待工作。

二是检查用语严肃规范。在开展财政监督检查时，要时刻紧绷法律意识之弦，语言表达要严谨规范，肢体语言要严肃慎重，要维护行政执法权威，告知行政相对人妨碍行政监督检查要依法承担的法律后果。用规范化语言向相对人讲清需要提供的证据资料名称，交代清楚检查、询问的法律依据和有关事实。

三是调查用语周密翔实。强调对案件当事人及其他有关人员开展调查取证前，要做好问话预案，反复调查取证，防止笔录模棱两可、前后矛盾。行政执法音像记录时，要对时间、地点、对象、案由以及与行政执法相关的重要事实及证据进行描述，确保执法音像记录的准确完整。

5. 制订法制审核清单，确保"依法"执法

法制审核是确保行政执法行为合法有效的关键环节，但长期以来法制审核怎么审、审什么缺乏相应制度规范。四川省财政厅创新出台《四川省财政部门行政执法决定法制审核指导清单》，推行清单式法制审核工作法，切实解决基层财政部门行政执法法制审核不规范、不全面等问题。

一是坚持问题导向，确定法制审核内容。将执法主体、执法对象、事实认定、证据材料、执法程序、法律适用、行为适当等7个方面33项法制审核的重点内容，以清单式进行列举。审核人员仅需对照清单逐项审核，即可完成对执法决定的法制审核工作，有效解决了法制审核专业人员较少、流动性较大、法制审核形式化等问题。

二是突出正反结合，明确法制审核标准。推行"正面清单＋负面清单"的审核方式，在列举审核内容对应材料、法律依据等正面清单的同时，将行

政执法易错点位以负面清单方式列出。如审核行政主体是否适格，既要求审核执法依据、执法权限、执法资格等内容，又列出以内设机构执法、越权执法、无证执法等违法典型事例。

三是注重证据审查，强调法制审核重点。明确对执法主体、对象、事实、程序等证据材料的审核要求，将审查证据作为提升法制审核质量的关键举措。结合行政诉讼证据规则，阐述了书证、物证、视听资料、电子数据、证人证言、当事人陈述、鉴定意见、勘验笔录和现场笔录等8类证据的法定形式及审核要求。

三 工作开展思路

行政执法是一项系统性工作。四川省财政部门推进行政执法标准化建设虽然取得了阶段性成效，但如何推动标准的落地落实，建立一支高素质的法治人才队伍，仍然需要进一步探索。下一步，四川省财政部门将坚持以习近平法治思想为科学指南，全面贯彻落实中央全面依法治国和省委法治四川建设决策部署，切实把握财政行政执法面临的新形势，坚持执法为民，不断夯实财政部门行政执法基础，全面推行行政执法"三项制度"，严格落实行政执法责任制，探索财政行政执法的新方式、新手段，切实提升财政部门严格规范公正文明执法水平。

（一）坚持政治统领

始终坚持以"政"领"财"，牢牢把准财政行政执法工作的方向。把坚持和加强党的领导作为财政部门解决行政执法突出问题的根本保证，以系统抓、抓系统的工作理念，持续推进行政执法责任制落实，完善执法程序，规范执法过程，强化执法监督，切实维护人民群众合法权益。

（二）完善标准体系

以示范推动解决法治建设具体问题为抓手，结合行政执法依据立改废和财政行政执法工作新情况，及时调整更新行政执法标准体系，修订出台财政部门行政执法案卷归档标准，研究制定财政管理领域轻微违法行为依法免于处罚清单，不断丰富财政行政执法标准化体系。

（三）推动智慧执法

标准化建设的核心就是要落实标准，提升执法水平。探索智慧执法手段，实现执法标准与执法程序的有机融合，将行政执法流程、文书及处罚裁量标准嵌入行政执法网上办案节点，将行政执法公示、记录、审核制度固化在行政执法网办案流程中，实现程序网上流转、文书自动生成、执法全程留痕、信息实时共享，使行政执法真正做到严格履行法定程序、公平公正处罚裁量、规范出具法律文书。

（四）严把审核关口

细化法制审核清单，研究制定行政处罚、行政裁决类案件审核指导规范，进一步增强法制审核的针对性、操作性。全面推行行政执法"三项制度"，切实把好法制审核关口，严格审核行政执法行为的主体、程序、事实、法律、裁量等关键环节，明确执法决定未经法制审核或审核未通过的，不得作出执法决定。

（五）提升法治素质

未来应当建立包含财政法律专家智库、财政公职律师、行政执法人员、法制审核人员的财政法治人才队伍，探索符合财政法治工作队伍职业特征的管理培训机制，在专业培训、能力提升、考核激励上加强保障，培养对党绝对忠诚、对法律绝对信仰的财政法治工作队伍。

（六）强化执法监督

对照财政部门行政权力事项清单，全面梳理财政部门行政执法权力事项依据，将不同种类行政执法权力科学分解到具体执法机构和执法岗位，合理确定具体执法机构、执法人员的执法责任。探索建立行政执法内部评议考核机制及责任追究机制，形成执法有依据、行为有规范、过程有监督、违法有追究的财政部门行政执法体制机制。

B.7
乐山市沙湾区创新推进综合行政
执法体制改革的路径探索

中共乐山市沙湾区委全面依法治区委员会办公室课题组*

摘　要：　深入推进综合行政执法改革，是深化行政执法体制改革、推
　　　　　动法治政府建设的重要内容。近年来，乐山市沙湾区聚焦破
　　　　　解行政执法部门权责交叉、多头执法、重复执法等难题，推
　　　　　进跨部门、跨领域综合行政执法改革，基本实现"一支队伍
　　　　　管执法"，有力推进了法治政府进程。但改革也面临诸多问
　　　　　题，本文主要针对乐山市沙湾区综合行政执法体制改革的探
　　　　　索和实践进行剖析，以期厘清思路、解决问题，"在危机中
　　　　　育先机、于变局中开新局"，形成可复制、可推广的沙
　　　　　湾经验。

关键词：　综合行政执法　行政执法体制改革　执法保障

党的十八大以来，党中央和国务院从推进国家治理体系和治理能力现代
化的战略高度出发，把深化行政执法体制改革作为建设法治中国的一项重要
任务。习近平总书记的系列重要讲话、《中共中央关于全面深化改革若干重

---

* 课题组负责人：袁仕伦，中共乐山市沙湾区委书记、区委全面依法治区委员会主任；孙慧
娟，乐山市沙湾区原区委副书记、区人民政府区长，区委全面依法治区委员会原副主任。课
题组成员：贾东、陈为波、季娟、熊守军、张松涛。执笔人：邓增键，中共乐山市沙湾区委
全面依法治区委员会办公室原副主任、乐山市沙湾区司法局原机关党委书记；张佳萍，乐山
市沙湾区司法局原依法治区秘书股干部；谭梦杰，乐山市沙湾区综合行政执法局干部。

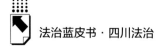

大问题的决定》、《中共中央关于全面推进依法治国若干重大问题的决定》以及中共中央、国务院印发的《法治政府建设实施纲要（2015~2020年）》等，对深化行政执法体制改革提出了一系列重要的新思想和新举措，为深入推进依法行政、加快建设法治政府提供了重要政策指引和体制机制保障。

一　综合行政执法体制改革背景概述

（一）综合行政执法体制改革的概念

行政执法，是指行政主体依照行政执法程序及有关法律、法规的规定，对具体事件进行处理并直接影响相对人权利与义务的具体行政法律行为。综合行政执法体制改革，是以党和国家机构改革为契机，推进行政执法走向"综合"之路，即将相近领域执法职责整合，统筹推进跨领域、跨部门综合执法，就是把以往相关执法部门，根据职责定位各自行使的各项执法权限，划转到专门设立的行政执法部门综合、统一行使，最终实现"一支队伍管执法"的目标。

（二）推进综合行政执法体制改革历史沿革

从1997年北京市宣武区城市建设综合执法试点以来①，到2002年全国82个城市进行了相对集中行政处罚权试点，中国在综合执法改革上进行了漫长的探索。

党的十八届三中、四中全会分别在决定中提出，"推进综合执法，理顺城管执法体制""推进综合执法，有条件的领域可以推行跨部门综合执法"，进一步明晰了综合执法改革的方向。2015年，中央编办印发《关于开展综合行政执法体制改革试点工作意见的通知》，确定在全国138个城市开展综

---

① 莫岳云、陈婷：《十八大以来我国行政执法体制的改革与创新》，《理论导刊》2017年第10期。

合行政执法体制改革试点；同年，中共中央、国务院印发《法治政府建设实施纲要（2015～2020年）》，明确将改革行政执法体制、推行综合执法以及支持有条件的领域推行跨部门综合执法，作为法治政府建设主要任务和具体措施之一①。2018年，十九届三中全会通过的《中共中央关于深化党和国家机构改革的决定》对深化综合行政执法改革提出明确要求。2019年，中共中央办公厅、国务院办公厅从中央层面印发了深化文化市场、农业、市场监管、交通运输、生态环境保护5个领域综合执法改革的指导意见，为推进改革提供了遵循。同年，十九届四中全会通过的决定提出，深化行政执法体制改革，最大限度减少不必要的行政执法事项，进一步整合行政执法队伍，继续探索实行跨领域跨部门综合执法，推动执法重心下移，提高行政执法能力水平②。经过二十余载，中国综合执法改革在实践中不断深化。

2015年，中共中央、四川省相继下发了关于开展综合行政执法体制改革试点工作的相关文件，根据文件精神，乐山市作为改革试点地区之一，探索开展行业领域内综合执法改革。2019年3月，根据党政机构改革要求和四川省对开展综合行政执法体制改革提出的指导性意见，全省综合执法改革全面铺开，乐山市沙湾区跨领域"大综合"行政执法改革拉开序幕。

（三）推进综合行政执法体制改革的现实意义

1. 荡除执法积弊的迫切需要

行政执法从新中国成立开始，已经走过了70多年历程。其间，行政立法执法融为一体、执法主体结构多元、执法人员冗杂分布的体制机制，导致执法工作容易受到部门利益驱动，进而滋生诸如多头执法、重复执法、选择性执法等一些执法乱象。由于部门利益机制偏差，人民群众对执法的直观感受是：今天来一支队伍，明天来一支队伍，甚至上午一批、下午一批，不同执法队伍对事件的处理态度不同甚至截然相反；对简单容易的事项争相执

---

① 《法治政府建设实施纲要（2015～2020年）》，《人民法院报》2015年12月28日，第2版。
② 参见《中共中央关于全面推进依法治国若干重大问题的决定》。

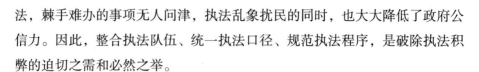
法，棘手难办的事项无人问津，执法乱象扰民的同时，也大大降低了政府公信力。因此，整合执法队伍、统一执法口径、规范执法程序，是破除执法积弊的迫切之需和必然之举。

2. 深化机构改革的必由之路

十九届五中全会公报指出，"当今世界正经历百年未有之大变局"。依靠改革应对变局、开拓新局，方能更好地服务经济社会发展大局。分散的执法体制机制，同推进全面依法治国基本方略、推进法治政府建设，同实现国家治理体系和治理能力现代化的要求，不相适应。深入推进综合行政执法体制改革，精简行政执法机构、优化资源配置、提高行政效率，是贯彻依法治国基本方略、推动法治政府建设的重要内容，是推进国家治理体系和治理能力现代化的深刻变革，也是解决当前改革进入攻坚克难的深水区的必由之路。

3. 增进民生福祉的现实要求

当前，民营经济作为非公有制经济的重要主体，正在成为中国经济发展与社会进步的重要支撑力量，广泛分布在全国各省、市、县的经济主战场，对促进地区经济发展、改善民生作出了突出贡献。受经济下行和新冠肺炎疫情影响，民营企业发展举步维艰。民营企业发展依赖营商环境，而法治就是最好的营商环境。推行综合行政执法体制改革，就是以服务营商环境为中心，通过整合执法力量，规范执法过程，优化执法环境，优化营商环境，最大限度减少企业创业成本，减少对企业正常运营的干扰，是促进民营企业健康发展、保障人民群众合法利益的有效手段，有利于让市场主体和社会大众共享改革"红利"。

二 乐山市沙湾区综合执法改革的主要做法和成效

乐山市沙湾区是乐山的工业重镇，地处大渡河下游、大小凉山与四川盆地过渡地带①，是文豪郭沫若先生的故乡，全区面积610.89平方千米，辖8

---

① 概况信息，沙湾区人民政府网站，http://www.shawan.gov.cn/swq/gkxxsw/zn.shtml。

镇 1 街道 74 个行政村 18 个社区，户籍人口 17 万人，其中农村人口 10 万人，城镇人口 7 万人。全区坚定"工旅融合发展示范区"的战略定位，坚持以"旅游兴区、产业强区"为发展主线，在推动工业转型升级、现代特色农业、文旅项目开发等方面多点开花，以创新实干推动区域经济社会高质量发展。

2019 年 3 月，乐山市沙湾区启动综合行政执法改革，将改革列为"书记项目""部长工程"，纳入区委重要议事日程，成立执法改革工作领导小组，制定出台《沙湾区综合行政执法改革方案》等指导性文件，明确"路线图""时间表"，"挂图作战"强力推进，高效完成职责划分、人员转隶等改革任务，打开了富有特色、成效初显的综合执法改革新局面，提升了综合行政执法改革的认同感，初步实现了改革初衷，有关经验做法受到中央编办、省委改革办肯定。

（一）推进"三个整合"，执法力量由"分散化"向"集约化"转变

以深化党和国家机构改革为契机，以"一支队伍管执法"为改革方向，按照"成熟一项划转一项"的原则，逐步将各领域执法事项和队伍划转到综合执法部门，推进执法机构、权限和队伍整合，确保执法改革稳妥推进。

一是整合执法机构。按照"减少层次、整合队伍、提高效率"原则，新组建区综合行政执法局承担全区主要执法工作职能，并通过科学合理的机构设置，构建了"横向到边、纵向到底"的执法体系，初步实现了精简执法队伍、提升执法效能的改革目标。目前，区综合执法局设置内设机构 3 个（综合股、业务股、政策法规股），分别负责日常工作、执法管理、法制审核相关工作；设置综合行政执法大队 5 支，分别负责城市建设、市场监管和文化旅游、交通运输、自然资源、农业农村和水务等相关领域的行政执法工作；按照推动综合执法资源向基层倾斜的要求，下沉执法力量 8 支（对应 8 个镇），负责本辖区行政执法工作，与镇综合执法办公室联合办公，实行区综合执法局与各镇双重管理，各执法大队对下沉执法力量开展业务指导，协助开展疑难案件查处，打通了基层执法"最后一公里"。

二是整合执法权限。梳理权力清单，对照法律法规，对划转前各领域、各部门行政检查、行政处罚、行政强制权力事项，逐条研究论证、征求各部门意见，科学确定后整合至区综合行政执法局集中行使，改变以往各部门"自批、自管、自查、自罚"一体的管理模式，实现了决策、执行、监督相对分离，行政管理体制更加高效，分散、多头、交叉、盲区等问题得到有效解决，组织和投放执法力量更加快捷，执法效率得到进一步提高，执法成本也在一定程度上降低。目前，区综合行政执法局集中行使划转的行政权力共计2156项（其中行政处罚1961项、行政强制92项、行政检查103项），占全区行政执法权力总数的46.2%。

三是整合执法队伍。按照"编随事转、人随事走"的原则，结合各部门执法职责划转情况，将城市建设、农业、交通、市场监管、自然资源等7个领域9支行政执法队伍人员编制全部或部分划转到区综合行政执法局，根据执法所需，核定区综合行政执法局编制140名，执法队伍由区综合执法局统一管理、统一指挥、统一考核，执法力量实现由"单兵作战"向"兵团作战"转变。

（二）健全"三项机制"，执法工作由"一颗子"向"全盘棋"转变

以提升综合执法效果为导向，探索建立"行政执法+"联动协调机制和控权监督机制，加强综合行政执法部门和相关部门常态化衔接协作，促使综合执法高效、透明。

一是建立"行政执法+行业主管"联动机制。印发《乐山市沙湾区综合行政执法改革方案》，明确区综合行政执法局行使行政权力执法事项，行业主管部门承担政策制定、审查监管、业务指导、日常监督检查等工作，合理划分综合行政执法部门与行业主管部门之间的职责权限。针对改革后行政审批部门、行业主管部门与综合执法部门可能存在的信息互通不畅，审批、管理与执法脱节等问题，结合实际出台《乐山市沙湾区综合行政执法协作管理规定（试行）》，建立三方相互反馈、相互监督等无缝衔接制度，形成信息互通、资源共享、配合通畅的工作格局，促进了综合执法整体合力形

成。目前，协调会商20余次，解决问题21个，处理涉及划转行政处罚事项的举报、投诉、信访事项60件。

二是建立"行政执法＋司法保障"协作机制。加强行政执法与公安、法院、检察院等司法部门的情况通报和案情会商，建立案件移送处理、联合执法指挥协调、行政执法与刑事司法衔接协作等机制，切实保障执法顺畅、避免"执法真空"。强化信息共享、执法协助、技术支持、案件移送等方面的配合协作，实现行政执法与刑事司法的无缝衔接。目前，已召开联席会、案情会商座谈会2次，开展联合执法30余次，共同侦查1次。

三是建立"行政执法＋控权监督"制约机制。其一是完善执法公开公示制度。健全执法公开、行政执法责任追究等办法，严格执行行政执法"三项制度"，即行政执法公示、执法全过程记录、重大执法决定法制审核等制度；推行"双随机、一公开"（随机抽取检查对象，随机选派执法检查人员，抽查情况、查处结果及时向社会公开）监管；以规范执法行为和落实执法责任为重点，采取抽查执法案卷档案、回访当事人等方式开展执法监督检查。目前，已公示内容10项，案件回访率达96.7％。其二是建立政府内部监督机制。明确区司法局作为政府法制部门，负责行政执法工作的监督考核，目前已开展"人民群众最不满意行政执法突出问题承诺整改活动"等专项检查2次，组织执法案卷评查1次179份，有效防止执法缺位、错位、越位等现象发生。其三是建立党委全面监督机制。改革后区综合行政执法局职权扩大、人员扩张，缺乏制衡容易导致权力腐败，对此区纪委监委专门新设派驻纪检组，负责对综合执法部门财务、人事、执法、党风廉政等事项开展全面监督，在源头杜绝违法乱纪、侵害群众权益事件发生。在近年全省的党风廉政建设社会满意指数测评工作中，乐山市沙湾区一直名列前茅，2019年度排名位居全省第一。

（三）聚焦"三个重点"，执法规范由"打基础"向"促提升"转变

以服务基层治理为核心，通过加强制度设计、素质提升、文明执法，推进执法理念由末端行政处罚向前端执法服务转变，进一步释放综合行政执法

在服务城市建设、优化营商环境、助力区域经济社会高质量发展等方面的潜力、作用。

一是完善制度设计促规范。区综合行政执法局在改革初期内设2个股室（综合股、业务股），为贯彻落实行政执法"三项制度"，新设"政策法规股"，负责重大执法决定法制审核工作，进一步完善机构设置。针对执法队伍人员众多、行业跨度大的特点，制定机关管理工作纪律及考勤考核管理等制度。探索建立行政执法"责任追究""案件调查与审理分离"机制，聚焦综合执法事项面广量大、办案程序复杂等问题，制定统一执法案件办理流程图，配套出台24项综合执法制度，合并统一7类执法文书，大力推进执法行为、执法流程、执法手段规范化建设①，着力提升规范化水平。

二是加强队伍建设提素质。创新干部选拔机制，以专业和基层工作经验为切口，选用政治素质好、业务能力强、作风过硬、善于开展群众工作的干部充实到区综合行政执法局，配备的21名中层以上干部中有丰富基层执法经验的占67%。建立执法人员培训机制，制定实用科目培训计划，围绕法律法规、执法流程等内容，开展授课讲堂、案例研究、情景演练等，确保执法队伍建设与执法职能转变"同步对接"。目前，已开展"法治大讲堂、能力大提升"法治培训9期，学习法律法规20余部，累计培训3000余人次，全面提升执法队伍的实战能力和执法素质，增强团队协作意识和责任意识。

三是推进文明执法树形象。严格落实执法资格管理和持证上岗制度，深入践行"谁执法谁普法""教科书式执法"，要求执法人员注重礼仪，规范话语，重视细节，关心民生，在日常执法过程中，把"释法说理"贯穿于执法活动的全过程，不仅要确保程序合法，还要追求让执法对象心悦诚服的效果，树立综合执法人员高素质、强能力、暖民心的良好形象。例如，在对城区"十乱"现象的整治过程中，积极采取宣传引导、行政提示、行政约

---

① 四川省乐山市沙湾区委编办：《四川省乐山市沙湾区"三位一体"推进综合行政执法改革》，中国机构编制网，http://www.scopsr.gov.cn/shgg/xzzf/202006/t20200630_375555.html。

谈等柔性执法方式，加强引导和规范，共规劝流动摊贩 200 余次，规范店面倚门经营 400 余起。对当前大众较为关注的"地摊经济"，分时分区设置便民地摊，"管而不死、活而不乱"，既保障了经济发展，又实现了区容秩序和城乡环境的有效提升，规范文明的执法理念深得群众认可。

乐山市沙湾区推行综合行政执法改革以来，权责统一、运转高效的行政执法体制逐步建立，在一定程度上有效解决了重复、多层、多头执法问题。另外，执法力量下沉乡镇，与各镇开展联合执法行动 40 余次，利用赶集日开展法治宣传活动 200 余场次，助推了基层依法治理。此外，充分发挥综合执法"大兵团"作战优势，先后在存量违建拆除、非洲猪瘟和新冠肺炎疫情防控、"春雷行动"等集中整治行动中"练兵""亮剑"，共出动 2.1 万余人次，开展行政检查 5000 余次，检查车辆 60 万余台次，办理各类案件 1100 余件，罚没收入共计 750 余万元，依法拆除存量违建 400 余处，拆除面积 1.1 万余平方米。2020 年 3 月办理的"江苏省李某跨省快递运输 100 头太湖仔猪"动物未附有检疫证明案，此案的及时、准确查处，成功阻断了非洲猪瘟病毒在云、贵、川传播，得到了农业农村部的表扬和肯定。

三　当前乐山市沙湾区综合行政执法改革存在的问题

虽然乐山市沙湾区探索实施综合行政执法改革取得了一定成效，符合当前改革的方向，但也存在一些亟待解决的问题。下一步应正视当前面临的挑战，并提出可供完善的对策建议，推进综合行政执法改革继续深化。

（一）综合执法配套依据缺位

党的十八届四中全会提出，改革要于法有据。但就目前来看，中国有关综合行政执法的法律依据主要散见于《行政处罚法》《行政强制法》以及部委的一些行业法规和国务院制定的关于推进相对集中行政处罚权的一系列通知和决定中，因此综合执法主体的法律地位不明确，综合行政执法部门处于"借法执法"的尴尬境地。在民众法律意识和权利意识不断提高的今天，基层执法人员在严格规范公正执法的过程中，依然有个别群众对执法工作不理解，被认为是"执法扰民"、处处扎眼。特别是在自媒体时代，执法过程中的矛盾和冲突往往会成为舆论焦点，即便正常的执法有时也会被"挑刺"。若综合执法改革配套法律依据长期缺位，在只有"三定方案"的情况下，综合行政执法的权威性更容易受到群众质疑，甚至存在败诉风险。

（二）综合执法改革体制有待理顺

综合行政执法改革是在全国确立试点城市"先行先试"，各试点地区是否成立综合执法局或者实施综合执法的范围，也因实际情况不同而有所区别。这种"自下而上"模式也引发了体制不顺的问题，亟须解决。在乐山市，区县一级开展了大部分或部分领域（交通、文化、市场监管、农业农村等）综合改革，成立综合执法机构统一执法监管，而市级层面仍分行业监管，这就导致区县综合执法机构没有直接对口的市级部门。在实际工作中，市级有关要求仍需由原行业部门转达，一定程度上使得工作衔接不畅、工作实效延缓。此外，基层综合执法机构与上级多个执法机构对接，这种"上面多条线、下面一根针"的局面，使得综合行政执法在上下联动、业务指导、知识培训和政策传递上缺乏有效的衔接，这也削弱了综合执法的体制优势。

（三）综合执法后续保障力度不够

一是执法人员紧张。综合执法改革以来，事多面广，执法人员数量与执法工作需求之间存在一定差距。目前，区综合行政执法局共有执法人员60人，全年办理案件1125件，且因领域跨度大、日常执法检查事项繁多、执法力量下沉等，事多人少矛盾突出，而全省执法类编制还未"解冻"，无法通过调用或者新招人员对执法队伍进行人员补充，"调不进来、考不进来"，在一定程度上导致了执法人员的紧张。二是执法素养不高。整合后的执法队伍来自不同行业领域、不同年龄段，业务能力参差不齐。部分执法人员在整合划转前，并未从事执法岗位工作，无执法证不具备执法资格；部分执法人员虽有执法证，但是未从事或执法经验较少，需积累执法办案经验。在案件数量激增、办案人员紧缺的情况下，案件办理力不从心。另外，执法人员对原行业外的法律、法规存在盲区，对新形势下的执法要求和执法方法理解掌握不足，仍需要学习和培训。三是执法装备缺乏。行政执法"三项制度"之一，就是行政执法全过程记录制度，因此配备执法记录仪、执法车辆船只等，是保障执法工作正常运转的必备硬件。综合执法改革对划转执法队伍权限有明确规定，但对于执法改革装备等资产并无具体规定，加之受地方财政能力等因素制约，执法装备划转、配备与上级要求和现实需求还存在较大差距。

四 综合行政执法改革的对策及路径探索

（一）健全配套法律依据

法律是治国之重器，良法是善治之前提。深化行政体制改革必须有法律作为支撑和保障。"任何行政职权的来源与作用都必须具有明确的法定依据，否则越权无效，要受到法律追究、承担法律责任。"① 要使综合行政执法有法律依据，就要探索对现有综合行政执法适用的法律法规统一进行"增、改、废、释"，加强对现行的行政执法法律、法规和规范性文件的清理②，使综合执法机构通过法律法规规定或者授权，明确执法主体资格，确保其依法履行职责及承担相应的法律责任，从而通过立法来巩固综合行政执法的改革成果。同时，配套出台综合行政执法相关规章制度，指导综合执法具象化、可操作。

（二）理顺上下衔接机制

解决无对口上级部门尴尬处境的途径，一是探索在上级层面成立综合行

---

① 周佑勇：《行政法基本原则研究》，法律出版社，2019，第 143 页。
② 夏德峰：《综合行政执法改革的难题及其破解》，《中国行政管理》2016 年第 6 期。

政执法部门，确立上下对应体制机制，基层综合执法部门就有了对口上级，便于日常工作联络指导；二是在"上面多条线下面一根针"无法短时间改变的现状下，上级行业主管部门加强对基层综合执法部门的业务指导，通过完善各执法领域的纵向对口衔接，加强业务联系，畅通工作协作渠道机制，解决上下沟通不畅问题。

（三）完善综合执法保障

一是执法力量外引内疏。梳理5个执法大队和8支下沉执法力量对应专业领域紧缺的专业人才，根据急需专业领域拟定招录、调用计划，待编制"解冻"后，第一时间开展招新、调用工作，争取早日满编满员运行。二是执法素质常抓不懈。行政执法人员素质的高低直接影响行政执法的质量和水平，因此建立一支高素质、正规化、专业化的行政执法队伍是不断将综合行政执法改革向纵深推进的关键环节。通过建立或邀请专业培训机构，对执法队伍开展系统性的法治培训，提升执法人员法律素养；以"一专多能"为目标，针对新涉及的执法领域，通过邀请专家讲课、开展专题研讨、典型案例分析、进行实战演练等方式组织专题培训，注重执法理论知识掌握和实际操作技能训练相结合，力求扩宽执法人员业务知识面，提升其在各个专业领域的执法能力，着力从理论和实践上全面提高执法队员的法律素养、专业能力和个人素质，打造一支全能、精干的执法队伍。三是执法装备逐步到位。积极做好综合执法改革后续问题对接，包括执法车辆、船只等执法资产移交问题。此外，积极争取资金支持，合理利用财政资金，有计划、分批次配置执法装备，优先配置执法记录仪、执法车辆等紧缺执法装备，保障行政执法"三项制度"落地落实。

（四）探索改革提升完善

为巩固并提升综合行政执法体制改革的成果，笔者认为下一步还应在三个方面继续加以改进。其一，转变管理理念。行政"三分制"（即行政决策、行政执行、行政监督相分离）打破了以往"以罚代管"的监管格局，行政处罚作为一种行之有效的监管方式，并不是实现管理目标、规范社会生活的唯一办法；要综合运用事前预防、事中管理与事后处置等，循环运行的"闭环"管理模式，充分发挥体制改革后的制度优势，实现"阳光执法"。其二，强化服务理念。坚持以人民为中心，深化规范文明执法，遵循合目的性、适当性、损害最小原则，注重与行政相对人的沟通，提高群众对行政执法行为的接受度和信赖感，树立综合行政执法的公信力，实现执法为民的目标。其三，提升宣传理念。深化"谁执法谁普法"普法责任制，加强执法过程中的普法宣传工作。充分利用门户网站、App 客户端、微信公众号等载体，宣传展示行政执法单位的重点工作、重大项目等有关情况，宣传改革举措、亮点工作及成效，全面展现行政执法系统优秀成绩和良好形象，树立严格守法、规范执法的典型。

五　结语

一直以来，地方政府行政执法体制权责不清及执法缺位错位越位等问题，是推进依法行政、建设法治政府面临的重大阻碍。综合行政执法体制改革就是从体制机制层面，切实解决执法领域重复、多层、扰民及基层执法力量薄弱等问题，是在法治轨道上推进国家治理体系和治理能力现代化的一次生动实践。当然，"不积跬步，无以至千里；不积小流，无以成江海"。自古以来，改革就是一条难走的道路，乐山市沙湾区的综合行政执法改革也在不断探索和总结经验，针对改革中面临的问题，也在积极克服化解，力争走出一条符合本地实际的沙湾综合执法之路，为综合执法改革事业贡献沙湾力量。

B.8
乡镇综合行政执法体系建设调研报告

中共四川省委机构编制委员会办公室课题组[*]

摘　要：　为贯彻落实省委关于做好乡镇行政区划和村级建制调整改革
　　　　　"后半篇"文章的部署要求，课题组围绕加强乡镇综合行政
　　　　　执法体系建设开展专题调研，从职能职责、组织架构、资源
　　　　　整合、运行机制等方面总结经验做法，并针对思想准备不够
　　　　　充分、制度供给不够完善、协同机制不够健全、基础保障不
　　　　　够有力等突出问题，提出进一步夯实乡镇执法组织架构、健
　　　　　全乡镇执法工作机制、强化综合行政执法基础保障等对策建
　　　　　议，推动形成乡镇"一支队伍管执法"的四川模式。

关键词：　综合行政执法　执法下沉　行政执法机构

2019 年 1 月，中共中央办公厅、国务院办公厅印发《关于推进基层整
合审批服务执法力量的实施意见》，明确提出"推进行政执法权限和力量向
基层延伸和下沉，强化乡镇和街道的统一指挥和统筹协调职责。整合现有站
所、分局执法力量和资源，组建统一的综合行政执法机构，按照有关法律规
定相对集中行使行政处罚权，以乡镇和街道名义开展执法工作，并接受有关
县级主管部门的业务指导和监督，逐步实现基层一支队伍管执法"。四川省

---

*　课题组负责人：陈忠义，省委编办主任、省委组织部副部长（兼）；课题组成员：钟建发、
杨维政、赵芸霄、杨艳、谢畅、陈媛。执笔人：赵芸霄，省委编办研究室副主任；杨艳，省
委编办体制改革处四级调研员。

认真贯彻中央要求，抓住党政机构改革以及全省乡镇行政区划和村级建制调整改革契机，在优化乡镇职能配置时统筹考虑乡镇综合行政执法机构设置，整合基层站所、分局执法力量和资源，强化乡镇对行政执法的统一指挥协调，积极稳妥推进乡镇综合行政执法改革。在两项改革"前半篇"文章基本结束、"后半篇"文章接续启动的关键阶段，按照省委统一部署，课题组深入基层开展加强乡镇综合行政执法体系建设专题调研，进一步总结经验、检视问题、完善政策、谋划后续工作。

一 调研基本情况

省委编办牵头组织省委政法委、教育厅、民政厅、司法厅、自然资源厅、生态环境厅、住房城乡建设厅、交通运输厅、农业农村厅、文化和旅游厅、省卫生健康委、应急厅、省市场监管局等13个部门（单位），先后赴三台县、江油市、绵阳市安州区、广汉市、泸县、叙永县、夹江县、南部县等8个县（市、区），采取座谈交流、案例剖析、个别访谈等多种方式，全覆盖调研了所辖全部163个乡镇（含5个民族乡）和8个县级综合行政执法局，广泛听取各方面意见建议。通过调研，初步掌握了各地乡镇综合行政执法改革工作进度和基本情况，初步谋划了推进改革的工作思路，为研究制定两项改革"后半篇"文章相关配套政策打下了坚实基础。

二 主要做法与成效

整体来看，调研的8个县（市、区）均认真落实中央和省委关于开展乡镇行政区划和村级建制调整改革部署要求，除泸县已于2016年完成两项改革此次没有进行乡镇行政区划调整外，其他7个县（市、区）所辖乡镇从255个撤并整合为144个；乡镇平均面积从50平方千米增加到87平方千米，平均户籍人口从2.2万人增加到3.8万人，5万人和10万人以上的乡镇分别增加28个和2个；乡镇平均行政编制和事业编制各增加13个和16个，分别达到 40 个和 32 个。以此为基础，乡镇综合行政执法改革顺利起步，基层治理水平不断提升，两项改革取得了阶段性成效。主要体现在以下四个方面。

（一）职能职责方面

梳理乡镇执法权责，执法定位日益明晰。改革前，绝大部分乡镇未系统梳理过自身具体行使的各类执法事项清单，对自身执法职责定位的认识较为模糊，同时与县级行业主管部门权责边界不明，普遍存在权责不对等、不一致等情况。改革后，部分市县机构编制部门牵头梳理乡镇法定执法事项，经初步汇总统计，涉及行政许可 7 项、行政处罚 7 项、行政强制 4 项、行政确认 6 项、行政裁决 2 项、行政给付 1 项、行政征收 1 项、行政检查 13 项、行政奖励 21 项、其他行政权力 57 项，共计 119 项行政执法权。此外，部分乡镇承担了县级行业主管部门委托的安全生产、城乡建设等领域执法事项，大部分乡镇还承担日常监管、制止违法行为、上报违法线索、协助执法实施、宣传相关法律法规知识等协助执法的相关事务。乡镇"自主执法 + 委托执法 + 协助执法"三个板块职责定位逐步明晰。

（二）组织架构方面

着眼打通"最后一公里"，执法阵地基本建立。改革前，绝大多数乡镇没有设置专门的综合行政执法机构，针对行政违法行为，乡镇政府只能"干瞪眼"，看得见、想管住、没抓手。在党政机构改革中，按照"四个统一"设置的要求，乡镇均统一设置了综合行政执法办公室或综合行政执法协调办公室，主要负责日常巡查、协助调查取证、执法衔接等基础性工作，大多配备编制 3 ~ 5 个。部分经济发达乡镇还探索成立了综合执法队，配备编制 10 个左右，具体承担城乡建设、农业农村、交通运输、市场监管等行业领域的行政执法职责。乡镇普遍反映，现在有了专门的综合执法机构，对违法行为的震慑作用逐步显现，实现乡镇良序善治只是时间问题。

（三）资源整合方面

推动执法重心下移，执法力量逐步聚合。改革前，县级行业主管部门的派驻机构多且同时承担管理和执法职责，有的机构只有 1~2 人，特别是实行片区派驻的执法力量更是捉襟见肘，执法缺位、失位和执法不及时等情况时有发生。改革后，各县（市、区）积极研究优化自然资源、市场监管、畜牧兽医等行业领域派驻机构的布局设置和力量整合，逐步实现编制资源集聚和执法监管聚焦。夹江县在 7 个乡镇均设置行政执法中队（市容环境所），市场监管、交通运输、农业农村、文化旅游、应急管理 5 支队伍实行片区执法，并加强派驻力量。泸县、叙永县等地均将农机、农技、水利、村镇建设等站所的编制和人员下沉到乡镇实行属地管理。

（四）运行机制方面

推进统筹协调管理，执法形式趋于综合。改革前，乡镇执法主要依赖派驻机构和县级相关部门，但各领域执法相对独立，各自为政，一定程度上存在"九龙治水"现象。改革后，各地积极探索建立派驻机构纳入乡镇统一指挥协调的工作机制。在工作统筹上，综合行政执法机构负责统筹协调，各派驻机构既条块结合又分工协作。泸县云龙镇在各派驻机构具体负责小范围综合执法的基础上，由综合行政执法办公室牵头开展每周一次针对性专项执法和每月一次多方联动执法。在管理运行上，乡镇对派驻机构的管理模式正从"县派、县管、共用"模式向"县派、共管、共用""镇属、镇管、镇用"模式转变。值得一提的是，泸州市还研究出台《"街呼区应、上下联动"工作机制实施方案》，明确县乡责任范围和联动机制，逐步强化乡镇对执法工作的统筹力度，推进综合行政执法由单一、多头走向综合。

三　存在的问题

综合行政执法改革是一次"刀刃向内"的自我革命，是对传统行政执法监管模式的重大变革，不仅涉及机构整合、职能划转、机制创新，更涉及人员编制调整、工作流程再造、执法制度创新等诸多方面。在现阶段推进乡镇综合行政执法改革，亟须不断深化与现有基层管理模式和治理方式的重新适应和相互磨合。随着调研、分析、研判的深入，课题组发现乡镇综合行政执法改革存在的问题较多、面对的矛盾较大、改革的任务较重。

（一）思想准备还不够充分

1. 部分地方对综合行政执法缺乏主动思考

推进乡镇综合行政执法体制改革是构建简约高效基层治理体系的关键环节，县乡两级党委政府和相关行业主管部门必须结合实际深入思考、不断探索。调研发现，有的地方对综合行政执法改革存在认识上的偏差，有的行业主管部门及其派驻机构对推进改革缺乏信心。个别乡镇反映，部分县级行政主管部门及其派驻机构仍然按照过去的固有模式开展执法工作，支持并参与改革的意愿不高，没有真正树立"一支队伍管执法"的理念。

2. 部分乡镇对改革方向把握不准

乡镇综合行政执法涉及多项行政权力的合法行使和有效执行，符合基层治理和社会服务逐步走向多元化的整体趋势。调研发现，绝大部分乡镇基于推进乡村善治、优化服务模式等方面的现实需要，希望尽快下放或委托行政权力，特别是希望尽快获得国土规划、村镇建设、应急管理等方面的行政处罚及其相应的行政强制权。但有的乡镇表示，对综合行政执法改革的最终方向把握不准，不知道该怎么改、改到什么程度，存在观望心态和畏难情绪，甚至担心因执法资格缺失和执法方法不当引起群众上访、行政诉讼等问题。

3. 部分地方对法治宣传缺乏有效手段

公民、法人和其他组织是行政执法的相对人，提升其法律意识和法治素养，有助于为行政执法提供良好的社会环境，助力基层治理实现法治化。调研发现，各乡镇都依托"12·4"宪法宣传日、"3·15"消费者权益保障日等时间节点开展法治宣传，但未做到日常化、常态化。在人口流动较大的乡镇活动中心、健身广场等场所，均设有法律知识宣传栏，但张贴的大多是旅游景点提示、停水停电通知或安全防范贴士等内容，法治宣传难以适应综合行政执法体制改革的要求。同时，乡镇干部普遍反映，目前的普法工作仍是由派驻乡镇的司法所承担，但派驻司法所一般只有1~3名工作人员，既要承担乡镇范围内的司法行政工作，又要指导和参与普法工作，往往精力有限、难以应付。

（二）制度供给还不够完善

1. 乡镇执法主体法律地位尚待明确

乡镇综合行政执法改革是一项没有现成经验可循的探索性实践，需要顶层设计和法治支持。目前，综合行政执法改革的主要法律依据是《行政处罚法》第16条和《行政强制法》第17条，但这两个条文主要针对早期城市管理领域开展相对集中行政处罚权试点。同时，现行《行政处罚法》第20条明确规定，"行政处罚由违法行为发生地的县级以上地方人民政府具有行政处罚权的行政机关管辖。法律、行政法规另有规定的除外"。特别是目前授予乡镇行政执法权的合法性在行政法理论和实践中尚有争议，还应通过相应的立法或赋权来保障乡镇执法机构、职权及其运行的合法性。

2. 乡镇权责清单动态管理相对滞后

乡镇政府作为中国行政体制中最基层的一级地方政权组织，本应承担法律法规规定的有限职责，但实际上承担着属地管理的无限责任。调研中发现，虽然现行法律法规明确规定乡镇具备自主行使或可委托行使的行政处罚、行政强制、行政检查等事项约119项，但大部分乡镇底账不清，未建立权责清单和属地责任清单，乡镇与县级相关部门的职责边界尚未完全厘清，有些本应由县级行业主管部门承担的行政事务，全部以属地管理为由，委托或下放到乡镇，由乡镇承担无限的属地管理责任，加重了基层负担。

3. 乡镇执法资格持证比例有待提高

执法证件是执法人员依法履行职责的凭证和标志，代表的是对执法人员身份的有效认同。执法人员持证上岗，不仅能增强执法人员自身的职业归属感，也有利于提升执法人员的法治意识和执法水平。从调研掌握的情况来看，乡镇执法人员普遍不足、文化层次总体不高，法律专业毕业的人员"凤毛麟角"，更为突出的是执法资格持证比例明显偏低，不少乡镇持证上岗的执法人员仅占30%左右。同时，由于没有接受过专业规范的执法培训，执法人员在处理一些复杂的行政执法案件时，对事实认定、法律与程序适用、自由裁量权等方面的问题，往往把握不准，严重影响执法效果。

（三）协同机制还不够健全

1.乡镇执法工作缺乏有效监督

有权必有责、用权受监督是法治政府的基本要求和重要特征。调研发现，推进乡镇行政执法普遍面临监督机制不够健全的问题。一方面，乡镇行政执法缺乏程序制约，执法部门在处理案件时，除少数县级行业主管部门要求实行"查处分离"制度外，多数乡镇行政执法的同一个办案人员既负责案件的调查取证工作，又负责提出或作出案件的处罚决定，缺乏必要的合法性与适当性审查。另一方面，乡镇在行使现行法定行政权力过程中，一般都是突击式推进违建拆除、秸秆禁烧等阶段性重点工作，难以受到刚性监督制度和监督机制的有效约束。

2.乡镇统筹协调能力有待提升

推进乡镇综合行政执法改革是一项执法体系优化、执法流程再造、执法监督融合的制度创新，需要各级各部门的支持和参与，特别是需要县级行业主管部门和乡镇的相互配合。从调研的情况来看，乡镇负责综合行政执法、县级行业主管部门负责业务指导的管理体制正在逐步建立，但县乡两个层级执法协作协同配合的工作机制尚未完全理顺。有的乡镇表示，不管是乡镇向县级行业主管部门争取执法支持，还是县级行业主管部门向乡镇加强业务指导，大多靠动用个人感情去强化工作联系。虽然一些地方探索建立了"乡镇吹哨、部门报到"的协调配合机制，但部分乡镇的统筹力度不大，更多只能请求协助执法，统一指挥协调功能发挥不充分。

3. 综合执法指挥平台建设滞后

随着综合行政执法改革的不断深入，传统的行政执法模式已不再适应当前的执法需要，综合行政执法正向智慧化、集成化方向发展。目前，城市管理、生态环境、自然资源等行业主管部门大都设有监管和举报投诉系统，公安、综治部门还建设了覆盖城乡的可视监测系统，如平安城市"天网工程"、治安防控"雪亮工程"等，但这些系统暂未实现互联互通，既造成公共资源的浪费，又影响了集成效应的发挥，综合行政执法过程中的"信息孤岛"问题较为突出。一些乡镇干部坦言，如果加强与行业主管部门及其技术支撑单位的协调，推进乡镇综合行政执法体系建设将会取得事半功倍的效果。

（四）基础保障还不够有力

1. 综合行政执法机构履职能力有待提升

从全省面上情况来看，各乡镇均统一设置了综合行政执法机构，大部分乡镇还加挂了安全生产委员会办公室、生态环境与应急管理办公室等牌子，明确其负责行使依法下放、委托或授权的执法权力，统一指挥和协调行业主管部门派驻站所的执法资源，开展乡镇范围内综合行政执法工作。但在调研中发现，大部分乡镇综合行政执法机构更多只是承担了部分"综合""协调"职能，"执法"职能体现不够充分和明显，乡镇执法职责只是在原有基础上的简单叠加，"物理融合"尚在起步阶段，"化学反应"更是任重而道远。

2. 乡镇推进综合执法的基础较差

乡镇普遍反映，乡镇执法人员成长慢、流动快，且大多不具备从事执法的能力素质，与综合执法的本质要求仍有较大差距。调研发现，受执法知识培训不足、乡土社会人情关系复杂等因素影响，本应使用一般程序处理的案件，有时存在用简易程序处理的现象，既达不到威慑作用，又浪费执法资源。有乡镇干部表示，偏远地区违规占用耕地建房的问题时有发生，但大多因"熟人社会"鲜有举报，很难及时开展执法查处工作，若发现处理不及

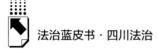

时，后期执法难度很大，变相增加了执法成本。

3. 综合执法物资保障力度不够

乡镇普遍反映，现阶段开展乡镇综合行政执法物资保障缺口较大，普遍缺乏专业力量、专业技术和专业设备，特别是绝大多数乡镇未安排专项综合行政执法经费预算，无专门的综合行政执法车辆以及执法记录仪等执法设备，无统一的综合行政执法制式服装，无统一的行政执法文书档案范本，有的执法人员使用随身手机进行录音录像，不利于综合行政执法全过程记录和证据链保全。

四 对策与建议

综观国内先行先试地区的做法，在乡镇层面推行综合行政执法主要有三种模式。一是依法授权乡镇在授权范围内以乡镇名义独立行使行政执法权。二是依法委托乡镇在委托范围内以委托机关的名义行使行政执法权。三是将县级行业主管部门派驻机构行政执法行为延伸到乡镇开展执法工作。上述三种模式基本上都能实现"一支队伍管执法"的预期目标，但各有侧重、各有利弊。

在统筹分析并充分尊重县乡意愿的基础上，课题组认为，加强乡镇综合行政执法体系建设，要坚持"稳妥有序、审慎推进、综合施策"原则，将顶层设计与基层实践相结合、依法赋权与有效承接相结合、体系重构与流程再造相结合，基本理顺乡镇综合行政执法运行机制，全面厘清法定行政执法事项，不断提升执法能力和水平；到2021年底，乡镇行政执法统一指挥协调机制更加健全，下放的行政执法事项逐步承接，行政执法保障机制趋于完善；到2022年底，基本建立以乡镇自主开展行政执法为主、县级行业主管部门加强业务指导、社会各界加强执法监督的乡镇综合行政执法体系，实现行政执法权限和力量向乡镇延伸和下沉，推动形成乡镇"一支队伍管执法"的四川模式。

（一）夯实乡镇执法组织架构

1. 依法赋予乡镇执法权限

在全面梳理并明确乡镇依法承担的119项法定权力事项的基础上，按照依法下放、宜放则放原则，建议由省政府统一制定出台赋予乡镇执法事项指导目录，将点多面广、基层管理迫切需要且能有效承接的行政执法权限赋予乡镇，依法明确乡镇行政执法主体地位。各地要根据乡镇功能定位、人口规模、服务半径等因素，研究细化承接方案，确保赋权事项放得下、接得住、管得好、有监督。依照现行法律法规和职责准入制度，乡镇或县级行业主管部门在听取乡镇意见的基础上，报请县级党委政府研究，决定委托乡镇行使相应行政执法事项。鼓励各地探索将乡镇依法承接并行使行政执法事项有关情况，纳入县级党委政府对乡镇和县级行业主管部门考核。

2. 优化综合行政执法机构设置

做实乡镇综合行政执法机构，选优配强工作力量，具体负责综合行政执法工作的组织协调、制度制定、监督考核等工作；集中行使乡镇法定的行政执法事项以及依法承接的赋权行政执法事项，以乡镇人民政府名义开展行政执法工作；集中行使县级行业主管部门依法委托的行政执法事项，以县级行业主管部门名义开展行政执法工作。探索试点相关派驻机构与乡镇综合行政执法机构集中办公，允许有条件的地方整合县级行业主管部门派驻机构和队伍开展行政执法工作，鼓励有条件的地方在乡镇探索建立综合行政执法队伍。

3. 明晰县乡执法职责边界

按照权责对等、权责一致原则，在省级权责清单管理机构统一制定出台指导清单的基础上，各市州要指导县（市、区）制定乡镇权责清单、属地事项责任清单，确保"两张清单"规范统一，并建立动态调整机制。各县（市、区）要指导县级行业主管部门落实行业管理主体责任，加强源头监管，依法履行政策制定、审查审批、业务指导、事后监管等职责；督促县级行业主管部门积极配合乡镇做好相关执法事项行使所涉的检验、检测、鉴

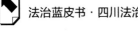

定、认定等技术支撑工作。乡镇综合行政执法机构相对集中行使行政处罚及与之相关的行政检查、行政强制等权力。

（二）健全乡镇执法工作机制

1. 完善统一指挥协调机制

建立乡镇综合行政执法联席会议制度，定期组织召开联席会议，通报综合行政执法工作的开展情况，协调解决存在的问题。继续实行派驻体制的，加快健全完善县级行业主管部门派驻机构纳入乡镇统一指挥协调的工作机制，有条件的地方要进一步强化乡镇对派驻机构的工作经费和人员管理；派驻机构人员接受县级行业主管部门和乡镇的双重领导，以乡镇的集中统一管理为主，工作考核和主要负责人任免应当书面征求所在乡镇或所服务乡镇的意见。

2. 强化执法协作配合机制

理顺县级行业主管部门、综合行政执法局与乡镇综合行政执法机构的关系，加强审批服务、行业管理、监督执法的信息共享。县级行业主管部门发现属于乡镇执法范围的违法事项，应及时告知或者移送乡镇办理，乡镇办结后应将处理结果实时告知相关县级行业主管部门。对于违法行为频发的领域和环节，乡镇应及时将相关数据和情况报送县级行业主管部门分析研究并找出症结所在，变管理控制为主动服务、变末端执法为源头治理。乡镇与相关行业部门对违法案件处理发生争议时，由县级司法行政部门协调处理。

3. 落实执法配套保障机制

完善综合行政执法人员职级晋升、干部交流、工资待遇、岗位补贴、社会保障等制度，对表现优秀的执法人员和派驻机构负责人作为后备干部重点培养和推荐。加强组织领导，乡镇综合行政执法机构负责人可由乡镇领导班子成员兼任，分管综合行政执法工作的人员应具有综合行政执法资格。加强执法经费保障，严格执行罚缴分离、收支两条线管理制度，将综合行政执法工作经费纳入财政预算予以保障。完善公安司法保障，公安机关要大力支持乡镇综合行政执法活动，检察机关、审判机关要及时受理、审理涉及综合行政执法的案件。

（三）强化综合行政执法基础保障

1. 加强执法人员持证管理

按照"谁主管、谁培训"的原则，定期对乡镇行政执法人员开展多领域、常态化执法业务知识培训，不断提高综合素质和执法能力。依托四川省行政执法资格管理系统，探索推进"互联网＋教育培训"新模式，推动执法资格集中统一计算机考试常态化，实现执法人员资格申领培训管理信息化。未来3年，进一步增加行政执法资格考试频次，并将综合行政执法证件发放范围延伸到乡镇。强化行政执法人员资格管理，严格实行持证上岗和资格管理制度，未经执法资格考试合格的人员不得授予行政执法资格，不得从事行政执法活动。逐步实施执法证件动态管理，严格执行执法人员领证需培训并考试合格的准入机制，探索建立执法证件"红黄绿卡"管理的退出机制。

2. 严格规范执法监管行为

强化综合行政执法规范化建设，统一执法流程、文书、用语、案件编号、法制审核事项等标准，待国家统一的行政执法制式服装和标识标志出台后，统一执法人员着装及标志。强化行政执法责任，推行行政执法公示、执法全过程记录和重大执法决定法制审核等制度，常态化开展案卷评查、执法检查，逐步推行行政执法人员执法质效考评制度，落实执法过错或错案责任追究制度，严格规范行使自由裁量权。推行"互联网＋监管"模式，开发建设全省统一的"智慧执法"平台，并与"全国行政执法综合管理监督信息系统"有效整合，逐步构建信息引导、数据支撑、智能研判的监督工作格局。县级司法行政部门要会同有关方面，加强对乡镇综合行政执法全过程的监督，促进乡镇依法履职尽责、规范执法行为。

3. 积极构建共建共享平台

鼓励有条件的地方整合现有各类信息化管理平台，实现行政许可、日常监管、行政处罚等信息实时流转、实时抄告、实时监控、实时留痕。将综合行政执法融入基层社会治理工作中统筹谋划和实施，实现基层执法与社会管理有效衔接、良性互动。把综合行政执法与健全村规民约、居民公约结合起来，推动法治与德治相互融合、相互促进。

B.9
广安市基层行政复议形势分析及对策研究

广安市司法局课题组*

摘　要：　自1999年《行政复议法》出台以来，行政复议制度在保障公民权益、化解行政争议、监督规范行政权力、维护社会稳定等方面发挥着重要作用。随着我国经济社会的迅速发展，行政复议制度尤其是基层行政复议工作也暴露出一些弊端和困境，存在诸如基层行政复议机构力量不足、化解行政争议的主渠道作用发挥不明显、责任追究机制运用较少等亟待解决的问题。笔者结合自身工作实际，对广安市行政复议工作进行实证考察，总结归纳当前基层行政复议制度存在的问题，从强化组织领导保障、加强行政复议宣传力度、落实行政复议体制改革、加强行政复议队伍建设、提升行政复议案件审理质量、完善责任追究机制、加强府院联系等方面提出改进措施。

关键词：　基层行政复议　行政复议问责　行政复议队伍建设

　　《行政复议法》实施以来，各级行政复议机关以"复议为民"为宗旨，积极行使行政复议职权，依法化解行政争议，取得了较好的法律效果和社会效果。但是，结合广安市行政复议工作实际，行政复议案件数量明显少于行

---

　　* 课题组负责人：胡年军，广安市司法局局长。课题组成员：姜自平、尹培宇、舒宁、毛景浓、符人文。执笔人：毛景浓，广安市司法局合法性审查科科长。

政诉讼案件数量，与将行政复议建设成为解决行政争议的主渠道的目标还存在较大差距。行政复议制度建设、人员配备、物质保障滞后与行政复议案件数量日益增多、类型多样的矛盾突出，人民群众通过行政复议解决行政争议的期望与行政复议实质解决问题乏力的矛盾突出，行政复议趋同、依附于行政诉讼的现象突出。以上形势，对各级行政复议机关和行政复议机构加强复议能力建设，发挥化解行政争议主渠道作用，保护公民、法人和其他组织合法权益，纠正行政机关不当或违法行政行为等目的提出了严峻的挑战。

基层行政复议机关即市县两级政府及具有行政复议权的行政部门，行政复议履职能力与落实行政复议制度要求、满足人民群众对公正的期望还存在较大差距。本文拟对广安市行政复议机关面临的行政复议形势进行分析，剖析行政复议工作中的突出问题，并提出工作建议。

一　广安市行政复议工作现状

（一）案件办理情况

1. 新收案件情况

2015 年至 2020 年，广安市行政复议机关共收到行政复议申请 968 件，受理 825 件（见图 1）。2015 年以来，全市各级行政复议机关畅通行政复议案件受理渠道，依法受理行政复议申请。从数据上看，全市各级行政复议机关多数年份收到的行政复议申请数量增长明显，行政复议申请受理率较高，依法受理率达到 100%。复议案件数量相对较多，2019 年受理案件数量居全省第 7 位，2020 年受理案件数量居全省第 5 位。

2. 案件结案情况

2015 年至 2020 年，广安市行政复议机关受理案件共结案 806 件，其中维持 341 件，驳回 108 件，撤销、确认违法、变更、责令履行等 207 件，终止 136 件，其他 14 件，维持率 42.3%，纠错率（含撤销、确认违法、变

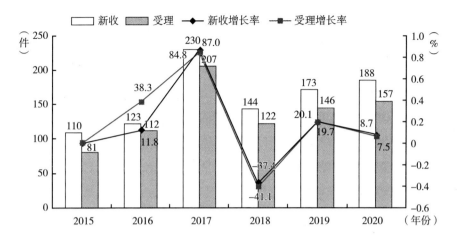

图 1　2015～2020 年行政复议案件情况

更、责令履行复议决定等）25.7%（见表 1）。2015 年《行政诉讼法》修订实施前，全市行政复议机关作出撤销、确认违法、变更、责令履行等行政复议决定的数量较少，纠正违法或不当行政行为的功能发挥不明显。《行政诉讼法》修订实施后，因复议机关作出的复议决定都可能接受司法审查，行政复议机关纠正违法和不当行政行为的案件数量明显增长。2015 年以来，全市复议机关纠错 207 件，纠错率达 25.7%，充分体现行政复议机关刀刃向内的决心和自我纠错的勇气，有效纠正违法或不当行政行为，保护人民群众的合法权益，切实化解行政争议，提高行政复议公信力。

表 1　2015～2020 年受理行政复议案件结案情况

单位：件,%

	结案数	维持	驳回	纠错	终止	维持率	纠错率
2015	72	36	16	9	11	50.0	12.5
2016	109	40	10	24	34	36.7	22.0
2017	189	88	15	46	37	46.6	24.3
2018	128	72	20	21	13	56.3	16.4
2019	132	53	18	43	13	40.2	32.6
2020	176	52	29	64	28	29.5	34.6
合计	806	341	108	207	136	42.3	25.7

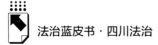

3. 案件审理方式

全市行政复议机关审理行政复议案件以书面审理为主，较少采用听证审理。一些市级部门作为行政复议机关，在案件办理中依职权调查开展不充分，对原行政行为认定事实不清、证据不足时多采取撤销方式结案，较少在查明事实的基础上改变原行政行为或者补强证据后维持原行政行为，一定程度上造成了程序空转。全市政府行政复议委员会运行较少，囿于案件性质、委员数量和职能行使等问题，未能充分发挥行政复议委员会在审理重大疑难案件中的作用。

4. 行政复议案件行政行为种类及类别分布

2015 年以来，全市受理的行政复议案件中，行政处罚类案件数量最多，占比最高；政府信息公开类案件数量快速增长，成为行政复议案件主要类别，同时也是违法或不当行政行为的高发领域（见图 2）。从行政管理类别看，案件主要分布在公安、土地、劳动和社会保障、房屋征补（拆迁）、食品药品等领域（见图 3）。民政、林业、交通、审计、质检、教育、旅游、物价等领域案件发生极少，5 年来复议案件数量均低于 5 件。商务、统计、文化、科技等领域无行政复议案件。

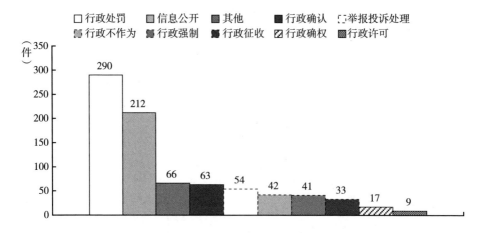

图 2　2015～2020 年行政复议行为种类分布

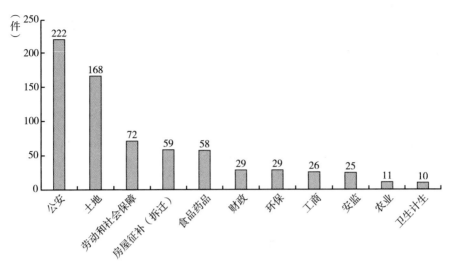

图3　2015～2020年行政复议案件的行政管理类别分布

5. 各级行政复议机关办案情况

2015年至2020年，全市各级行政复议机关共受理行政复议案件825件，其中县级部门办理47件，县级政府办理297件，市级部门办理235件，市政府办理239件。

（二）行政复议机关及人员设置

广安市共设置行政复议机关57个，其中地级市政府1个，县级政府6个，市级部门29个，县级部门21个。全市共有行政复议专职人员109人，兼职人员92人。其中，县级部门56人（兼职52人），市级部门36人（兼职31人），县级政府15人（兼职8人），市政府2人（兼职1人）。

（三）行政复议工作机制建设

2009年，按照行政复议规范化建设要求，广安市政府及法制机构印发了《行政复议案件受理程序规定》《广安市行政复议案件一般程序规定》等内部程序规范，建立了行政复议立案、审理、归档等制度，并编印《广安市行政复议工作规范》，有效规范了全市行政复议工作。2015年，按照省政府要求，广安市成立了行政复议委员会，按照规定遴选了委员会常任委员和非常任委员，建立了会议召集、案件研讨等制度。2020年，广安市选举了第二届行政复议委员会，改选了委员会常任委员和非常任委员。市政府与人民法院建立了府院联席会议机制，定期召开会议，研究行政行为突出问题和改进措施。市中级人民法院和市司法局建立行政诉讼与行政复议联席会议机制，加强行政复议与行政诉讼的衔接，及时会商行政复议和行政诉讼中反映的行政行为问题。市司法局建立重大疑难案件研讨会制度，重大疑难案件均由集体研究决定。

（四）行政复议工作经费装备保障情况

全市各级行政复议机关复议工作经费有一定财政保障，一些单位在财政预算中单列了行政复议工作经费。但是，近年来行政复议案件多发，因预算管理和压缩经费要求，行政复议工作经费长期未予增加，存在行政复议经费不能满足工作实际需求的问题。

各行政复议机关在2009年省政府推动行政复议规范化建设时，建立并完善了行政复议听证室，但因机构改革中办公用房划转等问题，一些行政复议机关未能保留行政复议听证室。行政复议档案管理不够规范。行政复议机构普遍缺少行政复议档案室或者档案专门保存地点，部分行政复议档案未能及时归档并交专门机构保存。

全市行政复议机构按要求配齐了全国行政复议平台录入必需的扫描仪、打印机等装备，确保新收行政复议案件全部录入全国行政复议平台运行。

二　广安市行政复议工作中存在的主要问题

（一）行政复议化解行政争议的主渠道作用发挥不明显

2011年，中共中央首次提出，"充分发挥行政复议作为解决行政争议主渠道的作用"，这一定位在2014年《行政诉讼法》修改过程中进一步得到明确。提升行政复议化解行政争议能力，实现其解决行政争议主渠道的功能定位，成为《行政复议法》修改需要完成的主要任务①。在广安市的行政复议实践中，行政复议作用发挥并不充分。从数据上看，2015 年至 2020 年，全市复议机关共收到行政复议申请 968 件，同期全市法院共收到行政诉讼案件 2664 件，行政复议案件数量与行政诉讼数量比值达到 1：3（见表 2）。"群众对行政复议知晓率不高，遇到行政纠纷时愿意选择行政复议维权的人不多。"② 2013 年全国人大在检查《行政复议法》实施情况时提出的问题仍然存在。

表 2　行政复议和行政诉讼一审案件数量对比

年份	复议申请数（件）	一审诉讼案件数（件）	比值
2015	110	406	1：4
2016	123	312	2：5
2017	230	356	2：3
2018	144	489	2：7
2019	173	548	1：3
2020	188	553	1：3
合计	968	2664	1：3

对行政复议宣传不到位，行政相对人对行政复议中立性和公正性的质疑、对行政复议人员法律素养不信任、对行政复议"维持会"的负面评价，多方因素叠加下人民群众不知晓、不相信、不选择行政复议作为解决行政纠纷的渠道，公民、法人和其他组织"用脚投票"选择行政诉讼途径。同时，还存在个别县（市、区）党委政府对行政复议工作重视不够的问题。行政复议要实现成为解决行政争议主渠道的目标还有很长的路要走。

① 王万华：《行政复议法的修改与完善——以"实质性解决行政争议"为视角》，《法学研究》2019 年第 5 期，第 99～100 页。

② 全国人民代表大会常务委员会执法检查组关于检查《行政复议法》实施情况的报告。

（二）行政复议队伍建设不适应

制度缺位。一是复议人员资格条件缺失。《行政复议法》颁布以来，国家和四川省均未对行政复议人员资格作出明确规定，直至 2017 年《行政复议法》修改才明确，行政机关中初次从事行政复议的人员应当通过国家统一法律职业资格考试，取得法律职业资格。复议人员长期缺乏明确的任职标准，复议人员整体素质难以提高。《行政复议法》修改后，一定程度上加大了基层充实行政复议工作人员的难度。二是复议人员身份认同缺失。与法官、检察官相比，行政复议人员明显缺乏职业保障措施。行政复议更多表现为行政岗位，而非法律职业。复议工作人员基本不存在职业身份认同。

复议人员缺位。一是复议人员分布不均衡。从人均办案数量看，市（地）级政府"缺人办案"和其他复议机关"无案可办"的情况突出，大量人员实际处于无案可办的境地（见表3）。二是复议机构编制和人数不足。行政机构改革中原法制办、原依法治市（县、区）办行政编制未一并划转，导致司法局严重超编，无法通过公务员招录或遴选等方式充实行政复议人员。例如，广安市司法局核定编制 38 个，实有 45 人，超编人数需 5 年左右才能逐步消化。按照《行政复议体制改革方案》要求，一级政府只设一个行政复议机关，预期案件增加数显著超过现有人员合理负荷。三是复议人员兼职情况突出。市县两级司法局复议工作人员除开展行政复议工作外，还要承担诸如合法性审核、依法行政指导、行政立法、政府信息公开答复审核等大量工作。四是复议人员流失严重。除复议人员岗位轮转外，从事行政复议的高层次引进人才和临时聘用人员离职率较高，如原市法制办引进高层次人才在职平均时间低于 2 年，市司法局聘用复议工作人员半年左右即离职，岳池县司法局 2 名聘用人员不到一年均离职。复议工作人员经常性调入调出，不利于复议队伍的稳定和复议能力提升。

培训缺位。全市较少开展专门针对行政复议人员的培训。全省行政复议培训会议也难以覆盖其他行政复议机关。行政复议人员之间缺乏沟通交流，人民法院和司法局达成共识的部分事项未能及时传达。

表3 行政复议案件、行政复议机构及复议人员等数量对比

单位：件

	县级政府部门	县级政府	市级政府部门	市（地）级政府
受理案件数	47	297	235	239
复议机构数	21	6	29	1
专兼职人员数	56	15	36	2
人均办案数	0.84	19.8	6.53	119.5

（三）行政复议独立地位不明确

一是行政复议部分审理制度长期缺失。例如，行政复议证据规则、统一的行政复议听证审理规则、行政复议案例指导制度等长期处于空白。二是行政复议回应新问题迟缓。《行政诉讼法》修改以来，最高人民法院陆续出台了法释〔2015〕9号、法释〔2018〕1号、法释〔2019〕17号、法释〔2020〕3号等多个司法解释，对行政诉讼中出现的问题进行了及时回应并明确适用。反观行政复议，自《行政复议法实施条例》实施以来，极少针对行政复议问题出台明确意见。上述情况导致办理行政复议案件时，对新出现的问题只能参照《行政诉讼法》的有关规定适用。加之行政复议决定要接受司法审查，为避免复议案件败诉，行政复议机关在作出行政复议决定时会充分考虑法院的意见，甚至以司法审判标准作为行政复议审查标准。这些情况都导致行政复议工作逐渐与行政诉讼趋同，其独立价值体现并不充分。

（四）行政复议审理方式不规范

《行政复议法》及其实施条例明确规定了行政复议听证审理方式。与书面审理相比较，听证审理在查明案件事实、审理程序公开、实质化解纠纷方面有明显的优势。但采用听证方式审理案件，对于行政复议机构而言，耗

时、耗力又耗财，经过利益衡量行政复议机构往往尽量避免适用听证审案。现行的行政复议听证范围规定又给予其完全的决定权，使得行政复议机构对听证的适用既无利益诱惑，又无制度规制，其适用率可想而知①。实践中，行政复议机构囿于人员、场地等困难，往往不愿依职权启动听证，对申请人申请听证的，大多拒绝了事。行政复议听证审理数量较少，行政复议公开性得不到充分保障。

对事实不清的案件，行政复议机构有依职权调查的职责。但实践中，复议机构对案件事实的认定大多限于书面审查，不愿启动调查程序查明事实，一定程度上造成了程序的空转，不利于高效解决行政争议目的的实现。

（五）行政复议委员会运行不顺畅

一是人员结构不优。按照中央和四川省要求，2016年起，全市两级政府行政复议机关均成立了行政复议委员会。国法〔2008〕71号文指出，行政复议委员会可以由主任委员、副主任委员和一般委员组成，一般委员可以由经遴选的专职行政复议人员和专业人士、专家学者等外部人员担任。就广安市而言，遴选的范围往往倾向于人大和政协法治工作者、退休法官、退休检察官、律师、行政执法部门法治工作人员等，基本无法学专家、法学教师专业人员担任非常任委员，这就导致外部人员在行政复议委员会中占比过低，削弱了行政复议委员会的中立性。二是职能定位不清。广安市行政复议委员会自成立起即定位为重大疑难案件的咨询机构，并不对案件实质审理作出决定，作用发挥空间有限。同时，广安市行政复议委员会也普遍存在基层组织专家资源稀缺、非常任委员参与度不高，只解决法律问题、不解决实际问题等共性缺点②，其在行政复议案件审理中的作用较小。

---

① 陈春旭：《行政复议听证制度研究》，中国政法大学硕士学位论文，2011。
② 刘莘、陈悦：《行政复议制度改革成效与进路分析》，《行政法学研究》2016年第5期，第56~57页。

（六）行政复议问责机制运用不完善

广安市将行政复议被撤销、确认违法等案件纳入年度绩效考核范围，市分管领导对年度绩效考核排名最后的县级政府和市级部门的主要负责人进行约谈，有效地督促行政机关规范行政行为。但就个案纠错而言，仍存在追责方式不具体、追责程序不完善等缺陷。行政复议机关作出撤销、变更、确认违法、责令履行等纠错决定后，有权机关没有具体厘清责任人员的责任并给予适当处理，行政复议纠错案件的责任追究落实不到位，对行政执法的震慑作用还有欠缺。

三 对策建议

（一）强化组织领导

积极争取地方党委和政府领导特别是主要领导的重视。行政复议机构脱离了主要领导的关注和支持，案件办理、人员配备、责任追究、经费保障等方面都难以推进。《行政复议法实施条例》第58条规定，县级以上各级人民政府行政复议机构应当定期向本级人民政府提交行政复议工作状况分析报告。依托府院联席机制，争取政府主要领导听取两次行政复议工作情况汇报，每年向政府主要领导书面汇报行政复议工作开展情况，及时汇报行政复议工作中出现的重大情况和重大问题，使主要领导知晓行政复议工作所取得的成绩，了解行政机关行政行为存在的普遍问题，推动重点、难点问题的研究解决。

（二）加大宣传力度

一方面，要加强对行政机关及其工作人员的法律宣传。切实提升行政机关特别是领导干部依法行政能力，特别是运用法治思维和法治方式化解矛盾解决问题的能力。推动严格依法行政、依法决策，按照法定权限、法定程序、法定要求、法定条件、法定形式行使权力，杜绝违法行政，从源头上预防和减少行政争议的发生。另一方面，要加强对社会公众的行政复议宣传。行政复议机关可以选择如以案释法、视频短片、法律文艺演出等群众喜闻乐见的方式，通过新媒体等法律宣传渠道，扩大宣传对象，增强宣传实效。通过重点宣传行政复议制度、功能以及成效，让公众知悉行政复议"便捷、高效、专业、低成本"①的优点，同时注意保持行政复议宣传持续性，使公众遇到纠纷有通过行政复议制度解决行政争议的意愿。

（三）落实改革任务

2020 年，中央全面依法治国委员会印发了《行政复议体制改革方案》，明确县级以上人民政府只保留一个行政复议机关，由本级政府统一履行行政复议职责。行政复议体制改革将给行政复议工作带来新的机遇，行政复议机构应当充分借助此次机遇，争取党委政府支持，加强与组织、编制、人力资源和社会保障、财政等机关协调配合，通过增加行政编制、调剂有关部门行政复议编制、统筹引进专门人才、设立事业单位或者购买社会服务等方式，有计划地增加行政复议人员，解决"无人办案"和"无案可办"的突出矛盾，使复议人员力量与复议工作相适应；配齐配好行政复议所需要的经费、装备以及场地，使行政复议机构能够更好地应对行政复议体制改革中的挑战。

（四）狠抓队伍建设

完善行政复议人员培训机制，定期组织复议人员能力培训，切实提高复议人员的法律素养和专业能力。加强复议机构与司法审判机关业务交流，建立健全府院联席会议机制，切实提升复议工作人员能力素质。完善行政复议队伍进入和退出机制。严格按照《行政复议法》规定，遴选符合条件的专业人员

---

① 赵大程：《打造新时代中国特色社会主义行政复议制度体系》，《中国法律评论》2019 年第 5 期。

加入复议队伍，加强行政复议工作人员业务能力考核，对不能胜任行政复议工作的，要有合理的退出机制。行政复议机构要合理配置工作人员，无特殊原因，尽量减少复议工作人员岗位调动，保证行政复议工作队伍的稳定性。

（五）提升审理质量

逐步增加行政复议听证审理频次，提升行政复议当事人参加行政复议的参与度，规范质证，加强辩论，提升行政复议审理的公开性。加强行政复议机关案件调查，依法积极行使案件调查权，加强对事实证据的搜集和认定，依法高效作出行政复议决定，避免程序空转。加强行政复议调解和和解制度应用，充分发挥行政复议解决行政争议的作用。完善行政复议委员会运行机制，"行政复议委员会这一组织形式有助于弥补行政复议作为行政内部救济机制所具有的公正性不足的天然缺陷①"。结合行政复议体制改革，明确行政复议委员会定位，完善运行机制，优化人员组成结构，积极引入体制外的法学专家、律师等社会人士，明确行政复议委员会的议事规则，充分发挥行政复议委员会对化解行政争议的重大作用。

（六）完善责任追究

完善和落实行政行为被纠错的责任追究机制，细化责任追究的具体内容。应细化现有责任内容，完善责任承担方式。例如：加强行政复议意见书和行政复议建议书的运用，指导和督促行政机关纠正违法行为；与各级监察委员会建立信息交流机制，对行使行政权力中的失职渎职等行为，依法及时移送各级监察委员会；将行政复议纠错纳入绩效目标考核范围，由政府主要负责人或分管负责人约谈行政案件纠错数量高、纠错比例高的部门和下级政府主要负责人；对行政复议纠错案件反映的问题不进行整改的，严肃问责，给予相应处分。

---

① 王万华：《行政复议法的修改与完善——以"实质性解决行政争议"为视角》，《法学研究》2019 年第 5 期。

（七）加强府院联动

定期召开府院联席会议，及时沟通行政复议、行政诉讼中出现的焦点、难点、热点及法律适用分歧问题，协商解决办法。在日常沟通联络、案件常态通报、信息互联共享、风险联防联控等方面建立一套行之有效的工作机制，保障府院联动制度常态化、长效化。加强行政复议与行政审判工作联席会议制度，加强人民法院与司法局的沟通衔接，互相通报行政复议情况，探讨解决行政复议中存在的法律适用问题、行政管理中的突出问题等，推进行政争议的实质性化解。

在基层积极加强行政复议工作的同时，国家也应从立法层面尽早确立行政复议功能定位、评价体系，建立全国统一的行政复议证据、听证程序、人员管理等制度，健全完善全系统行政复议监督指导工作机制，推动行政复议真正成为解决行政争议的主渠道。

B.10
四川省街道办事处工作的现状与展望

四川省民政厅课题组*

摘　要：　本文立足四川省城乡基层治理的制度创新与能力建设，以四川省总体及各地市州城镇化水平与发展阶段为研究起点，从组织建设、职能转变、运行机制、机构设置四个方面梳理了四川省街道办事处已经建立的发展基础，从区域差异、职能职责、运行机制、治理能力、人力资源五个方面分析了四川省街道办事处发展的阶段困局，并从组织领导、体制破题、权力赋予、治理能力、基层减负、保障体系六个方面给出具体对策建议。

关键词：　基层治理　街道办事处　立法研究

　　与乡镇不同，街道办事处（以下简称"街道"）以区（县）级政府的派出机关（机构）为定位，并发挥着相应职能。其不仅是国家治理体系最基层的行政组织，更是联结党委、政府与社会的关键"桥梁"，是夯实基层政权与推进城乡基层治理制度创新和能力建设的核心阵地，在国家治理体系中居于重要的结构性基础性地位。近年来，围绕街道体制机制改革的争论始终未休，关于街道的职能职责与发展方向，各地进行了多种路径探索。党的十九届四中全会提出，要"推动社会治理和服务重心向基层下

　　* 课题组负责人：胡建林，四川省民政厅党组成员、副厅长。课题组成员：刘涛、付娟、柯弼川、郭峰辰、王洪、刘伟。执笔人：柯弼川，四川省民政厅基层政权建设与社区治理处副处长；刘伟，四川省社会科学院社会学研究所所务委员、副研究员。

移，把更多资源下沉到基层，更好提供精准化、精细化服务"。随后，习近平总书记在上海调研时明确指出，"要推动城市治理的重心和配套资源向街道社区下沉，聚焦基层党建、城市管理、社区治理和公共服务等主责主业，整合审批、服务、执法等方面力量，面向区域内群众开展服务"①。在治理重心下移的背景下，通过理顺基层各类复杂关系，令街道真正聚焦主责主业，撬动并激发基层治理活力，深入推进街道体制机制改革，实现十九届四中全会提出的"政府治理和社会调节、居民自治良性互动，夯实基层社会治理基础"。为此，四川省民政厅同四川省社会科学院组成调研组，先后赴成都市、绵阳市、自贡市、广元市、宜宾市、凉山州等市州的11个区县20余个街道实地调研，收集了大量相关政策文本作为实证研究素材，并形成本研究报告。

一 四川省街道办事处的基本状况

与中国大部分中西部地区相同，在四川，乡镇主要适用于农村型社会，街道办事处主要适用于城市型社会。城镇化规律使然，乡镇随着城镇化水平不断提高将更多转变为街道。近年来，四川省城镇化水平快速提高，城市型社会形态愈加明显，对街道办事处数量的诉求也逐渐增加。

首先，四川省街道办事处的数量增长较为滞缓。街道办事处数量同乡镇数量比率，深刻反映了城市基层组织结构发展与城镇化水平的适应性程度。研究表明，四川省街道办事处的数量发展滞缓，街道办事处数量同乡镇数量比率，横向同全国以及兄弟省份相比，差距较为明显（见表1）。2002年全国平均街镇比率（街道办事处与乡镇的比值）为0.14，江苏省的比率为0.20，山东省的比率为0.24，湖北省的比率为0.28，而四川省

---

① 《深入学习贯彻党的十九届四中全会精神 提高社会主义现代化国际大都市治理能力和水平》，《新华每日电讯》2019年11月4日。

的比率仅为 0.05。2019 年，四川省启动乡镇街道行政区划改革，街镇比率达到 0.15；同期，全国比率为 0.28，江苏省为 0.66，山东省为 0.58，湖北省为 0.35。2000 年以后，随着中国开始加快城镇化进程，相对全国城镇化率从 2002 年的 36.22% 提高到 2019 年的 60.60%，四川省城镇化率从 2002 年的 28.20% 提高到 2019 年的 53.79%，均呈快速提升趋势。同时，四川省城镇化率同全国平均水平相比存在一定差距，但在逐渐缩小，从 2002 年的 8.02 个百分点缩小至 2019 年的 6.81 个百分点[①]。同时，2002～2019 年，四川的街镇比率年增长率为 3.5%，低于全国平均水平 2.1 个百分点。总之，四川同全国及兄弟省份相比，街道数量同城镇化发展阶段并不适配。

表 1 2002～2019 年四川省与全国及其他省份"街镇比率"比较

年份	全国	四川省	江苏省	山东省	湖北省
2002	0.14	0.05	0.20	0.24	0.28
2003	0.15	0.04	0.22	0.26	0.28
2004	0.16	0.05	0.24	0.28	0.28
2005	0.17	0.05	0.25	0.31	0.29
2006	0.18	0.06	0.26	0.32	0.29
2007	0.19	0.06	0.28	0.35	0.30
2008	0.19	0.06	0.29	0.35	0.30
2009	0.20	0.06	0.31	0.37	0.30
2010	0.20	0.06	0.34	0.47	0.31
2011	0.22	0.06	0.36	0.49	0.32
2012	0.22	0.06	0.37	0.51	0.32
2013	0.23	0.07	0.44	0.52	0.32
2014	0.24	0.08	0.48	0.53	0.32
2015	0.25	0.08	0.53	0.53	0.33
2016	0.26	0.08	0.55	0.55	0.33

---

① 依据《中国统计年鉴 2019》、2019 年中国国民经济与社会发展统计公报数据计算。

年份	全国	四川省	江苏省	山东省	湖北省
2017	0.26	0.08	0.55	0.57	0.33
2018	0.27	0.08	0.64	0.57	0.34
2019	0.28	0.15	0.66	0.58	0.35
年增长率(%)	5.6	3.5(除2019年)	12.8	7.9	13.9

资料来源：2003~2019年《中国统计年鉴》,《2019年四川省国民经济和社会发展统计公报》《2019年江苏省国民经济和社会发展统计公报》《2019年山东省国民经济和社会发展统计公报》《2019年湖北省国民经济和社会发展统计公报》《中华人民共和国2019年国民经济和社会发展统计公报》。

其次，四川省街道办事处分布呈现较为明显的区域差异。因四川省内各市州城镇化水平差异较大，直接影响着省内不同区域街道办事处同经济社会发展的契合程度，也意味着不同市州的街道乃至同一市州的不同街道发展程度与发展阶段均有差异。

四川省内各市州发展程度不一，加之地理、地貌、民族、资源等因素，发展不平衡不充分仍是四川的基本省情。从四川省21市州城镇化水平来看，各市州差异较大，既有高水平的城镇化模式，也存在较低水平的城镇化状况，可谓全国不同城镇化水平的浓缩版。21市州中，成都市以71.85%的城镇化率排名第1，接近全国城镇化高水平区域；甘孜藏族自治州城镇化率仅为31.66%，与全国城镇化水平最低的西藏（31.14%）[①] 相当。

如果说四川省域内的城镇化水平差异主要反映不同区域街道处在不同发展阶段，四川省不同市州的街道数量及街道同乡镇的数量比，则可反映街道工作在市州基层的重要性程度，以及街道在区域分布中的"稳健性"和"一致性"情况。2020年街道（乡镇）行政区划改革完成后，四川省各市州的街道与乡镇数量及比率情况见表2，呈现较大差异。首先，就全省平均水平而言，四川省街道与乡镇相比，数量上处于相对弱势，街道与乡镇比率（以下简称"街镇比率"）为0.23，可见，乡镇依然是四川省基

① 依据《中国统计年鉴2019》数据计算。

层的主要形态。其次，街道发展呈现成都市单极独大之势。成都市作为全省城镇化程度最高的市州，街镇比率为 1.61，街道数量已占据绝对优势，街道是成都市城市基层的主要机构形态，街道工作也是成都市基层工作的核心，但这一情况在四川省内十分特殊，不具有代表性。最后，其余市州仍以乡镇为主要形态。即使省内第二位的攀枝花市，街镇比率也仅为 0.48，乡镇依然是基层的主要形态。自贡市排第三位，比率为 0.40，其余市州街镇比率均未超过 0.30，更有阿坝州、甘孜州、广元市等市州的街镇比率未超过 0.10。一方面，四川省域内，大部分市州街道数量相对较少；另一方面，街道工作在城市基层工作中的重要性在四川省内呈现四种类型，分别对应城镇化发展的四个阶段（见表 3）。这加剧了四川省内街道工作标准的复杂性。

表 2　2020 年四川省 21 市州乡镇街道情况统计

市（州）	乡镇（个）	街道（个）	街镇比率
成都市	100	161	1.61
自贡市	63	25	0.40
攀枝花市	23	11	0.48
泸州市	92	26	0.28
德阳市	67	13	0.19
绵阳市	122	13	0.11
广元市	112	7	0.06
遂宁市	72	20	0.28
内江市	70	13	0.19
乐山市	103	11	0.11
南充市	162	42	0.26
宜宾市	105	14	0.13
广安市	99	15	0.15
达州市	149	21	0.14
巴中市	116	17	0.15
雅安市	57	10	0.18
眉山市	62	13	0.21
资阳市	67	9	0.13

续表

市（州）	乡镇	街道	街镇比率
阿坝藏族羌族自治州	82	0	0
甘孜藏族自治州	110	2	0.02
凉山彝族自治州	145	16	0.11
总　计	1978	459	0.23

总体来看，不仅四川省各市州的城镇化水平呈现较大差异，街道办事处数量在各市州亦呈现较为明显的分化。这意味着街道办事处工作在四川省内需要兼顾地区差异，要更有效地推动工作，通过立法寻求平衡是最为合适的工作路径。

表3　四川省21市州街道工作重要性分布统计

类型分布	特征	代表城市
街道主导	街道数量明显高于乡镇数量	成都市
街镇均衡	街道和乡镇数量均衡	无（攀枝花市、自贡市较为接近）
乡镇主导	乡镇数量明显高于街道数量	其余城市
乡镇核心	乡镇是基层机构形态中的绝大多数，街道数量极少	广元市、阿坝藏族羌族自治州、甘孜藏族自治州

二　发展基础：四川省街道（办事处）工作的已有成效

长期以来，四川省特别重视基层治理工作。2019年，四川省委十一届六次全会将城乡基层治理作为响应十九届四中全会精神的四川篇章。同年，四川省全面启动乡镇行政区划改革，部分地区同时涉及街道区划调整。为扎实做好乡镇行政区划改革"后半篇"文章，四川省制定了《中共四川省委机构编制委员会关于进一步深化街道管理体制改革的意见》，四川各地市州直面街道办事处工作长期存在的痛点难点，大力探索街道党组织建设、街道体制机制改革，着力优化街道管理体制和运行机制，不断提升街道治理能力和治理水平等，稳步规范四川省街道办事处建设，积累了较多的实践经验。

（一）聚焦组织建设，不断探索党工委作用发挥

街道党工委在街道（办事处）工作中，发挥统筹协调各方、领导街道治理的核心作用。在基层实践中，不断强化街道党组织的引领力，是探索街道工作实施的首要工作。其核心在于聚焦探索健全街道党工委对街道治理重大工作的领导体制机制，四川省积累了大量富有成效的经验。成都市以考评机制为约束，通过将基层党建与基层治理相结合，开展街道社区党组织和驻区单位党组织双向考评。宜宾市翠屏区则以整合区域党组织力量为突破，建立了 9 个街道大工委、421 个社区大党委以及 5 个区域党委，探索由驻区单位党组织书记担任区域党委副书记或党委委员，促进资源要素向街道汇聚与工作力量在街道整合。

（二）聚焦职能转变，不断探索街道权责归位

街道权责归位是长久以来困扰四川省街道工作的重要问题，是街道工作的核心痛点难点。为此，四川省各市州聚焦探索街道职能职责转变归位，着力强化街道抓党的建设、公共服务、公共管理、公共安全等职能，逐步剥离不适合街道承担的经济职能和专业管理职能，有序取消街道承担的招商引资、协税护税等工作任务的实施路径。例如，遂宁市通过清理规范街道、社区挂牌和工作事项，制定街道权责清单和社区事项准入清单，推进减负提能。泸州市委八届八次全会上审议通过的《中共泸州市委关于深入贯彻党的十九届四中全会精神和省委十一届六次全会精神 加强城乡基层治理制度创新和能力建设的决定》明确要求，构建"权责清晰、运行顺畅、充满活力的街道工作体系"。成都市制定了《转变街道职能的实施意见》，明确取消了街道的招商引资职能和相应考核指标，并创设 66 个产业功能区，承接专业化的招商引资和产业发展功能，从而将街道从招商引资职能中解放出来。同时，推动街道工作重心聚焦抓党建、抓治理、抓服务，规定街道

（乡镇）党（工）委明确承担社区发展治理职能的具体机构，厘清并推动社区职能职责归位。

（三）聚焦运行机制，不断探索街道赋能保障

聚焦探索对街道赋权增能，实现运行保障。为此，四川省通过广泛的点状探索，形成了诸多有益的运行机制经验。成都市下沉综合审批服务和执法力量，赋予街道建议、参与、调度、管理、考核"五权"，适用于重大项目与重大事项前的意见征求、部门派驻街道人员统一管理、城市管理与市场监管等领域；宜宾市通过充分发挥区域党委统筹整合、牵头抓总作用，定期共商涉及区域党建、公益事业、社区治安等重大事项，增强街道"话语权"；南充市营山县按照"党建引领、街道吹哨、部门报到"的总体要求，积极推进街道实体化综合执法平台建设，设立街道综合行政执法办公室（综合治理办公室），采取"1＋N"工作模式组建和运转，探索实行街道一支队伍管执法，加强街道对区域内执法工作的统筹力度，下移执法重心，整合执法资源；遂宁市则将派驻街道工作力量的指挥调度、考核监督等权限下放到街道；泸州市将对部门派出机构区域内的规划参与权、综合管理权和关系民生的重大决策建议权，派出街道工作力量的指挥调度、考核监督等权力赋予街道。

（四）试点机构设置，不断探索街道功能布局

聚焦统筹街道综合办事机构设置及完善公共服务事业机构的试点示范，不断探索街道机构的功能布局。成都市按照"5＋X"调整街道内设机构。宜宾市在试点街道将内设机构整合为综合协调办公室、党建办公室、公共服务办公室、综合治理办公室、经济服务办公室（经济发展办公室）等，强化统筹了街道综合办事处综合机构设置。南充市营山县出台《中共营山县委机构编制委员会关于乡镇（街道）机关事业单位机构编制事项的通知》，明确了县域内3个街道办事处直属事业机构的"5＋4＋4"模式。各地通过对事业单位进行优化调整，精简收回乡镇编制，划转充实到街道办事处，核

定事业编制，通过人员划转、公开招聘等方式补充街道事业单位人员等方式，充实基层一线工作力量，减轻基层工作负担。

三 发展困局：四川省街道（办事处）工作的阶段挑战

尽管四川省各个市州街道管理体制改革作出了一系列探索，形成了一些有益经验，但街道体制机制改革还是一项"探索中"的改革工作，在社会治理重心下移的大背景下，改革工作与省委推进城乡基层治理制度创新和能力建设的重大部署要求还有一定距离。特别是受四川省街道办事处发展沿革、城镇化发展阶段、各市州街道差异等因素的影响，四川省街道工作还面临如下几个方面的挑战。

（一）区域差异：街道工作统一标准难度较大

如前所述，四川省因各市州城镇化水平发展不一，街道在基层治理中的结构性位置不同，工作重心呈现区域、城乡、民族差异，在全省范围内确定街道工作的统一标准，寻找到"最大公约数"难度较大。一是经济发展程度不同，街道工作重心差异较大。成都作为省内经济社会发展头雁，经济社会发展水平高，相对于乡镇数量，街道占绝对优势，城市基层治理工作以适应街道的主责主业为主，街道工作有较多资源和条件，可聚焦城市管理、公共服务与社会治理。省内其他大部分地市（州），街道数量少、乡镇数量多，基层工作以适应乡镇的主责主业为主，街道重经济、轻管理、弱服务的现象较为普遍。地方政府为促进区域经济发展，向街道办事处下达招商引资和协税护税等指标较为普遍。二是同一城市，因经济发展程度不同，街道重心存在差异。越是城市中心区、经济核心区的街道，经济发展、城市管理、公共服务压力越大，街道重心工作、重点任务相对越重，资源也相对富集；越是城市后发地区、城乡结合地区、乡镇街道，城市管理、社会稳定、社会治安、公共秩序的任务相对越重，资源也相对缺乏。三是四川省民族地区（特别是"三州"地区）街道招商能力相对较弱，城市管理工作成为重点，在稳定与发展两大主题下，街道主责更重"稳定"；在精准扶贫的攻坚阶段，街道主责在于确保区县层面扶贫工作在属地的顺利推进与完成。

（二）职能职责：街道回归主责主业阻力较大

调研发现，不论市州的发展阶段如何，四川省各市州依然不同程度地存在以 GDP 为导向的城市基层工作重心安排、街道办事处权责关系模糊、街道权益难以落实等问题。

首先，街道权责关系依然不明。在四川省大部分地区，随着城市化及社会流动不断增强，城市管理任务日益繁重，街道职能不断增加，而街道权限却维持原状，十几年不变，许多工作无法落实到位。街道办事处作为"条块结合"中的"块"，其工作只有在与各单位充分协调并取得理解、支持、配合的基础上，才能有效推进。部分职能部门对街道只下达任务，并未将相应的权力下放，导致街道事多人少、权力小责任大，给街道履职造成很大困难。街道"责任无限大、权力无限小"，工作主动性、能动性与创造性较弱。街道干部普遍反映"职责边界"模糊。干部们普遍知晓，"理论上"街道的主责主业为公共服务、城市管理与基层治理，但在现实执行中，经济发展与服务类指标仍为街道（特别是经济相对发达地区街道）最为核心的工作，其次为城市管理。而公共服务和基层治理等民生性指标，在执行时被排在相对靠后的位置。街道职责边界在上层政策导向与基层工作导向上并不完全匹配。

其次，街道对区县各职能部门的约束权尚未有效赋予。各类资源与权力依然主要掌握在街道层级以上行政体系各条块部门，资源下沉、权力下放尚未根本实现，工作决策权、任务分配权等工作重心也尚未下移，街道权责尚未一致。同时，街道办事处向区县级人民政府工作部门的整合能力孱弱，在重大事项处置和联合执法中对区人民政府各工作部门进行统筹协调、指挥调度能力弱，街道办事处与职能部门的协同配合关系尚未理顺，与将问题解决在基层的目标还有差距。同时，目前考核体系主要为部门对街道的考核，而街道对部门的考核力度普遍较弱。

（三）运行机制：街道各项运行保障尚待完善

首先，部分行政事务性工作有效运行机制尚未成熟。尽管四川省各地纷纷探索街道"责权边界"，并制订了责权清单，但随之大量事务性工作被排除在街道、乡镇与社区的职责范围之外。这些事务如何消化？成都市正在探索"清单"之外溢出的部分，由政府购买社会组织服务的方式兜底与消化。但一些临时和突发工作不适合政府购买社会组织服务来完成，如何购买社会组织服务，还存在购买程序合法性与购买服务监测、评估、验收等系列问题。这一模式对四川省其他市州是否具有普遍意义的推广价值，还需要观察实践。

其次，目标考核任务种类趋于合理，但在权重分配上保留了较大的自主空间。目标考核是对街道工作进行约束管理的核心手段，也是指引街道工作方向的重要指挥棒。调查发现，各地对街道的目标任务种类设置较为合理，虽然省内大部分区县对街道的考核依然保留了经济类指标，但城市管理、公共服务、基层治理等相关领域指标分配也相对均匀，考核的任务种类已趋于合理。然而，考核体系却在任务权重、主体权重等方面保留了一定"弹性"空间，这样即便是同样的考核分值任务，也会因工作重要性不同而约束力不同，而工作任务是否重要，决定权在区县层级。条块部门向街道实施考核导致了街道办承担超额任务。由于目标考核被分解到不同部门，如民生、生态文明、社会治理、党务政务等工作，由区县各条块部门的牵头责任单位进行考核，且对街道形成约束，因此依清单解决街道办事处职权不清问题的目标很难实质达成，一些部门以签"任务状"的方式下放职责情形依然存在。

最后，考核指标尚未突破自上而下传导的经济发展压力。表现在两个方面：一是四川省针对街道的考核主要在各个区县层面，各个区县对街道的考核具有较大的自主性与灵活性，街道层面的"党建＋服务＋管理＋治理"考评体系不够完整，这是当前四川省城市街道的普遍问题；二是即便一些先行先试地区建立了完善的街道层面"去经济化"考评机制，但因街道的上一层级，即"区县"层级的考核体系中经济考核仍然为核心指标，致使区县向街道层面传导经济考核压力的现状并未改变，加之分税制改革后地方对发展经济更有内生动力，经济工作"明里暗里"依然是街道的核心工作。

（四）治理能力：街道社会治理水平尚待提高

调查显示，四川省基层干部（街道、社区两级）在街道的核心主业即城市管理、社会治理、公共服务等方面依然相对较弱。

首先，基层服务供给同人民群众不断增长的需求还不相匹配。一是服务精准度不够，表现为服务内容的精准性不够和服务对象的针对性不够。在对街道的目标考核导向下，基层组织更多把传统的弱势群体、困难群体作为服务重点，对普通群众提供灵活多样的差异性服务不足。二是服务方式的实效性不够。一些基层组织还存在"重形式轻实效"现象。在服务成效方面，更多靠树典型、造精品、打造点位，将诸多资源集中投放到某一个社区或某一个小区的现象依然存在，造成典型点位服务过剩、非典型地区服务较弱的现象。同时，基层组织与社会组织的互动协同依然不足，社会组织有效参与城乡基层治理的作用还不够充分。

其次，街道基层管理服务整合能力不强。当前，四川省各地在基层的网格化管理与社区治理尚未有效融合，基层的网格化管理机制还不够健全，网格化管理能力还普遍不足，许多街道的网格化管理停留在信息收集、上报阶段，网格化与信息化的管理与服务供给功能尚未充分挖掘，而网格化管理与社区治理工作未实现有效融合，基层治理资源未实现有效整合。部分地区街道办事处的内设机构设置尚不科学，街道履职重招商、轻服务，不能满足当前城市经济社会发展的需要，没有实现从抓招商、招项目向强化公共服务和社会管理的根本性转变。街道办事处是否应履行环境管理、社区物业管理等职责尚不明确，开展工作的具体办法亦不明确。

（五）人力资源：基层减负与干部激励需加强

首先，街道干部对减负的认识仍然停留在负担过重、"千线一针"等浅表层面。基层群众中，普遍出现"厘清权责"后为何依然负担重重的疑惑，"究竟是减负无效，还是权责尚未厘清"？这一疑惑由两个方面所致，一是目前街道减负由政策设计到落地落实确实处在震荡调整期。要转变长期以来行政体制中形成的工作惯性，需要相应时间消化与调整。二是基层干部对基层减负成效的认知出现偏差。基层减负核心在于分别理清街道、乡镇与社区两级的职责边界，将本不属于街道、乡镇与社区的工作剥离出去，但并非基层干部所期待的"工作量大量减少"。

其次，干部激励体系尚未同主责主业形成密切关联。目前，四川省街道办事处考核评价和激励制度主要受经济发展类指标影响，尚未同公共服务、社会治理、城市管理等核心主责主业形成密切关联。街道工作人员长期处于高负荷工作状态，各项保障工作尚未完全到位。

四 发展方向：四川省街道（办事处）工作的主要目标

基于四川省街道办事处工作面临的阶段性挑战，四川省街道办事处的立法工作，应立足破解街道管理体制的"基础"难题。既有利于夯实街道办事处"底核"的体制机制，又有助于兼顾各市州街道办事处的发展实际，促进不同区域街道办事处回归主责主业，服务于四川省城乡基层治理的制度创新与能力建设。因此，课题组认为，四川省街道办事处立法工作当突出夯实体制根本，稳步推动机制创新，以此明确街道工作的"最大公约数"，主要聚焦如下六个方面。

（一）强化党的领导，夯实党对街道的全面领导

随着城市管理体制改革的深化和城市管理重心的下移，街道在城市管理服务、凝聚居民群众、化解社会矛盾、构建和谐社区、推动经济社会发展中扮演的角色越来越重要。要加强街道党组织建设，紧紧抓住充分发挥街道党组织领导核心作用，持续推动重心向基层下移、力量向基层下沉、资源向基层下放。强化街道党组织在城市基层党建中联结辖区

内各领域党组织的"轴心"。只有街道党组织坚强有力，才能有效发挥统筹协调作用。因此，核心是要强化街道党组织引导街道社区聚焦主责主业，将转变职能作为实现街道党组织聚焦主责主业的根本之策。街道办事处立法工作要形成约束与保障，促进街道党工委坚定不移地转变职能，突出街道（乡镇）统筹社区发展、组织公共服务、实施综合管理、优化营商环境、维护社会安定的主体责任，剥离街道招商引资的经济工作职能。进一步明确细化街道党组织的职能定位，强化履行基层党建、组织公共服务、指导社区自治等职能，推动街道党组织把工作重心转向抓党建、抓治理、抓服务。

（二）突出体制破题，实化调整街道职能职责

立法工作要从体制破题，坚持推动街道回归主责主业，促进各项措施实化、刚性执行。

首先，赋予街道相应职责职权。要向街道赋予属地事务决策权、对职能部门的考核权等相应权责，推动行政执法和政务服务重心下沉。同时，要整合街道内设工作机构。按照精简、统一、高效原则，强化基层党建、基层治理、服务群众的机构和力量。省级相关部门要指导各市州研究优化整合街道内设机构，突出党的建设、公共服务、城市管理、基层治理等领域，推动街道由"行政机关"向"民生窗口"转型。

其次，要推行权责清单管理制度及职责准入制度。抓住"清权、建权、制权、晒权"等主要环节，在全面梳理现有权力清单、责任清单的基础上优化管理。建立健全权力清单动态管理机制，多种渠道向社会公布权力清单，强化权力监督和问责。同时，在基层各组织领域广泛建立权责清单，分别明确街道党组织、街道办事处、社区自治组织、群众组织和社会组织等多元主体参与基层治理的权责。

最后，健全动态问责机制与考核评价机制。建立健全"街道—社区"两级考核评价机制，并实行差异化考核；建立健全街道和村、社区履职履约双向评价机制，建立驻区单位和社区共驻共建责任双向评价机制，健全完善

以社区居民满意度为主要衡量标准的"街道—社区"两级评价体系和评价结果公开机制，完善动态问责。

（三）直面核心痛点，坚持推动权力下放街道

积极推动权力下放和解决基层执法难题这一核心痛点。进一步明确并落地落实街道办事处本应享有的各项职权。明确街道以自身名义开展综合执法的权力，充分赋予协调联合执法权限，推进行政执法权限和力量向街道、基层下沉。

街道办事处应在中国共产党街道工作委员会的领导下享有并行使下列职权：对涉及本辖区的经济社会发展规划、国土空间规划的参与权和建议权；对区人民政府有关工作部门负责人的任免、评优评先等的建议权；在属地辖区内的重大事项处置、联合执法中，对区人民政府相关部门及其派出机构人员进行统筹协调、指挥调度的权力；对辖区内事关群众利益的重大项目等重大行政决策的建议权；对投入本街道所属社区的财政资金的统筹管理权；法律、法规、规章规定的其他职权。

（四）聚焦治理能力，重点支持街道主责工作

聚焦街道治理能力，重点支持街道城市管理、公共服务以及社区治理等主责工作。在上述主责领域，城市治理与公共服务供给两大主责领域普遍较为成熟，但基层治理活力不足是四川省普遍存在的状况，要在依法规范街居关系的基础上，充分体现动员各类社会力量共同参与社区治理的要求，明确基层共治机制和基层民主协商制度，规定由街道统筹辖区重大问题的处理，支持和指导居委会开展自治工作，制订居委会任务清单，规范社区党群服务中心和社区工作者队伍，鼓励社区志愿服务和社区服务类组织培育。同时，也要充分考虑基层治理尚在探索中的实际情况，基层治理的主体、范围、程序和决策的法律效力等尚缺乏行政法规依据，条例对基层共治的更多具体规范条件尚不成熟。还要尊重实践中不同区域不同发展阶段实际，立法要为社区共治的进一步探索与完善留有空间。

（五）明确人本导向，坚持推动基层切实减负

坚持以人为本的核心导向，引导街道改革朝切实减负方向转变。一是立足发展前瞻性，构建有利于基层减负的正向引导机制。一方面，建立基层干部社会稳定风险预警、防范与化解机制，以应对应急阶段防范与化解因"越减越负"负向情绪而引发的普遍负向社会心态及社会稳定风险；另一方面，加强对基层减负成效的正确宣传引导，强化责权归位不是简单等同于工作量减少。二是强化发展时代性，完善职责边界外事务性工作推进机制。将"职责边界厘清以外的事务性工作如何兜底"作为重要研究课题，纳入市域社会治理机制。三是面向发展时代性，加快建立以"党建、治理、服务、城市管理"为核心的基层"街、社"两级工作考评机制。

（六）完善支持体系，确保街道各项保障到位

建立街道工作人员容错纠错机制，鼓励作为，设法提升主动性、能动性、创造性。充分考虑全省的区域差异性、经济社会发展差异性，赋权市州、区县两级政府优化资源配置，整合基层的审批、服务、执法等方面力量，推动治理重心下移，推动人员力量向街道办事处倾斜。由省民政部门统一指导，市州、区县人民政府建立健全街道办事处考核评价和激励制度。原则上，街道办事处工作人员的收入水平应当高于区级行政机关同级别工作人员，年度考核奖励指标要求应当高于本区行政机关平均水平，依法享受休假、体检等福利待遇，确保街道工作人员各项保障到位。

司法建设

Judicial Construction

B.11

检察机关深化认罪认罚从宽
制度改革的路径探索

四川省人民检察院课题组*

摘　要：　正确实施认罪认罚从宽制度，既应深刻认识其对提高刑事诉
讼效率的重要意义，更应充分把握检察机关在制度实施中的
主导作用。检察机关通过出台制度、强化指导、注重配合、
优化职权、简化程序、加强监督等方式统筹实施，取得了积
极成效。四川检察机关聚焦控辩协商、量刑建议和监督制约
等重要方面组织实施该制度，效果突出，适用该制度办理刑
事案件的息诉服判效果显著。但是，当前该项制度实施仍然
面临诸多矛盾和问题，需要进一步深化改革，提升制度的科
学性、规范性和精准性，塑造其良好的司法公信力。

---

*　课题组主持人：吕天奇，四川省人民检察院检察委员会委员，检察委员会办公室主任，法律
政策研究室主任，法学博士（后）。课题组成员：贺英豪，四川天府新区成都片区人民检察
院干部；吕泓佼，四川师范大学法学院。执笔人：贺英豪、吕泓佼。

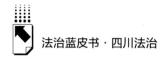

关键词： 认罪认罚从宽制度　检察机关主导　监督制约

认罪认罚从宽制度作为一项重大司法制度创新，不仅是落实司法权力运行机制改革顶层设计，推动刑事案件进一步繁简分流，缓解基层办案单位案多人少突出矛盾的重要举措，更是推进国家治理体系和治理能力现代化的重要举措。建立并实施认罪认罚从宽制度，不仅着眼于提升诉讼效率、节约司法资源，更着重化解社会矛盾、促进罪犯改造。2018 年 10 月中国修改《刑事诉讼法》，正式将认罪认罚从宽制度纳入《刑事诉讼法》，这一里程碑事件标志着中国特色社会主义刑事司法制度改革进入崭新时代。

一　检察机关实施认罪认罚从宽制度总体情况

2019 年 1 月至 2020 年 8 月，在监察机关、人民法院、公安机关和司法行政机关支持配合下，全国检察机关依法适用认罪认罚从宽制度办结案件1416417 件 1855113 人，人数占同期办结刑事犯罪总数的 61.3%，这一制度在推进国家治理中的优势充分彰显①。四川作为西部人口和经济大省，刑事案件总量不断攀升，刑事犯罪结构发生重大变化，重大暴力犯罪等明显下降，危险驾驶、侵犯知识产权、破坏环境资源等犯罪呈现较大幅度增长。同时，四川检察机关面临地区司法资源不平衡、案件数量不平衡以及案件结构不平衡等棘手问题，刑事办案形势仍然严峻。因此，亟须加强刑事司法体制机制改革，优化司法资源配置，推动案件繁简分流，全面提升刑事办案质效。

四川省人民检察院认真落实中央和最高人民检察院关于认罪认罚从宽制度的精神，带领全省检察机关站位国家治理全局，着力更新司法理念，充分

---

① 参见张军《最高人民检察院关于人民检察院适用认罪认罚从宽制度情况的报告》，中国人大网， http://www.npc.gov.cn/npc/c30834/202010/ca9ab36773f24f64917f75933b49296b.shtml，最后访问日期：2020 年 11 月 30 日。

履行法定职责，解放思想，实事求是，深刻把握新时代刑事司法变化规律，创新工作方法和举措，与人民法院、公安机关、司法行政机关等一道，共同深入推进该制度的实施，取得了良好的司法实效。2020 年，全省检察机关适用认罪认罚从宽制度办理的刑事案件占整个刑事案件比例达 82.4%，同比上升 33.5%。适用该制度办理的刑事案件主要集中在妨害社会管理秩序、侵犯财产、危害公共安全等领域。2020 年 1 ~ 10 月罪名适用排在前四位的是盗窃罪、危险驾驶罪、诈骗罪和交通肇事罪，其中盗窃罪适用 8625 人，危险驾驶罪适用 8342 人，诈骗罪适用 2782 人，交通肇事罪适用 2532 人。全省检察机关实施认罪认罚从宽制度共计不起诉犯罪嫌疑人 7316 人，同比上升 193.58%。通过认罪认罚从宽制度的深入实施，人权保障工作得到进一步重视，刑事案件办理质效进一步提升，有力彰显了中国特色认罪认罚从宽刑事司法制度的巨大优势。

二 检察机关实施认罪认罚从宽制度的主要经验和成效

认罪认罚从宽制度作为检察机关主导实施的一项重要刑事司法制度，既是落实司法权力运行机制改革、推动刑事案件进一步繁简分流、缓解基层办案单位案多人少矛盾的重要举措，同时也是嫌疑人、被告人人权的重要司法保障措施。近年来，检察机关主要从以下几个方面深入开展工作，取得了良好成效。

一是出台制度规范，确保认罪认罚从宽制度规范运行。落实认罪认罚从宽制度是一项系统工程，需要深入调查研究并出台相关配套制度，保障认罪认罚从宽制度规范运行。2019 年 10 月，两高与公安部、国家安全部、司法部联合发布《关于适用认罪认罚从宽制度的指导意见》，该意见作为一套较为系统的制度规范，既为规范准确适用认罪认罚从宽制度、及时准确惩罚犯罪和强化人权司法保障、推动刑事案件繁简分流、节约司法资源、化解社会矛盾、推动国家治理体系和治理能力现代化提供了制度遵循，又为具体办案提供了操作指引。另外，检察机关还分别从监督、值班律师以及量刑程序等方面加强制度建设。监督机制方面，坚持放权和监督相结合。2020年5月，最高人民检察院出台了《人民检察院办理认罪认罚案件监督管理办法》。值班律师保障机制方面，两高与公安部、国家安全部、司法部联合印发《法律援助值班律师工作办法》，着眼于发挥值班律师制度的权利保护作用，从工作职责、运行模式、监督管理、部门协作、经费保障等方面作了相关规定。量刑程序机制方面，为深入推进以审判为中心的刑事诉讼制度改革，进一步规范量刑程序，确保量刑公开公正，根据《刑事诉讼法》和有关司法解释等规定，结合工作实际，两高与公安部、国家安全部和司法部对《关于规范量刑程序若干问题的意见（试行）》进行了修改完善，于2020年11月制定了《关于规范量刑程序若干问题的意见》，对于保障量刑建议以及量刑的规范化、精准化均起到重要作用。

二是发挥检察主导作用，促进该项制度最大程度适用。检察机关立足于批捕、起诉职能，切实履行指控犯罪的主导责任。虽然在认罪认罚从宽制度施行之初，检察机关对该制度的作用功能等认识还不够深刻，实际工作中也存在不敢用、不愿用和不善用认罪认罚从宽制度的问题，但经过上级检察院的持续督导和业务培训，该制度的适用率大大提升。2019年1月，检察环节认罪认罚从宽制度适用率只有20.9%，2019年6月只有39%。2020年，四川全省检察机关适用认罪认罚从宽制度办理的刑事案件占整个刑事案件比例达82.4%，同比上升33.5%，依法保障了该项制度应用尽用。

三是加强配合，确保认罪认罚工作协同推进。加强与值班律师的配合，充分发挥值班律师的法律帮助作用。四川省检察院联合省司法厅出台《关于值班律师参与人民检察院审查起诉认罪认罚案件的实施意见》，推动解决值班律师派驻、经费保障等方面问题，提高值班律师参与度。加强与看守所配合，强化认罪认罚从宽制度宣传。制作认罪认罚从宽制度宣传资料持续发放到全省各看守所，促进犯罪嫌疑人充分了解、自愿适用、减少和放弃对抗。加强与公安机关配合，督促公安机关在侦查环节开展认罪认罚告知、教育工作，促进认罪认罚从宽制度在诉讼源头上获得较好适用。突出检察院、法院协作，在程序适用和量刑建议上获取最大共识。四川省检察院与省法院建立沟通协调机制，定期对适用认罪认罚工作中存在的共性问题、适用情形、类案标准等进行研究协商，最大限度争取其理解和支持。

四是做实监督，有效防范制度实施过程中的办案风险。实施认罪认罚从宽制度的过程也是检察机关依法办理刑事案件的过程。为加强对认罪认罚从宽制度实施过程的监督，防范检察官办案中存在的廉政和其他办案风险，确保依法规范适用该制度，最高人民检察院发布《人民检察院办理认罪认罚案件监督管理办法》，该办法要求坚持"四个结合"，即坚持加强对办案活动的监督管理与保障检察官依法行使职权相结合；坚持检察官办案主体职责与分级分类监督管理职责相结合；坚持案件管理、流程监控与信息留痕、公开透明相结合；坚持加强检察机关内部监督管理与外部监督制约相结合。四川省检察机关也积极加强认罪认罚监督机制建设，同时，鼓励各地检察机关积极探索多种形式的监督方式。四川省检察院下发了《关于在适用认罪认罚从宽制度案件中加强量刑建议监督管理工作的意见（试行）》，围绕量刑协商、量刑建议的计算、量刑建议的审核等环节，提出了加强监督管理的"十条措施"。一方面，明确了基本原则。该制度适用应当符合司法规律和检察权运行规律，坚持突出检察官主体地位与检察长领导检察工作相统一，坚持适度放权与监督制约并重，坚持突出监督重点与实施动态、全程监督相结合。另一方面，突出了监督重点。聚焦量刑协商监督，确保协商过程依法、透明、规范。加强对量刑建议形成过程的监督。要求量刑建议计算过程留痕，包括基本犯罪事实确定的量刑起点、增加刑罚量确定的基准刑、根据量刑情节调整的基准刑等内容，应当附随量刑建议一并呈报审核。

四川各地实践中，荣县检察院探索认罪认罚量刑协商过程同步录音录像，该监督工作机制得到最高人民检察院的推广。其主要是严格遵循五步程序，确保依法规范，着力强化内部监督，包括就同步录音录像征求值班律师、犯罪嫌疑人意见，并取得同意；向犯罪嫌疑人阐明认罪认罚从宽相关法律制度，阐释适用罪名、量刑情节、从宽幅度、量刑步骤，提出确定刑量刑建议；犯罪嫌疑人和值班律师沟通时，可申请暂停录音录像；自愿认罪认罚的，当场签署认罪认罚具结书；现场刻录同步录音录像光盘并封装，交由犯罪嫌疑人签名并捺印。

五是优化检察权力和程序配置，办案质效显著提升，办案程序运行平稳顺畅。首先是优化权力配置，确保面上的权力配置平衡，从诉讼、监督和管理三个方面加强权力配置，既注重诉讼进程的推进，也注重对诉讼流程的管理监督。其次是加强程序配置，优化诉讼程序适用，构建多元和多层次的刑事诉讼程序体系，根据程序相称性原则，分类、分级实施认罪认罚从宽制度，规范办理相关刑事案件，当简则简，当宽则宽。全省三级检察机关实施认罪认罚从宽制度，在优化配置办案资源和案件资源的前提下，既实现了实体从宽，也体现了程序从简，还彰显了进度从快。2020年1～10月，四川省检察机关适用该制度办理案件，起诉到法院后适用速裁程序审理的占38.57%；适用简易程序审理的占41.07%；适用普通程序审理的占20.36%，大大提升了办案效率。

在听取意见机制设计上，检察机关适度弱化职权性，突出协商性，更加平等地多听取各方意见，积极探索检察听证机制，推行案件公开审查听证。2019年以来，四川省检察机关对适用认罪认罚从宽制度办理的案件进行公开审查听证691件，依法促进了检察办案的公开、公正。

六是确保认罪认罚自愿，息诉服判效果明显。犯罪嫌疑人自愿认罪认罚，有助于更好地回归社会，最大限度减少社会对立面。2020年，四川检察机关适用认罪认罚从宽制度案件的上诉率为1.66%，息诉效果显著。首先，着力保障犯罪嫌疑人认罪认罚的自愿性，提高辩护人及值班律师的参与度，辩护人及值班律师合计参与诉讼43813人，保证了犯罪嫌疑人获得实质性的法律帮助。其次，全方位全流程释法说理，着力促使犯罪嫌疑人真诚悔罪。在12309检察服务中心、公安执法办案管理中心、派出所、看守所等每天分时段滚动播放认罪认罚从宽制度法治宣传片，坚持诉讼全程释法说理，推动犯罪嫌疑人或被告人真诚认罪悔罪。再次，提升确定刑量刑建议适用率和采纳率，着力增强犯罪嫌疑人对判决的预期。加强个案量刑沟通，推广"个案量刑建议阐释书"，详细阐述量刑情节认定、量刑建议计算过程、法律依据等内容，并随案移送法院。最后，依法惩处恶意上诉行为，着力加强正面引导和反面警示。动态掌握上诉情况，对提出上诉的被告人，及时了解上诉原因，帮助解决面临的家庭、生活等困难，以司法温度促使自愿撤回上诉，同时依法惩处"虚假认罪"。2019年以来，全省检察机关对适用认罪认罚从宽制度案件提出抗诉261件。

三　当前认罪认罚从宽制度实施中存在的主要问题

一是司法理念和认识还需进一步深化。检法两家对认罪认罚从宽制度的司法功能，特别是对检察机关量刑建议性质作用等认识还不够统一。有部分人认为，认罪认罚从宽制度更多涉及检察职能履行环节的司法资源和案件资源整合优化，主要功能是案件分流处理以提升司法效率，检察机关提精准量刑建议不符合其作为公诉机关的职能定位，压缩了法院的审判空间或量刑空间，导致诉审关系紧张。事实上，量刑建议是《刑事诉讼法》赋予检察机关的一项法定司法职权，按照法律要求，法院一般应当采纳，这也体现了检察机关对认罪认罚从宽制度实施的主导责任。但是检察机关提出精准量刑建议仍然存在一定难度甚至诉讼风险，而且相关配套制度亦未有效建立。

二是认罪认罚从宽制度和机制还不够健全。首先，检察机关主持控辩协商缺乏一套规范化的制度操作规程。当前检察机关没有制定控辩协商以及量刑建议的规范性文件，主要是借鉴参考法院的量刑规则来确定量刑建议中的刑罚。同时，控辩协商的程序不够公开、透明，一定程度上影响了量刑建议的规范性和公正性。其次，全流程角度一体统筹实施认罪认罚从宽制度不足，该制度实施具有阶段上的局限性和协同上的滞后性。该制度实施的各阶段缺乏贯通和一致性，缺乏制度呼应，难以发挥协同和整体效果。另外，配套机制不足，特别是侦查和庭审阶段公安机关和法院实施该制度的动力机制不足。公安机关在侦查阶段实施该制度，可能导致其忽视全面深入地收集证据，法院在庭审中实施该制度则存在角色冲突，其既充当审判主体，又充当协商主体，将影响法官的中立性和公正性。最后，检察机关实施认罪认罚的相关权力配置和程序设计有待进一步优化。检察机关实施该制度，涉及检察权配置和程序优化两个方面。一方面，权力配置不平衡，制度实施中，检察机关侧重于案件实体化处理和诉讼进程的推进，而轻诉讼管理和诉讼监督权力的协同。检察机关主导控辩协商和量刑建议，体现的协商性和司法性不足，职权色彩较浓厚。另一方面，程序适用模式具有局限性，主要是对既有的普通、简易和速裁程序的选择性适用。另外，权利保障及救济机制缺位，如何适度限制司法机关权力，充分保障诉讼主体权益考虑还不充分。

三是对认罪认罚从宽制度独立的程序价值关注不足，部分地方没有从整体上把握该制度对案件实体处理的重要作用。当前无论是认识还是实践，对于认罪认罚仍然存在拆分理解的情况，即认罪是什么，认罚是什么，认罪认罚又当如何处置？缺乏从整体上尤其是程序上把握该制度对案件实体处理的引导力。还有，认罪认罚作为独立量刑情节运用不足。当前没有明确认罪认罚可单独作为法定量刑情节，同时也没有明确叠加情节下如何适用。因此，认罪认罚对于案件量刑不具有必然的从轻或减轻作用，这不利于更好地激励犯罪嫌疑人主动认罪伏法。

四是检察机关办案能力和相应管理能力需要进一步提升。检察办案人员运用认罪认罚从宽制度办理疑难、复杂、新型案件既是刑法实体法准确适用的过程，也是对《刑事诉讼法》等程序法熟练运用的过程，这对办案人员的能力水平提出了更高要求。其不仅要细致审查案件，还要有序组织控辩协商，听取当事人意见，必要时还可能组织听证等活动，这不仅要求办案人员能办案，还要善于组织协调，释法说理。当前部分地方检察机关办案人员在办案过程中显示出能力不足和本领恐慌，如办案过程中仍然存在控辩协商组织不力、量刑建议提出程序不规范、量刑标准把握和理解不准确等问题。因此，需要加强检察办案人员的综合素能培训，实现办案能力和管理协调能力双提升。

四　进一步深化认罪认罚从宽制度改革的思考

检察机关深入适用认罪认罚从宽制度，要深入学习贯彻习近平法治思想，贯彻宽严相济的刑事司法政策，切实发挥认罪认罚从宽制度在刑事司法中的实质性作用。

一是增强社会主义司法理念，秉持客观公正立场。检察机关办理刑事案件要秉持客观公正立场，以事实为依据、以法律为准绳，严格依法追诉。同时，落实少捕慎诉慎押的司法理念，对犯罪嫌疑人自愿认罪认罚的，依法予以从宽处置。虽然检察机关适用认罪认罚从宽制度不受罪名或法定刑的限制，但并非一律从宽，应区分具体案件性质、情节和对社会的危害程度，综合权衡从严、从宽、从简、从快等因素，依法精准指控犯罪。

二是夯实制度机制，确保认罪认罚从宽制度科学、规范和准确适用。优化认罪认罚从宽制度实施中的相关权力配置。完善认罪认罚自愿性、真实性保障机制，探索多方参与、相对独立的认罪认罚自愿性审查程序机制。注重控辩协商环节权力配置平衡，弱化职权性，突出协商性。采取"要约—调整—承诺"的方式实质性征求嫌疑人或辩护人意见。主动开示证据，让嫌疑人或辩护律师全面、清晰地知晓控方掌握的事实和证据情况，保证控辩双方信息对称，依法保障犯罪嫌疑人人权。

进一步优化诉讼程序适用。根据程序相称性原则，分类、分级实施认罪认罚从宽制度。采取对案件分类和对案件情形分层等方式，精准匹配对案件的程序适用。案件分类方面，按照犯罪的轻重、犯罪的形态以及犯罪情节等进行分类。对于不同类别、性质的刑事案件根据其犯罪特点规律，采取有所区别的处置措施。另外，将适用认罪认罚从宽制度的办案程序设计一简到底，设置绿色通道，通过简化起诉书、简化审批流程等，进一步提升刑事办案效率。

健全检察主导的控辩协商机制。结合当地实际探索同步录音录像制度，提高控辩协商的参与度、透明度和公信力。规范量刑建议提出程序，规范工作流程。同时加强对检察机关量刑建议决策过程的监督，根据刑事案件的具体情况适时引入专业听证机制。

三是加强配合协作，确保认罪认罚从宽制度高效运行。一方面，与公安机关加强配合协作，保证认罪认罚从宽制度在案件侦查开始就得到有效落实，公安机关主要辅助做好认罪认罚相关宣传教育工作。另一方面，加强与法院配合协作，检察机关可联合法院制定量刑建议的规范性文件，确定量刑建议的依据和标准，避免意见不统一。另外，检法两家还可以联合开发认罪认罚量刑软件，建立信息化平台，提高量刑建议的科学性、规范性、精准性。

四是强化内外部监督制约，防范廉政风险。嫌疑人认罪认罚后是否从宽、从宽幅度如何把握，事关司法公正和犯罪嫌疑人的合法权益。为保证该制度依法规范实施，检察机关既应注重办案权力的内部监督制约，同时应主动接受纪检监察监督以及社会监督等。另外，还应当充分发挥值班律师和辩护人的监督作用，办案中认真听取辩护人、被害人及其诉讼代理人的意见，重大复杂敏感案件还应当实施检察机关主导的听证制度，让办案的过程更加公正透明。

五是深化认罪认罚从宽制度改革，更好地服务中心大局。将认罪认罚从宽制度的实施深入融入"六稳""六保"工作，在涉民营企业平等保护、脱贫攻坚等案件中，教育促使更多犯罪嫌疑人认罪认罚，更好地服务统筹推进疫情防控和经济社会发展。检察机关应持续深化认罪认罚从宽制度改革，积极发挥检察主导作用，找准检察机关以此服务中心大局的着力点，为推进国家治理体系和治理能力现代化建设作出应有努力。

B.12
成都市检察机关公益诉讼协同化、
社会化体系建设

成都市人民检察院课题组*

摘　要：　检察机关提起公益诉讼目标在于保护公共利益以及推进国家
治理。该目标的实现，需要不同国家机关在职责范围内协同
履职和社会力量的有序参与。成都市检察机关坚持问题导
向，探索社会公益司法保护实践路径，开展公益诉讼协同
化、社会化体系建设改革工作，不断破解公益诉讼工作难
题，同时深入分析存在的问题和不足，提出持续推进该项工
作的对策建议。

关键词：　公益诉讼　协同化　社会化

　　成都市检察机关于2020年初开展公益诉讼协同化、社会化发展及其体
系建设工作，以协同化发展不断推动社会治理共建共治共享，以社会化发展
努力满足新时代人民群众日益增长的美好生活需求。

＊　课题组负责人：童勤，成都市人民检察院检察委员会专职委员。课题组成员：杜立业，成都
市人民检察院法律政策研究室主任；习丽嫔，成都市人民检察院第八检察部主任；魏再金，
成都市人民检察院第八检察部四级高级检察官；汤博为，成都市人民检察院第八检察部一级
检察官。执笔人：魏再金、汤博为。

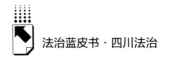

一 公益诉讼协同化、社会化体系建设实践

（一）公益诉讼协同化、社会化体系制度建设

为推进公益诉讼协同化、社会化体系建设，将公益诉讼协同化、社会化发展的工作思路以及相关实践探索固化为制度机制，成都市人民检察院于2020年初向中共成都市委深化改革委员会申报"推进公益诉讼协同化、社会化体系建设"改革项目，中共成都市委深化改革委员会将该项目列入《中共成都市委全面深化改革委员会2020年工作要点》中的"深化司法体制综合配套改革"部分，并将成都市人民检察院代拟的《关于构建公益诉讼协同化、社会化体系 强化公益司法保护的意见》（以下简称《"两化"意见》）列入中共成都市委全面深化改革委员会2020年度改革落实台账。

《"两化"意见》进一步强化了市委对公益诉讼工作的领导，明确成都市人大常委会、政协，生态环境、规划和自然资源、市场监督管理、财政、司法、民政等行政机关，纪检监察机关、审判机关、检察机关以及成都市总工会、妇联、残联等37个单位在协同推进公益诉讼、引导社会公众积极参与公益保护方面的职能责任，是专门促进、规范公益诉讼协同化、社会化发展的规范性文件。

（二）公益诉讼协同化、社会化体系建设实践探索

1. 聚焦"五"协同，完善公益司法保护协同支持体系

（1）数据运用协同

2019年底，成都市人民检察院依托成都检察数据业务中心建设，着手推动实现12309检察服务中心、成都市网络理政平台、"大联动·微治理"网格化服务管理平台融合联动。2020年初，平台架构基本成形，成效逐渐显现。

一是与成都市政务服务和网络理政办公室联合制发《12309 检察服务中心与网络理政平台公益诉求办理工作办法（试行）》，将建立数据信息共享、数据分析、公益诉讼案件办理情况纳入网络理政联动督查、通报考核等协作机制。截至 2020 年底，已将网络理政平台中与公益诉讼法定领域密切相关的 230 万余条数据信息共享至成都检察数据业务中心，成都市检察机关运用该数据重点排查群众反复投诉、行政机关虚假整改等"老大难"问题线索，立案办理公益诉讼案件 105 件，案件主要集中在违法抽取地下水、违法占用耕地、生活垃圾处置以及食品药品安全等方面，充分反映了人民群众的公益保护诉求。成都市检察机关依托网络理政平台信息，向人民法院提起了第一件行政公益诉讼案件，该案的成功办理有力督促行政机关全面履行法定职责，被违法占用长达 6 年的 2.25 亩基本农田彻底恢复了种植条件。办理的监督崇州市农业农村局撤销违法行政许可助力民营企业发展行政公益诉讼案件入选"2020 年四川省保障民营企业合法权益十大典型案例"。

二是争取中共成都市委政法委员会支持，在 18 个基层检察院开展"公益诉讼 + 网格化"工作试点，共享"大联动·微治理"网格化服务管理平台数据信息，从网格员中选聘公益诉讼联络员、观察员，推动实现队伍共建，探索公益诉讼联络员、观察员参与案件办理。成都市检察机关运用该平台立案办理公益诉讼案件 80 件，案件主要集中在水环境保护、生活垃圾处置和扬尘污染整治等方面。例如，郫都区人民检察院选聘的公益诉讼联络员发现该区的成都市饮用水源地部分河岸垮塌、河堤防护隔离网破损等安全隐患问题，该院在调查核实后向属地街道办事处提出行政公益诉讼诉前检察建议，督促其及时消除饮用水源地安全隐患。

成都市检察机关推动数据运用协同，有力促进了公益诉讼案件线索来源渠道多元化和线索来源结构优化，通过网络理政平台、"大联动·微治理"网格化服务管理平台发现，以及人民群众直接举报的反映人民群众公益保护诉求的案件线索占比达到 25.3%，相比 2019 年提高了 20.4 个百分点。2019年、2020 年线索结构对比情况见表 1。

表1　2019年、2020年成都市检察机关公益诉讼线索结构

单位：件,%

来源渠道	总数	刑案中发现		自行摸排发现		网络理政平台发现		网格员发现		群众直接举报	
		数量	占比	数量	占比	数量	占比	数量	占比	数量	占比
2020年	866	48	5.5	599	69.2	127	14.7	86	9.9	6	0.7
2019年	1443	122	8.5	1250	86.6	33	2.3	38	2.6	0	0

（2）专项推进协同

成都市检察机关聚焦现代城市治理中事关人民群众美好生活的公益受损突出问题，协同相关行政机关部署开展专项监督活动，最大限度激发行政机关保护公益的主动性。通过协同推进专项监督以及"个案检察建议＋社会治理检察建议"工作模式运用，前期深层次问题监督不足、社会治理作用发挥不够问题得到一定改善。

其一，成都市人民检察院印发《成都市检察机关"强化公益司法保护助力疫情源头防控"公益诉讼专项监督活动实施方案》，协同公安、公园城市、卫生健康、邮政管理等行政机关重点打击非法猎捕收购运输野生动物和制售伪劣口罩等行为。成都市检察机关提出行政公益诉讼诉前检察建议4件，提起民事公益诉讼1件、刑事附带民事公益诉讼7件，主张破坏野生动物资源造成的生态损失27.5万元，督促没收不合格口罩19150个，并就通过快递贩卖野生动物违法行为反映的邮政监管问题，向成都市邮政管理局提出社会治理检察建议，推动其开展为期三年的专项整治行动。

其二，成都市人民检察院与成都市市场监督管理局联合制定《成都市检察机关　市场监管部门落实食品药品安全"四个最严"要求专项行动方案》，共同推进落实"四个最严"要求。针对校园及周边销售"三无"食品、过期食品及保健食品虚假宣传等食品安全问题，向市场监管部门提出行政公益诉讼诉前检察建议272件，提起刑事附带民事公益诉讼9件，主张惩罚性赔偿576万元。彭州市人民检察院在专项监督中发现该市存在未按规定回收餐厨垃圾等较普遍问题，向综合行政执法局提出社会治理检察建议，推

动其制订专项工作方案，设置餐厨垃圾收集点 1311 处、配备收运车辆 44 辆，收运服务覆盖 2110 家餐厨垃圾生产单位，并在 3 个大型农贸市场新建果蔬、餐厨垃圾处理设施。

其三，成都市人民检察院印发《成都市检察机关生活饮用水卫生安全公益诉讼专项监督活动实施方案》，全市检察机关针对二次供水、现制现售水领域的违法行为向卫生健康部门提出行政公益诉讼诉前检察建议 97 件。成都市人民检察院向成都市卫生健康委员会制发加强社会治理的检察建议，推动该委员会同成都市水务局、住房和城乡建设局，在摸清二次供水和现制现售水本底信息基础上开展专项治理，监督检查二次供水单位 1849 户次，检测二次供水水样 1539 个，监督检查现制现售水应用现场 1569 个，检测 392 个应用现场出水水质，对 217 个二次供水和现制现售水违法点位下发卫生监督意见书；会同成都市财政局、水务局将"现制现售水的水质抽检点位"列入城市供水水质第三方检测工作，有效保障了饮用水"最后一公里"安全。四川省成都市两级检察院将相关情况列入 2020 年工作报告，向人民代表大会报告。

其四，成都市人民检察院印发《成都市检察机关关于开展服刑人员违规领取基本养老金专项监督活动实施方案》，会同成都市中级人民法院以及公安局、司法局、人力资源和社会保障局共同梳理并整治服刑人员违规领取养老金问题。全市检察机关向社会保障部门提出诉前检察建议 40 件，督促追回向 95 人违规发放的养老金 45.9 万元。

其五，成都市人民检察院与成都市规划和自然资源局会签《关于联合开展国有建设用地使用权出让领域专项监督整治活动实施方案》，协同推进国有土地使用权出让领域专项监督整治。全市检察机关向自然资源部门提出诉前检察建议 12 件，推动全市开展专项清理工作，涉及国有土地使用权出让金 15.4 亿元，已收回 14.5 亿元，17 宗共计 646 亩闲置土地得到规范利用，就行政机关未依法处置企业欠缴国有土地使用权出让金 2080 万元的问题提起行政公益诉讼 1 件。

以上工作切实推动了相关领域深层次问题解决并提升了社会治理效能，

同时推进了 2020 年公益诉讼案件规模稳步提升和领域结构优化，前期国有财产保护和国有土地使用权出让领域案件办理不足的问题也得到了改善。2020 年公益诉讼总体办案情况和 2019 年、2020 年案件领域分布情况分别见表 2、表 3。

表 2　2020 年成都市检察机关公益诉讼总体办案情况

单位：件，%

项目	行政公益诉讼诉前程序	诉讼程序			
		总数	民事	刑附民	行政
案件数	719	34	4	28	2
增长情况	17.5	70	33	12	200

（3）公益修复协同

一是探索建立受损公益修复监控机制。在全市检察机关开展公益修复第三方评估试点工作。彭州市人民检察院邀请自然资源部门、属地乡镇人民政府、街道办事处参与民事公益诉讼生态修复验收，确保生态修复成效。

表 3　2019 年、2020 年成都市检察机关公益诉讼领域分布

单位：件，%

案件领域 项目 年份	生态环境和自然资源		食品药品安全		国有财产保护		国有土地使用权出让		英雄烈士保护		文物保护等其他探索	
	2019	2020	2019	2020	2019	2020	2019	2020	2019	2020	2019	2020
行政诉前数	273	300	264	287	55	95	0	12	2	0	18	26
行政诉前占比	44.6	43.5	43.2	38.6	9	12.8	0	1.6	0.3	0	2.9	3.5
民事起诉数	15	23	5	9								
民事起诉占比	75	71.9	25	28.1								

二是共建生态修复及警示教育基地。龙泉驿区、都江堰市、崇州市、大邑县等检察院与当地生态环境、农业农村、自然资源、渔政等部门共建生态修复和警示教育宣传基地 4 个，共计 153 亩。督促违法行为人开展补种补栽、增殖放流等替代性修复工作，2020 年以来已在生态修复基地补种树木 2324 株，放归鱼苗 32000 尾。

三是推动公益损害赔偿金的规范管理使用。建立将公益损害赔偿金支付至公益受损地财政账户，由在公益受损地负有监管职责的行政机关向财政部门申领并组织公益修复的机制，推动公益损害赔偿与修复有机衔接，确保受损地公益损害实际修复到位。

（4）制度改革协同

一是推动生态环境公益诉讼与生态环境损害赔偿制度衔接。成都市人民检察院与成都市生态环境局联合印发《关于建立生态环境公益诉讼与生态环境损害赔偿协作配合机制的实施办法》，从线索摸排、调查取证、法律适用、技术咨询以及检察机关支持起诉等方面建立全省首个公益诉讼与生态环境损害赔偿衔接机制。成都市人民检察院支持成都市生态环境局办理吕某某等生态环境损害赔偿案，达成由赔偿义务人支付500余万元生态损害赔偿金的赔偿协议，该案系全省首例成功办理的生态环境损害赔偿案，入选全国检察机关服务保障打好污染防治攻坚战典型案例，以及第二届渝川黔滇藏青六省（自治区、直辖市）长江上游生态环境保护检察协作联席会议上发布的典型案例。

二是推进生态环境公益诉讼与环境资源审判改革有机衔接。成都市"两院"签署会议纪要，共同推进大熊猫国家公园成都片区生态环境和资源保护案件集中管辖。大熊猫国家公园成都片区法庭受理检察机关提起的成都市首例行政公益诉讼案件。成都市"两院"与成都市生态环境局、公园城市建设管理局分别会签《关于建立健全生态环境资源恢复性司法机制的意见（试行）》《关于规范破坏森林资源案件补植复绿工作　建立完善生态恢复司法机制的实施意见》，规范生态环境资源类案件起诉、审理流程，明确修复监管职责，共同推进案件审理前、中、后的生态修复工作。

（5）区域治理协同

一是成都、德阳、眉山、资阳等市人民检察院与重庆市人民检察院第一、第五分院签订《成渝地区"4＋2"检察协作意见》，成德眉资阳四地检察机关会签《关于加强检察协作　服务保障成德眉资同城化发展的意见》和《关于建立完善公益诉讼线索移送协作机制的意见》，推动解决监管地域局限性突出等问题。新津县人民检察院在办理周某等人涉嫌污染环境罪一案中，向环境受损地的市级检察院移送民事公益诉讼案件线索。

二是成都市人民检察院与阿坝、眉山、乐山、宜宾等市检察院成立岷江流域生态资源环境保护检察联盟，探索建立岷江流域跨区域生态环境司法保护协作机制。彭州市、都江堰市人民检察院与德阳市旌阳区、什邡市、绵竹市人民检察院就岷江流域内的人民渠生态保护司法协作，会签《关于开展人民渠水源地保护检察工作的跨区域协作意见（试行）》。成都、德阳两地检察机关在彭州"3·14"柴油罐泄漏至人民渠造成下游德阳境内污染的跨区域公益诉讼案件办理中，加强调查取证协作，省市县三级检察机关通过固定证据、提供法律意见等方式，合力支持四川省生态环境厅成功办理其首例生态环境损害赔偿案，达成由赔偿义务人支付30余万元生态损害赔偿金的赔偿协议。

2. 聚力"四"提升，健全公益司法保护社会参与体系

（1）提升群众参与度

成都市人民检察院与成都市志愿服务联合会、成都云公益发展促进会合作，探索引入志愿者参与公益诉讼案件办理，协助开展补种补栽、增殖放流、劳务代偿等公益受损修复工作，以及公益诉讼宣传工作。郫都区、崇州市等检察院建立公益诉讼线索举报奖励机制，郫都区、新津区、崇州市、金堂县等检察院探索引入民间河长参与跨区域水污染、农村水环境治理等工作。

（2）提升技术支撑度

成都市人民检察院印发《四川省成都市人民检察院关于贯彻执行〈最高人民检察院关于指派、聘请有专门知识的人参与办案若干问题的规定（试行）的实施办法（试行）〉》《成都市人民检察院有专门知识的人参与办案人员名录》，引入专家力量补足检察官专业知识短板。相关领域专家针对21起公益诉讼案件出具专家意见，10起公益诉讼案件按照"先鉴定、评估后付费"要求，在判决后由违法行为人支付评估鉴定费，有效解决公益诉讼鉴定难问题；全市检察机关建立20个公益诉讼快速检测实验室，其中崇

州市人民检察院公益诉讼快速检测实验室与相关检测检验机构合作，形成"1+6"快速反应机制。

（3）提升办案公开度

全市检察机关主动接受社会监督，邀请人大代表、政协委员、人民监督员等参与案件公开听证、公开审查。2020年"6·5"世界环境日来临之际，成都市中级人民法院开庭审理成都市人民检察院提起的该院首例野生动物保护民事公益诉讼案件，邀请市级人大代表、政协委员在线旁听。金牛区、成华区、崇州市等检察院在案件办理中，就行政职能划分、违法行为认定、受损公益修复等问题举行公开听证12次。

（4）提升宣传感染度

全市检察机关打造"益路蓉行"成都公益诉讼检察品牌，通过召开新闻发布会、发布典型案例、庭审观摩等方式，强化公益诉讼工作及公益保护理念宣传，丰富宣传形式，提升宣传渗透力、感染力。2020年5月，成都市人民检察院与成都市政务服务和网络理政办公室联合召开新闻发布会，共同发布协同开展公益诉讼办理工作情况以及典型案例，相关情况获人民网、正义网等20多家新闻媒体报道。2020年11月1日，《检察日报》以"成都：'益路蓉行'越走越畅通"为题，整版报道成都公益诉讼检察工作情况。双流区人民检察院引入志愿者服务，30多名志愿者在非法捕鱼案件中参与增殖放流，切实增强群众"环境有价，损害担责"意识，在长江流域十年禁渔政策实施中上好生态环境保护法治课。

二 公益诉讼协同化、社会化体系建设存在的问题

（一）制度配套有待完善

中共成都市委办公厅和市政府办公厅出台了《关于深入推进公益诉讼工作的实施意见》，作为细化措施，市委深化改革委员会又审议通过了《关于构建公益诉讼协同化、社会化体系 强化公益司法保护的意见》。应该说

公益诉讼协同化、社会化体系建设的"主体框架"已经形成，但是还缺乏若干具体配套制度的"精装修"，如还欠缺具体的考核机制。作为公益司法保护协同化、社会化体系建设的基础性文件，《"两化"意见》涉及21项改革任务和37个相关责任部门，要确保文件所确定的各项改革任务全部落地落实并形成工作常态，还需要相应的考核制度保障。目前，相关绩效考核措施还没有出台，相关改革工作还处于自主推进阶段。

（二）协同领域有待丰富

目前，检察机关已经主导与相关行政机关联合开展了多个专项行动，取得了不错的成果。但这些协同主要限于专项协同，在联合专项领域，相关工作开展较为顺畅，但在非专项领域，相关工作开展较为缓慢。尤其是重大公共安全、互联网公益保护等公益诉讼新领域和相关行政机关的协同还存在明显不足，而这些领域的协同工作恰恰是社会公众的关注焦点。为取得全面协同效果，有必要以实际问题为导向，进一步丰富相关协同形式。

（三）区域协同有待深入

目前成都和周边地区的区域协同较为顺畅，也建立了诸如岷江流域生态检察联盟一类的流域协作机制，但这种协作还存在一定局限性。一是协作方式主要还限于办案协作。案件办理是公益保护的末端方式，公益司法保护不仅限于案件办理这一种方式，还需要跨区域、多部门的治理协作，区域协作方式还有很大的探索空间。二是协作区域有待扩大。目前，成渝双城经济圈建设、成德眉资同城化等重大战略正在推进，区域协同还有必要拓展传统的流域协同范围，实现更广范围的全地域协同。

（四）公众主动性有待提高

从参与主体看，目前民众参与公益保护主要局限于某些具有特殊身份的主体，普通公众参与公益保护的提升空间较大。从参与自主性看，目前民众参与公益保护的案件数量还不多，主要以检察机关的引导参与为主，这也反映了公众参与公益保护的自发性、自愿性还不强。从参与方式看，目前公众参与主要还是限于线索提供、公益修复情况反馈等较浅层次，公益诉讼调查取证、案件听证案件监督等深层次的参与还不够充分。

三 进一步完善公益司法保护协同化、社会化体系建设的思考

（一）主动汇报工作，争取党委支持

公益诉讼工作发展到今天，经历了"顶层设计""法律授权""试点先行""立法保障""全面推开"五个阶段，在此过程中，执政党均发挥了"元治理"的功效。公益司法保护协同化、社会化体系建设要持续长久发展离不开党委的领导，离不开党委从政治、组织、人员、考核等多个方面的支持，离不开党委指挥协调相关的制度改革和制度建设。就当前而言，一方面，继续主动向党委汇报公益诉讼工作，积极争取党委支持，为公益司法保护协同化、社会化体系建设提供持久动力；另一方面，围绕中心工作积极开展公益诉讼。紧紧围绕成渝双城经济圈建设、践行新发展理念的公园城市示范区建设、成德眉资同城化发展等中心工作，部署专项监督行动，切实解决事关人民群众美好生活需要的公益受损突出问题。

（二）扩大协同范围，构建常态协同

一是深化数据协同。不仅要进一步探索在食药安全等公益诉讼法定领域全面实现与相关行政机关的数据协同，同时要探索在重大公共安全、互联网公益保护等"等外"领域实现与相关行政机关的数据协同。二是提升协同水平。数据协同是基础，要取得良好效果还需要提高协同水平。要共同加强相关线索的分析研判，以重点线索为突破口，提高案源转化率。要与行政机关继续探索公益诉讼与相关制度的制度协同，打造卓有成效的公益保护网。三是创新协同方式。要以公益保护为共同出发点，突破就案办案的单向思维，

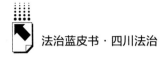

更加注重社会治理类检察建议的社会治理功效，利用诉前圆桌会议等新形式，共同解决区域性、行业性的公益保护难题。

（三）深化区域协作，实现区域治理

一是推进信息资源共享。进一步探索区域信息资源共享制度，共享典型案例、规范性文件、司法大数据等无形资源，以及检验鉴定、生态司法修复基地等有形资源。二是统一区域司法标准尺度。统一区域内公益诉讼案件的立案、诉前检察建议、提起诉讼、支持起诉、生态补偿、司法修复、执行方式等司法标准，实行"一把尺子管一片区域"，同案同办。三是建立区域案件通报制度，区域司法机关互相对接，按季度或按月份通报重大案件、重大突发事件、重大工作部署等情况。四是建立区域联席会议制度，区域内司法机关定期或不定期召开联席会议，研究会商公益保护实践中存在的问题，统一双方行动，凝聚公益保护合力。

（四）创新宣传方式，扩大社会参与

一是要注重公益保护品牌化宣传。成都市人民检察院已经成立了"益路蓉行"成都检察公益诉讼品牌，并成功开展了系列宣传活动，下一步要继续深化"益路蓉行"品牌化推广宣传。二是要扩大宣传范围。加大检察公益诉讼工作宣传力度，加强对公益保护的宣传引导，引导公众关注、支持和参与公益诉讼，积极营造公益保护的良好社会氛围和舆论环境。三是要创新宣传方式。主动把握全媒体时代媒体融合发展规律，加强"两微五端"新媒体建设，创新运用图文、H5、VR等新媒体表现手段和网络直播等多种传播形式，强化优质公益诉讼检察网络产品供给。四是选准宣传节点。借助相关节日的聚焦效应，积极回应群众对强化公益保护的新需求、新期待，引导社会公众参与检察公益保护工作，形成全社会保护公益的良好氛围，推动公益诉讼检察工作更好更快发展。

B.13
未成年人检察社会化支持体系的雅安模式

雅安市人民检察院课题组*

摘　要：　针对未成年人保护信息共享难、工作衔接难、系统化实现难
等问题，雅安市检察机关立足法律监督职能，探索建立"未成
年人110指挥中心"工作制度，构建由检察机关牵头，未成年人
管理和保护职能行政执法部门参与，地方政府强化管理的未成
年人保护新格局，实现了未成年人保护信息共享、部门协同、
依法快处，有力提升了未成年人司法保护的实践效果。

关键词：　未成年人保护　多部门联动　行政与司法衔接

　　未成年人是亿万家庭的寄托，是国家和民族的希望，保护未成年人健康
成长是一项长效工程。近年来，未成年人检察工作已经由单一刑事领域拓展
至民事、行政、公益诉讼等领域，全面、综合保护未成年人健康成长成为未
成年人检察工作的新目标。新时代未成年人保护工作仅仅依靠某个单位或部
门的一己之力难以实现良好的保护效果。未成年人检察工作要依靠党委领
导，积极延伸职能，与未成年人保护职能部门密切配合，齐抓共管，共同构
建未成年人检察社会支持体系，保障未成年人成长成才。

---

* 课题组负责人：赵学东，雅安市人民检察院党组成员、副检察长。课题组成员：吴涛、孙一
逊、郭城、彭文。执笔人：孙一逊，雅安市人民检察院第七检察部干警；彭文，雅安市天全
县人民检察院第一检察部主任。

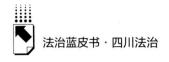

一　制度构建背景

雅安市检察机关不断探索未成年人案件办理，在未成年人刑事案件办理、帮教、挽救方面取得了一定成效，但对于涉罪未成年人的帮教，未成年被害人的心理疏导、社会救助，以及民事、行政案件中未成年当事人所需的社会化服务等，因经济条件限制、专业人员短缺等有待进一步加强。雅安市检察机关综合考虑全市社会经济发展现状，立足检察职能，联合相关职能部门，共担未成年人保护职责。

1. 经济社会发展状况

雅安地处川西，东靠成都，西连甘孜，南界凉山，北接阿坝，市境山脉纵横，地表崎岖，地貌类型复杂多样，山地多，丘陵平坝少，属于四川盆地西缘山地。2019 年全市生产总值为 723.79 亿元，全省占比 1.55%；人均GDP 为 4.7 万元，分别相当于全国、全省的 66.39%、83.93%；全市人口156 万人，全省占比 1.88%；属于社会经济不发达、人口总量较少地区。同年，全市财政收入仅为 158 亿元，全省占比 1.35%。由于财政资金投入少，社会化力量薄弱，政府难以购买专业社会服务来满足未成年人的社会化工作需求，需要引入社会力量来弥补。

2. 罪错未成年人情况

据统计，近五年全市检察机关受理未成年人审查起诉 196 件 325 人，14～16 岁占比 18.77%、16～18 岁占比 81.23%。近五年，全市公安机关对违反《治安管理处罚法》的 284 名未成年人作出行政处罚，14～16 岁的占比 25.8%，16～18 岁的占比 74.2%。抽样调查近五年来雅安市雨城区部分学校处理不良行为学生 1372 人次，占抽样学校学生的 0.91%，其中严重不良行为 458 人次，占同期学生总人数的 0.305%。

据分析，罪错未成年人的低龄化、低学历源自受教育程度不足、缺乏社会阅历、自我纠偏能力弱，厌学、辍学甚至离家，盲目融入社会，很容易走上违法犯罪道路。

3. 法律规定现状

中国现行保护未成人的法律分为三类。一是法律，如《未成年人保护法》和《预防未成年人犯罪法》。二是涉及未成年人保护内容的有关法律，如《宪法》《刑法》《民法典》等等，虽然不是专门保护未成年人的法律，但其内容涉及未成年人保护。三是司法解释、部门规章、团体规定、行业规定等，如文化部等15个部门出台的《未成年人网络游戏成瘾综合防治工程工作方案》、最高人民检察院等九部门出台的《关于建立侵害未成年人案件强制报告制度的意见（试行）》等。上述法律法规对于未成年人保护的规定多，涉及的职能部门也多，存在的问题是：部门职责交叉容易出现推诿扯皮现象，未成年人保护点状铺开，没有形成链条化、整体性的局面；未成年人保护信息碎片化，信息共享难，职能部门沟通不畅等，难以形成保护合力，限制了未成年人保护效果。

二 "未成年人110指挥中心"制度的主要做法

（一）建立协作机制，共担保护职责

检察机关梳理行政机关保护和管理未成年人职能情况，将较为普遍的需求和相关职能部门沟通，达成共识，共同会签协作机制。

1. 搭建协作平台，共建保护中心

2018年3月，雅安市雨城区人民检察院联合区政府法制办、区团委以及公安、司法、教育、食药监、民政等行政执法单位会签《雨城区构建"行政与司法无缝对接，建立未成年人健康成长社会支持体系"制度实施意见》，设立"未成年人110指挥中心"。该中心设在雨城区人民检察院，具有收集侵害未成年人权益线索、及时介入调查核实、召集联席会议、指导联动处置和保护效果评估五大职能。由检察院全面收集监护侵害、监护缺失、食品药品安全、违规允许进入不适宜场所等14类影响未成年人健康成长的线索，根据线索的性质、涉及的法律问题和行政机关的职能，拟订办理方案后分流到具体的行政机关办理。同年 6 月，市检察院将该制度在全市推广，8 个县区检察院分别与当地有关部门会签文件，将相关工作纳入各县区绩效考核，共建未成年人检察社会支持体系，统一构建全市"未成年人 110 指挥中心"。

2. 细化协作方式，增强保护效果

为有效调动多家行政部门参与未成年人保护，细化职能部门协作方式，全市各地结合工作重点形成保护机制 15 个，实现对未成年人的全方位保护。天全、荥经、芦山等地检察院围绕监护侵害和监护缺失保护、在校学生食品安全保护等，分别与人社、民政、教育、卫计委、公安、法院、司法、市场监管等部门形成协作机制，实现多部门联合保护未成年人的良好局面。石棉县委政法委牵头，联合公安、法院、检察院、团委等 8 家单位印发《石棉县进一步加强新时代预防未成年人犯罪工作的实施意见》至全县各乡镇、县级相关部门，全面加强预防青少年犯罪工作。

3. 探索未成年被害人权益联动保障机制

全市检察机关加强与司法、民政、教育、卫生等部门及未成年人保护组织的联系和协作，共同做好未成年被害人的身体康复、心理疏导、法律援助、司法救助等工作，同时充分运用被害人救助、心理抚慰等手段，尽量抚平犯罪行为对未成年被害人造成的身心伤害。例如，宝兴县人民检察院积极探索建立未成年刑事被害人权利保障机制，与相关部门会签了《未成年人犯罪被害预防实施办法》《未成年刑事被害人帮扶实施办法》《未成年刑事被害人权益保障实施办法》三项工作机制，全方位维护未成年被害人合法权益。

（二）建立考核机制、增强监督刚性

1. 引入评价机制

"未成年人 110 指挥中心"制度，明确由检察机关通过分流案件线索和拟订办理方案，确定行政责任主体，对行政机关办理效果进行评估和考核。对发出检察建议督办事项的办理情况，会同团委进行社会效果评估，会同政府法制部门进行考核评分。例如，行政机关在办理过程中出现违法、推诿、不作为、滥作为等情形，将进行通报并扣除相应的目标绩效分值。

2. 细化考核内容

全市检察机关向当地党委、政府汇报，将"未成年人110指挥中心"工作融入党委、政府中心工作，纳入绩效考核。例如，市检察院将该项工作纳入市委平安整治暨市域社会治理现代化工作，雨城区人民检察院将该项工作纳入依法治区工作。汉源、石棉、名山、天全、宝兴等地将该项工作纳入"两法衔接""精神文明""综治工作"考核，促进行政机关履行职责。制度运行以来，已对2个履职不到位的行政执法单位绩效考核相应分值予以扣除。

（三）畅通信息渠道，实现信息共享

"未成年人110指挥中心"充分利用数据共享平台，全面关注未成年人健康成长信息。

1. 依托"派驻检察官"

全市检察机关向公安局、司法局、教育局、市场监管局、民政局等行政机关派驻员额检察官48名，通过检察官定期、不定期巡查掌握涉未成年人行政执法情况，加强与行政执法机关的沟通与联系。

2. 依托"12309检察服务中心"

通过中心向社会公众提供未成年人控告、刑事申诉、申请救助服务入口，畅通未成年人权益司法保护渠道。

3. 依托"两法衔接"平台

充分利用检察机关在"两法衔接"工作中的法律监督和枢纽作用，打通司法与行政机关信息对接渠道，充分发挥检察建议作用，撬动行政执法机关切实担负起保护未成年人健康成长的职责，与行政执法机关形成工作合力。

4. 聘请"检察联络员"

积极向行政机关、乡镇、学校、群团组织聘请"检察联络员"，及时收集工作中发现的涉未成年人信息。

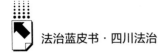

5. 依托"网络舆情中心"

与网络信息部门建立联席机制，对涉及未成年人健康成长的舆情早知道、矛盾早回应、风险早化解。

（四）强化信息研判，迅速分流处置

"未成年人110指挥中心"机制运行以来，共收集影响未成年人健康成长的线索356条，通过审查核实属于涉未成年人信息201条。

1. 检察建议促履职

全市检察机关针对涉及未成年人疫苗安全、旅馆入住、容留上网、交通安全、售卖烟酒等方面的监管漏洞，向相关行政执法部门发出检察建议27份，发出书面纠正违法通知书6件，职能部门及时改进和完善工作措施，治理取得实效。结合个案建议县教育局开展义务教育阶段学籍管理专项检查活动，成功劝返4名辍学未成年人。

2. 分流处置得实效

全市检察机关通过对近年来办理的性侵未成年人个案进行综合分析，将涉及未成年被害人的信息、线索分流到教育、公安、民政、人社等职能部门，促进行政部门履职尽责。雨城、石棉、天全等检察院与教育部门建立新入职教职人员性侵前科审查制度，杜绝不合格人员进入学校工作岗位。

（五）融入社会治理，形成保护新合力

"未成年人110指挥中心"根据收集的信息，通过整合多方力量开展未成年人保护相关执法活动，积极参与社会治理，努力为未成年人健康成长营造良好的社会环境。

1. 扎实开展专项治理

多次联合食药监、卫计委、工商质监、公安、教育等部门开展专项整治活动，针对监管漏洞，督促职能部门加强治理。例如，市检察院针对全市范围内营业性娱乐场所招用未成年人进行有偿陪侍、允许未成年人进入且售卖酒水等行为，向市文化部门发出检察建议，市文化部门联合公安、

劳动等部门开展整治。市检察院、石棉县检察院针对网吧业主非法接纳未成年人到网吧上网引发刑事犯罪案件问题向文化部门发出检察建议后，文化部门通过业主培训、加强检查力度和自身管理等关停黑网吧 13 家，对违规经营网吧业主处罚 9 人。

2. 净化校园环境

通过走访区域内相关学校、发出检察建议和建立协作机制等方式，推进"平安校园"建设。市检察院牵头与公安、教育、民政、团委会签《关于做好预防未成年人遭受侵害工作 进一步推进"平安校园"建设的意见》，有效预防侵害学生违法犯罪的发生，营造未成年人健康成长的环境。全市检察机关以落实最高人民检察院"一号检察建议"为契机，通过对近年来办理的性侵未成年人个案进行综合分析，形成专题调研，供教育部门参考。市检察院和雨城区检察院联合调研组撰写的《性侵未成年人的预防及立法建议》一文收入首届"青少年法治教育国际研讨会"论文集。汉源县检察院针对 20 所民办幼儿园无证办学、无证供餐及房屋、消防设施等安全问题，牵头县 13 家行政执法单位共同会签《关于规范汉源县民办教育学校（机构）发展协作配合的意见》，通过停办、取缔、整改等措施，净化办学环境。

3. 强化困境儿童救助

积极参与、推动"事实孤儿"等困境儿童救助安置工作，促进建立健全留守儿童和困境儿童关爱维权长效机制。对未成年人及其家庭因案致贫、因案返贫、因案失学的，及时依法进行司法救助。全市检察机关共办理支持起诉撤销监护权案 3 件，为困境儿童指定监护人案 1 件，协调解决事实孤儿生活问题 3 人、协助 1 名贫困户未成年人解决监护与户口问题。例如，雨城区检察院获悉"遗弃女婴"引发网络舆情线索后，迅速联合公安、民政、卫生、司法、法院等部门共同办理支持起诉撤销李某某监护权。天全县检察院联合民政部门帮助新华乡河埝村一贫困家庭两名子女落实"事实孤儿"政策。

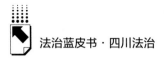
4. 探索网络权益的保护

疫情期间，针对 8 起未成年人因擅自充值网游导致家庭财产损失共计 11 万余元，开展集中处置。其中，雨城、天全、荥经检察院分别通过向涉案公司书面发函，与公司工作人员面对面沟通等方式，协助涉案家庭退（追）回 7.2 万余元。并以个案为基础，与游戏公司及当地教育、公安、文化等部门联合建立保障未成年人权益机制，有效地将个案处置延伸到社会治理层面。

（六）坚持办理保护案件，不断丰富创新成果

聚焦未成年人司法保护的难点、热点问题，加大对办理案件进行提炼总结的力度，以典型案例指引日常办案。坚持办理涉及侵害未成年人生存权、教育权等民事权利案件，涉及众多未成年人合法权益的互联网、食品药品安全、产品质量、烟酒销售、文化宣传案件，涉及公益诉讼的"等外"探索案件。截至目前，共办理侵害未成年人权益案件 45 件。"共建'未成年人 110 指挥中心'切实维护未成年人合法权益"被最高人民检察院评选为检察机关推动加强和创新未成年人保护社会治理十大典型案（事）例和四川省检察院加强未成年人司法保护十大典型案（事）例。雨城区检察院联合公安、民政、卫生、司法、法院等部门共同办理支持起诉撤销李某某监护权案入选四川省保护妇女儿童权益十大优秀案例。

三 存在的问题

（一）部门联动不足，专业化水平低

随着各部门机构改革和司法体制改革的完成，雅安市基层检察院的未成年人检察工作与刑事检察部门整合资源，原有的未成年人检察科不再保留，成立未成年人办案组，与刑事检察部门共同办案。目前，雅安市仅 1 个基层检察院保留专人办理未成年人案件以及开展未成年人综合保护工作，其余基层检察院由于人员不足等多方面原因，未成年人检察工作均为兼职，专业化

力量较大程度上被削弱。行政机关未成年人保护工作碎片化、形式单一、部门分割、保护效果有限，存在各自为政、单打独斗的情况，同样缺乏专职未成年人保护工作人员情况。部门对接、联动受到一定限制，影响了整个未成年人综合保护体系的良好运转。

（二）评估体系不完备

雅安"未成年人110指挥中心"模式在设立初期就考虑到开展效果评价体系建设，也通过积极向党委政府争取考核评价权来撬动行政职能部门。从目前运行情况来看，整个雅安模式的事后效果评价尚未形成统一、可操作的评价体系。例如，雨城区明确由检察机关通过分流案件线索和拟订办理方案，确定行政责任主体，对行政机关办理效果进行评估和考核。对发出检察建议督办事项的办理情况，会同区团委进行社会效果评估，会同依法治区办进行考核评分。但是对于如何认定办理效果的好坏，缺乏明确、统一的操作标准，主观因素占主导地位。有些县区评价体系则相对简单粗暴，以是否办理事项为标准，尚未考虑开展未成年人保护工作部门的评价标准，甚至有些县区在操作中根本没有进行事后办理效果评价，未真正发挥评价的积极作用，影响未成年人保护工作能力和水平的快速有效提高。

（三）区域发展不均衡

雅安市县区经济发展不平衡，社会资源分布不均。例如，雨城区作为雅安的主城区，经济发展好，有四川农业大学、雅安职业技术学院等院校，作为牵头"未成年人110指挥中心"制度的创设地，未成年人保护工作走在前列，司法机关与行政机关沟通衔接畅通，形成扁平化的运转模式，处理和解决未成年人权益保护问题及时高效。有的县区地理位置偏远、经济相对落后、人口少，未成年人保护资金投入少，专业化人才欠缺，对接机制搭建后，开始运行良好，也办理了一些保护类案（事）件，但随着人力、财力投入减少，各部门疲于应付各项工作，投入未成年人综合保护的精力和时间相应减少，司法机关与行政机关的沟通衔接机制成为非必要启动方式，难以

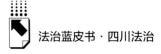

有效发挥该机制的常态化、机制化功能。雅安模式运转过程中出现参差不齐、发展不均的情况。

（四）法律法规赋能检察机关不足

新修订的《未成年人保护法》吸纳各方意见，使原则化的保护规则更具有可操作性，确立了"六大保护"职能，更是单设"政府保护""司法保护"专章，明确了司法机关和政府机构的职能。《未成年人保护法》第9条规定："县级以上人民政府应当建立未成年人保护工作协调机制，统筹、协调、督促和指导有关部门在各自职责范围内做好未成年人保护工作。协调机制具体工作由县级以上人民政府民政部门承担，省级人民政府也可以根据本地实际情况确定由其他有关部门承担。"明确由民政部门来承担协调机制，解决了长期以来政府部门之间关于未成年人保护缺乏整体性、系统性的问题，体现了"国家监护"的保护理念。

从雅安模式近三年的运行情况来看，行政机构协调机制的内部联动少，与检察机关的沟通联络更是主要集中在教育、民政、市场监管、文化等部门，在此过程中检察机关的主动性更强。一方面，检察机关经过30多年未成年人保护实践累积了丰富的经验，培养了一批具有高度积极性和责任感的"未检人"。另一方面，行政部门人员不稳定，在实践中形成了事随人走、人走事停的状况，对于未成年人保护工作形成"一事一议"和点状分布，难以形成工作链条。新修订的《未成年人保护法》虽未明确司法与行政部门应建立衔接机制，但未成年人保护涉及政府、社会、团体、家庭，是一个综合系统工程。从雅安的实践经验来看，由检察机关承担该项责任能更好地推动形成社会化保护机制，但目前法律法规明确赋权民政部门作为"牵线人"，检察机关开展工作需要不断与各部门达成共识，耗费较多时间和精力。

（五）宣传和影响力不足

雅安模式在探索初期取得了良好的社会效果，获得最高人民检察院、省高级人民检察院的充分肯定。雅安模式经过国家、省级媒体报道，产生了一定影响力。但是，雅安模式整体推广和营销还十分欠缺，雅安地区未成年人保护工作虽有一定影响力，但放眼四川乃至全国，雅安模式的宣传报道、推介少，更多是依托检察机关的"两微一端"进行报道，而且以文字和图片为主，缺乏生动活泼的短视频内容，受众覆盖面小，宣传活动的深度和广度不够。同时行政部门认为"未成年人110指挥中心"更多是检察机关主导，宣传报道理应就是检察机关的事情，自己做好工作就行了，参与宣传配合就行，没有充分发挥各部门的优势，没有形成多点开花、众星拱月的宣传态势。

四　对策建议

针对工作中的困难与不足，雅安市检察机关将继续发挥承上启下、全程参与未成年人司法保护的职能作用，积极主动履行监督职能，不断完善和发挥制度优势，把雅安模式推向新的阶段。

（一）加强部门联动、协作

"未成年人110指挥中心"工作已纳入市委平安建设暨市域现代化建设工作内容，同市域社会治理工作同部署、同检查、同考核、同落实。同时，应该结合新《未成年人保护法》和《预防未成年人犯罪法》的实施，积极运用"未成年人110指挥中心"工作制度，试行"民政牵头＋检察监督"双引擎工作机制，构建党委领导、部门协作、社会力量参与、法治保障的未成年人权益保护新格局。制定工作机制，将各职能部门进行整合，明确工作内容、协助方式和评价体系，实现资源有效统筹和线索及时转介，全面维护未成年人合法权益。

（二）完善评价体系，纳入党委政府考核

应联合各部门对评价体系进行修改完善，对回复期限、办理情况、预期效果制订明确的标准。为达到评价公正，应成立由各部门人员组成的考评组，而非仅检察机关或者司法行政部门参与。同时针对未成年人保护的长期

性特点，应建立回头看机制，设立一定时间段，分两个阶段完成评价。目前，雅安市所有区县都将"未成年人110指挥中心"制度纳入党委政府绩效考核，但赋予的分值较少，"指挥棒"作用还不够明显，还须进一步调动司法部门和行政部门的积极性，发挥评价体系的导向作用。

（三）加强大数据等科技手段运用

检察机关依托"派驻检察官""12309检察服务中心"等渠道收集信息，信息线索收集的数量小、结构单一，成为"未成年人110指挥中心"制度持续发展的阻碍。信息技术的飞速发展和广泛应用，将助力未成年人综合体系建设，成为提高检察监督能力的"助推器"。要通过运用大数据等高科技手段搭建司法机关与行政机关的"云桥梁"，让数据多跑路，实现数据互通。市检察院重塑未成年人检察大数据建设与应用理念，积极筹备开发相关共享信息软件，已与科技公司对接，通过大数据对性侵害未成年人、校园欺凌、辍学未成年人犯罪、监护侵害和缺失、未成年人涉网等问题加强分析研判，提升未成年人检察的智能化水平。该系统投入使用后，能够实现信息收集及时化、信息分析准确化、信息办理高效化、信息反馈及时化，将雅安"未成年人110指挥中心"制度推向新的广度和深度。

（四）加强宣传力度，打响雅安"未成年人110指挥中心"制度保护品牌

加强雅安模式宣传有利于发现未成年人保护线索，有利于拓宽人民群众监督司法机关和行政部门渠道。针对雅安"未成年人110指挥中心"制度存在的问题，各个部门要统一思想，密切合作，形成宣传合力。要创新宣传方式，利用广播、板报、报纸、网络、标语、演讲等多种方式进行宣传，综合利用各种宣传方式的优势，营造氛围，让人们抬头可见、侧耳能听，在不同的空间和时间宣传"未成年人110指挥中心"制度，增强宣传效果。针对宣传对象的年龄、文化程度、对宣传内容的认知程度等，制订科学合理的宣传策略，提高受众接受度。

B.14
国家治理体系与治理能力现代化视域下罪犯回归工作创新研究

四川省监狱管理局课题组 *

摘　要：　中国进入新时代，党的十九届四中全会提出"国家治理体系和治理能力现代化"的重要命题。时代发展变革深刻影响着监狱犯罪回归工作。刑释人员重新犯罪、职业犯罪引发社会高度关注。本文从国家治理体系、社会综合治理、监狱现代治理三个维度分析防范和减少重新犯罪，为创新罪犯回归工作、促进社会和谐发展，提供实证依据和对策参考。

关键词：　重新犯罪　罪犯回归　重新犯罪率

监狱是国家刑罚执行机关，是化解社会尖锐矛盾的特殊战场。从监狱学角度讲，回归工作是监狱治理的向后延伸，是现代社会治理的重要组成。问题是时代呼声，问题是工作导向。聚焦回归工作短板，研究和剖析回归人员重新犯罪，是监狱回归工作的重要内容，是社会综合治理的重要命题。本文通过对回归人员重新犯罪的基本特征、发展趋势、关联因素、系统治理等进行深度研判，提出新时代罪犯回归工作创新举措。

---

* 课题组组长：陈志林，四川省监狱管理局党委书记、局长。副组长：曾永忠，四川省监狱管理局党委委员、副局长。课题组成员：颜泳涛、孙建书。执笔人：陈志林；曾永忠；颜泳涛，四川监狱管理局教育改造处处长；孙建书，四川省嘉州监狱四级高级警长。

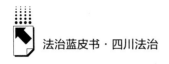

一 刑释人员重新犯罪特征及关联因素

进入新时代,全国年均刑释回归罪犯35万至40万人。本文以中国裁判文书网刑事案件判决书为调研对象,以"重新犯罪"为关键词进行筛选、汇总统计,深度调研分析全国近年重新犯罪情况以及相关省份回归人员重新犯罪情况。同时对四川在押犯罪中重新犯罪罪犯的问卷调查也发现,重新犯罪问题与七大因素具有较强关联。

(一)刑释人员重新犯罪与地方经济发展水平呈正相关

从重新犯罪所在地分布看,东部沿海发达地区重新犯罪案件比重较高,西部欠发达地区相对较低,重新犯罪率与地方经济发展水平呈正相关。值得关注的是,安徽虽不是经济大省,近年来GDP增速位居全国前列,在长三角地区增速稳居第一;广东省经济总量全国第一,重新犯罪率虽排名全国第13位,但刑事案件总量居全国第一(见图1)。

(二)回归人员重新犯罪率与人口流动性呈正相关

2018年刑释人员五年内重新犯罪人员中,外省籍占本省籍人数的39.13%,刑释人员异省流动犯罪问题值得关注。统计表明,从重新犯罪发生地看,北京、上海、广东、浙江等经济发达地区的外省籍重新犯罪人数占比明显高于广西、贵州等欠发达省份(见图2)。青海作为西部开发资源大省,外省籍重新犯罪人数占比也相对较高。从四川实际来看,户籍地为省会城市成都、省级中心城市南充、绵阳等地的重新犯罪率高于甘孜、阿坝、凉山等少数民族地区重新犯罪率(见图3)。

(三)回归人员重新犯罪与就业情况存在相关关系

四川省监狱重新犯罪罪犯统计表明,捕前职业为农林牧渔的呈下降趋势,

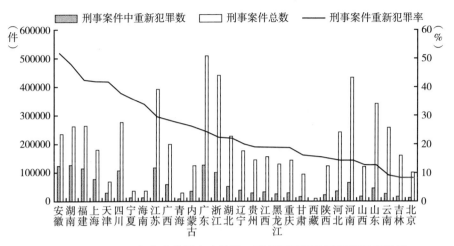

图1　2014～2020年各省份刑事案件数、重新犯罪数及重新犯罪率情况

数据来源：中国裁判文书网，http：//wenshu. court. gov. cn/website/wenshu/181029CR4M5A62CH/index. html。

说明：本文对罪犯回归实践的探析，数据结论可能受到以下因素影响：其一，刑释回归人员重新犯罪率分析受制于数据本身的可靠性；其二，全国数据趋势可能掩盖区域具体差别；其三，中国裁判文书网数据情况有缺失，只能供一般性、趋势性参考；其四，各省份监狱重新犯罪分析散见于各类学刊和交流数据，存在来源单一性、表达差异性问题；其五，由于数据可得性问题，重新犯罪率分析存在比较时间不够对称、数据时间不够及时等问题。下同。

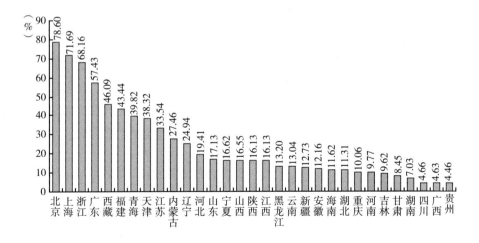

图2　2018年各地外省籍刑释人员5年内重新犯罪情况

197

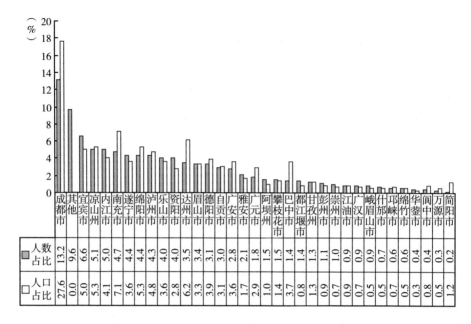

图3 四川省在押重新犯罪罪犯捕前户籍分布

四川省监狱管理局课题组：《四川省刑释人员重新犯罪问题探析》，《犯罪与改造研究》
2020年第5期。

但仍占约55%，无业人员显著上升，两类共占比93.9%，呈互补转移趋势。重新犯罪主要集中在就业不稳定、缺乏经济收入的人员。问卷调查显示，53%的重新犯罪罪犯"在过去刑满后没有技能无法就业、生活无着落"；对"捕前职业情况"的调查显示，选择"有稳定的工作和收入"的占20.55%，"无固定职业"的占42.41%。回归人员重新犯罪与就业情况、失业率存在相关性。就业稳定，重新犯罪可能性小；失业、就业不稳定，重新犯罪可能性大（见图4）。

（四）回归人员重新犯罪地与首次作案环境存在相关性

统计表明，重新犯罪罪犯首次和再次犯罪发生在城市区域的均超过72%，且具有较高的重合性（见图5、图6）。这表明，影响城区犯罪率的因素有人口、土地利用、交通结构、地理环境等。作为特殊社会行为的重新犯罪活动，罪犯往往选择在其相对熟悉的环境作案。

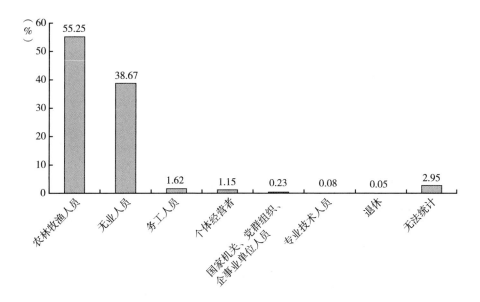

图4　四川省在押重新犯罪罪犯捕前职业分布

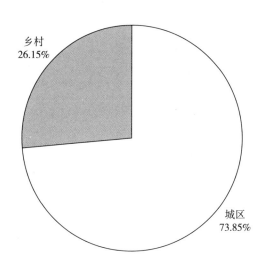

图5　全国重新犯罪中第一次犯罪发生地分布情况

（五）回归人员重新犯罪类型与首次犯罪经历存在相关性

重新犯罪涉及罪名与首次犯罪具有较高一致性，盗窃类和涉毒类罪犯具有极高的再犯可能性。据上海监狱统计，80.72%的盗窃类罪犯第二次犯罪

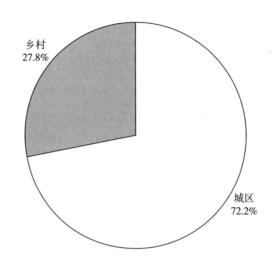

图6　全国重新犯罪中第二次犯罪发生地分布情况

仍为盗窃，58.65%的诈骗类罪犯第二次犯罪仍为诈骗，43.64%的涉赌罪犯第二次犯罪仍为赌博。实践还表明，反常的变态性重新犯罪类型，由于引发犯罪的原因复杂，监狱常态化的改造措施、环境影响乃至药物治疗对其改造效果并不佳，应以预防控制为主。

（六）回归人员重新犯罪与刑罚体验呈负相关

数据表明，原判刑期越短，重新犯罪率越高，服刑时间越长，重新犯罪率相对越低（见图7）。罪犯在服刑期间的刑罚体验，对重新犯罪具有抑制作用，但服刑时间过短、刑罚体验不深，重返社会极易诱发重新犯罪。

（七）刑释人员重新犯罪与"文化、技能双低"呈正相关

从受教育年限来看，四川省监狱统计表明，在押重新犯罪罪犯小学和初中学历共占82.64%，其中初中占42.57%，小学占40.07%（见图8）；福建省统计显示，文盲占18.4%，小学学历占30.7%，初中学历占44.5%，低学历人员占总数的93.6%。问卷调查显示：55.17%的重新犯罪罪犯"在过去刑满后没有技能生活无着落"，24.62%"再次犯罪主要原因是生活困

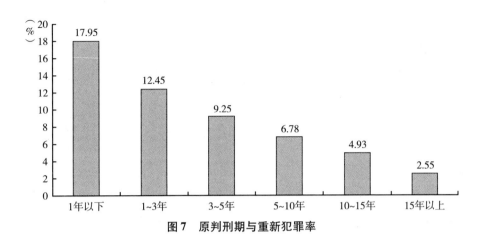

图 7　原判刑期与重新犯罪率

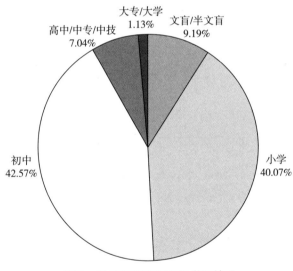

图 8　四川在押重新犯罪学历情况

难解决不了"。这表明，尽管高科技、高学历犯罪屡见不鲜，但低知识技能水平和低受教育程度人群更易重新犯罪。

二　回归人员重新犯罪值得注意的趋势

犯罪带有社会和时代的烙印，随着社会条件的变化而变化，它的产生有对

应的自然、社会条件，与社会整体发展相对应。当前，中国正面临百年未有之
变局，社会变革转型期矛盾因素增加，重新犯罪在发案趋向、形态趋向、区域
趋向、结构趋向等方面正在发生显著变化，回归人员融入社会形势值得关注。

（一）全国刑事立案逐年下降，刑释人员重新犯罪不断上升

全国刑事立案实现连降，2018 年同比下降 7.7%[①]，2019 年下降 4.1%[②]
（见图 9）。社会形势持续向好，但回归人员重新犯罪上升引发社会高度关注。

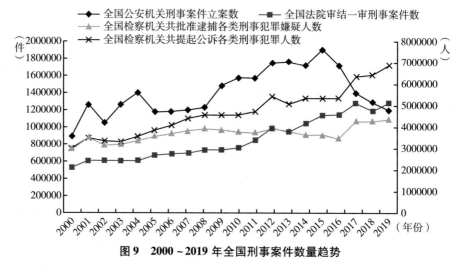

图 9　2000～2019 年全国刑事案件数量趋势

数据来源：2020 年最高人民检察院工作报告。

司法部统计及相关权威期刊公布数据显示：刑事重新犯罪率由 1984 年
的 6.34% 逐步上升，1996 年为 11.1%，2006 年达 14.8%。2017 年，全国
监狱在押犯中判刑两次及以上的已上升至 22.1%，山东省被判刑两次及以上
的罪犯达到 24%。通过中国裁判文书网对全国刑事案件数与重新犯罪案件数
对比统计显示，2014～2019 年重新犯罪率分别为 22.8%、24.19%、25.18%、

① 《公安部：2018 年全国刑事案件同比下降 7.7%》，新浪财经，https://finance.sina.
com.cn/roll/2019 − 01 − 28/doc − ihrfqzka1754703.shtml，2019 年 1 月 28 日。
② 《2019 年政法工作呈现十大亮点　全国八类严重暴力案件下降 10.3%》，人民网，http://
sn.people.com.cn/n2/2020/0119/c378297 − 33728372.html，2020 年 1 月 19 日。

24.83%、25.69%、23.73%，总体呈上升趋势，重新犯罪状况日益严峻（见图10）。

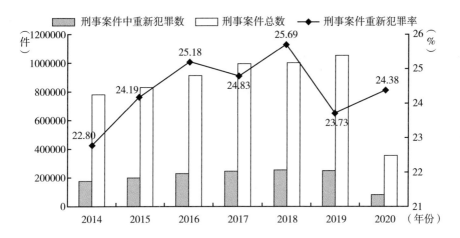

图10 2014~2020年全国刑事案件数与重新犯罪数及重新犯罪率情况

数据来源：中国裁判文书网，http://wenshu.court.gov.cn/website/wenshu/181029CR4M5A62CH/index.html。

（二）全国严重暴力犯罪大幅下降，刑释人员重新犯罪大案要案日益突出

全国故意杀人、抢劫、强奸、绑架等严重暴力犯罪案件降至6万件以下、年均下降近4.8%（见图11）。但是，回归人员重新犯罪危害突出，结伙作案增多，作案手段更加隐蔽、情节更加恶劣，造成极坏社会影响。许多涉财涉黑大案要案成员多是刑释人员[①]。从涉黑涉恶案件中回归人员比重看，扫黑除恶查处涉案人员中，70%为刑释人员，涉黑骨干中的80%是刑释人员。从团伙犯罪中回归人员比重看，福建省调查显示，再次犯罪的刑释人员中，数罪并罚的占31%，团伙犯罪占72%；广西壮族自治区1999~

---

① 石奎：《预防刑满释放流动人员再犯罪问题的实证研究》，《西南民族大学学报》（人文社科版）2013年第2期。

2005 年 6 年的统计数据显示，共同犯罪占重新犯罪总量的 61.7%。全国 2002 年调查显示，73.1% 的刑释人员实施的犯罪为共同犯罪，其中，有 38.8% 被认定为集团犯罪。这表明，刑释人员重新犯罪具有纠合性、团伙性。从重新犯罪刑期长短看，据四川省监狱统计，在押重新犯罪罪犯中，原判 10 年及以上有期徒刑、无期徒刑和死缓的占 42%，而首次犯罪被判刑 10 年及以上的仅占总数的 16.5%。

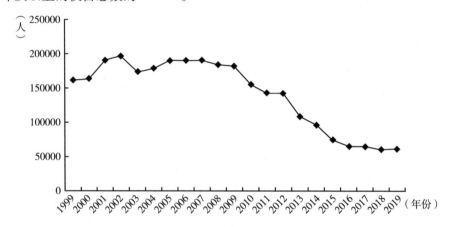

图 11　1999～2019 年严重暴力犯罪（故意杀人、抢劫、强奸、
绑架、放火、爆炸）人数变化趋势

数据来源：2020 年最高人民检察院工作报告。

（三）回归人员重新犯罪地由本地犯罪向跨区域流动转变

随着改革开放的持续深入，重新犯罪特别是流动人口重新犯罪集中出现在东部经济发达省份和西部大开发地区，从经济不发达地区向发达地区流动，从中小城市向大城市流动，从乡村向城镇流动。具体表现如下。一是向长三角、珠三角、京津冀等经济发达地区流动。随着城市经济建设大发展，外企不断涌入，私企井喷式发展，需要大量劳动力，大规模流动人口主要涌向东部发达地区，这里成为流动人口犯罪问题最为严重的地区。二是向西部大开发主要省份转移。青海等西部大开发省份的西气东输、西电东送、南北水调、青藏铁路等大型工程建设需要大量劳动力,大规模流动人口随之产生。三是案件发生地从中心城区向城郊接合部转移。相比中心城区,远郊地区社会治安相对薄弱,便于实施犯罪后逃离现场或隐匿,刑释人员有较丰富的犯罪经验,重新犯罪往往选择在城郊、城乡接合部。

(四)回归人员重新犯罪类型以财产型犯罪为主,手段方式更加多元

一是以侵财型犯罪为主。追求经济利益是重新犯罪的主因,侵财犯罪仍是重新犯罪的重点,传统接触式侵财犯罪减少,以电信网络空间为载体的非接触性侵财犯罪增加。二是毒品类重新犯罪数量上升(见图12)。随着禁毒斗争的深入开展,公安机关连续开展"两打两控""除冰肃毒"等专项工作,涉毒重新犯罪案件数量呈现上升趋势,在重新犯罪中占比达28%左右。毒品犯罪形势也在发生变化,以海洛因为主的传统毒品犯罪呈逐年萎缩态势,化学合成的新型毒品犯罪增长迅速。三是网络类犯罪发展迅猛。信息时代改变着人类生活,犯罪形式相应变化,传统犯罪也在互联网生根发芽,使得重新犯罪类型转向网络犯罪、信用卡犯罪等新型犯罪,最高人民检察院 2020 年工作报告指出,"利用电信、网络实施的犯罪从2017 年到 2019 年年均递增 31.5%"[1]。

三 从重新犯罪原因剖析罪犯刑释回归面临困境

社会主要矛盾是时代变革的基本动力、核心标识,是时代划分的根本尺度、重要界线。重新犯罪原因与当前罪犯回归后面临的形势息息相关,是一个涉及社会政治、经济生活等诸多方面的复杂社会问题,也是中国城市化进程和现代化转型过程中亟待解决的重要课题。

---

① 《2020 年最高检工作报告全文内容来了》,最高人民检察院官微,http://www.mnw.cn/,2020 年 5 月 25 日。

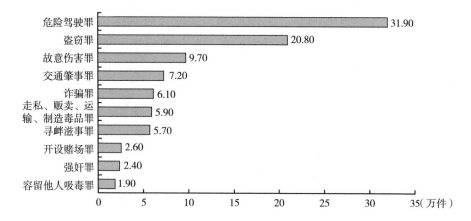

图 12　2019 年全国法院一审刑事案件个罪数量前 10 情况

数据来源：2020 年最高人民检察院工作报告。

（一）形势政策因素

城市化背景下犯罪及重新犯罪与经济发展不平衡不充分、城乡二元结构、产业结构调整、社会保障机制等密切关联。

1. 经济发展不平衡不充分

中国经济取得巨大成就，国家实力显著增强，人民生活明显改善，贫困发生率下降至 0.6%[①]。经济建设进入新常态，从要素投入转向创新驱动，结构更加优化，但经济转型过程中，贫富差距拉大造成社会紧张，结构性摩擦性失业问题加重，伴生社会风险。居民财富构成日益变化，房产已达家庭实物资产的 70%[②]，特别是城市家庭拥有的商铺、房产等凭借地域优势快速增值，而农产品与工业品剪刀差、金融投资与劳动价值剪刀差，使

①　《宁吉喆：全面建成小康社会取得决定性进展　决战决胜实现目标必须加快补短板》，中央人民政府，http://www.gov.cn/xinwen/2020-07/24/content_5529691.htm，2020 年 7 月 24 日。

②　《刷屏！央行：居民户均资产超 300 万，70% 财富是房产》，新浪财经，http://finance.sina.com.cn/money/fund/jjzl/2020-04-25/doc-iirczymi8325179.shtml，2020 年 4 月 25 日。

得城市与农村家庭资产差距不断拉大。2019 年中国基尼系数为 0.468①，贫富差距远超警戒线。贫困以及与贫困相联系的不利条件是诸多社会问题的根源，与犯罪有很强的相关性。例如，四川贫困地区凉山州犯罪率为 1.8‰，超全省 1 倍②。这表明，在社会发展新常态下，部分群体跟不上时代步伐，甚至一些人从高速发展列车上被"甩出来"，民生问题对社会秩序造成冲击和影响。特别是经济状况、生存方式处于社会边缘的回归人员，依靠正常手段无法获取更多收入、无法纳入城市生活保障体系，容易导致重新犯罪。

2. 第三产业结构变化

近年来，第三产业发展迅速，占比超过 50%，成为中国经济发展新引擎③。但产业迭代、共享缩岗、就业竞争等对就业通用能力、社会技能、信息技能、经济管理和外语等就业综合能力要求越来越高，这对就业困难人群的冲击更为尖锐。刑释人员受教育程度和职业技能偏低，社会隔离时间长，适应能力和竞争能力处于劣势，自主择业率和推荐就业率仅为 50%，生活状况很不稳定。

3. 社会保障覆盖深度广度不足

中国基本建立覆盖城乡居民的社会保障体系，养老保险覆盖 90% 的人群④，基本实现全民医保。但由于各种原因，农村人口、流动人口、刑释人员参保率相对偏低。调查数据显示，70% ~80% 的重新犯罪罪犯，捕前未缴社会保险，未签订长期有效的劳动合同；由于服刑，原社保、医保面临中断，曾持有的执业证照失效，刑释后失去就业机会或难以上岗。例如，被判处死缓、无期的重刑犯在经过漫长的刑期后，年龄可能超过 60 岁，由于养老保障和医疗保险缺失，其养老、治病负担更重。

---

① 《2018 年中国居民人均可支配收入基尼系数为 0.468》，中国报告网，http：//data. chinabaogao. com/hgshj/2020/051T935K2020. html，2020 年 5 月 18 日。

② 四川省监狱管理局：《现代社会治理视域下的重新犯罪研究》，《犯罪与改造研究》2019 年第 12 期。

③ 《今后中国 GDP 拉动主要靠什么支柱产业?》，搜狐网，https：//www. sohu. com/a/ 406046467_ 104543? _ trans_ =010001_ grzy，2020 年 7 月 6 日。

④ 《人社部：中国基本养老保险覆盖人数已超过 9.5 亿人》，搜狐网，https：//www. sohu. com/a/343732508_ 464403，2019 年 9 月 27 日。

（二）机制因素

1. 过渡保障衔接不畅

四川省调查表明，71%的重新犯罪罪犯刑释后未去当地相关部门报到采录信息，认为"政府没有安排工作"的占56%，84%的刑释人员表示"相关部门没找过自己"，51%表示"希望得到安置帮教"。这表明，一是回归工作有断层。中国现行安置帮教按属地原则进行管理，受执法事权的局限、人力财力的窘迫、机制的缺失，以及回归人员的抵触、不配合等因素影响，安置帮教工作无法实现与监狱、社会帮教力量的良性衔接，回归工作存在断层与脱节。二是列管范围不全。重新犯罪罪犯中青少年和流动人员占比高，基层未完全将有重新违法犯罪迹象的人员纳入监控范围。三是过渡安置不到位。刑释人员回归后前两年是巩固改造成果的关键时段，也是防止其重新犯罪的黄金期。由于长期与社会隔离，刑释人员社会适应能力弱，短期无法获得有效的发展资源，一旦安置工作过渡性的生活安排、困难救济、社会适应训练不足，刑满释放人员容易走上重新犯罪道路。

2. 家庭支持系统有缺失

重新犯罪罪犯的家庭环境和婚姻状况对其世界观、价值观、道德观的形成有重要影响。由于家庭不接纳不包容，他们深感道德失落和价值虚空，进而走上重新犯罪的道路。一是婚姻关系不稳。从四川重新犯罪罪犯的婚姻状况来看，未婚的占51%，离婚、丧偶的占13%，这三类群体占比超过60%。这些人员回归后，由于缺少家庭的关心和约束，更容易重新犯罪。婚姻状况不稳定直接影响人的心理行为，极高的未婚率使得刑释人员缺乏来自家庭的约束力。二是家庭关系不和。四川调查显示，有58%的刑释人员，家庭对其有偏见，缺乏家庭温暖，最终将回归人员推向重新犯罪歧途。浙江重新犯罪调查显示，有38.7%的重新犯罪罪犯认为他们家庭关系差，家庭对他们早已失去亲和力和约束力。家庭关系差、婚恋不顺更容易使他们做出背离社会的越轨行为。

3. 社会接纳机制不足

社会包容和帮教安置是决定他们回归是否顺畅的重要介质。四川调查显示，有53%的社会公众对刑释回归人员心存戒备。用工企业要求应聘人员出具无犯罪记录证明，一些刑释人员因此失去就业机会。目前中国仍没有建立前科消灭制度，对犯罪记录时限无明确规定，不利于刑释人员正常就业。

（三）监狱治理因素

犯罪类型动态变化，押犯结构动态调整，折射社会发展变迁，行刑理念、行刑模式也必然随之调整。当前刑释人员重新犯罪形势不容乐观，反映了监狱治理水平还不能适应国家治理要求。

1. 治理机制失衡

一是回归类法律缺失。中国目前还没有调整刑释人员回归方面的专门法律，《监狱法》是部门法，法律位阶低，外部协调力度不够，且未专章设立刑释人员回归内容，目前主要依靠政策指导，缺乏制度性安排，相关保护援助措施难以落实。二是刑罚执行模式局限。封闭是监狱的天然属性。罪犯收押进监，从刑罚末端环节来说是结束，从改造回归角度仅仅是开始。监狱从安全角度出发需要将罪犯从社会人向监狱人转变，罪犯改造过程实质就是重塑社会人格过程，监狱管理的封闭性和罪犯顺利回归社会的开放性是新时代监狱治理需要解决的重大课题。三是刑事奖惩机制失调。一方面，在刑罚执行宽严之间，依法惩罚和改造罪犯是监狱的核心职能，需要进一步彰显罪刑相称、宽和适度的刑事司法价值，明确依法惩罚的依据，确保惩罚有据在界。另一方面，在刑罚执行变更均衡适用之间，运用减刑手段过多，运用假释手段过少，减刑有利于调动罪犯改造积极性，强化狱内安全，而假释适用则更有利于罪犯回归适应社会。司法实践中，假释罪犯重新犯罪率仅2%。广东省调查资料显示，广东监狱近5年来假释率为0.6%～1.44%，而减刑率达32.%～45%，相差达30倍以上；四川近年来年均减刑率约40%，假释率则徘徊在0.6%～1.2%。这表明，宽严相济、宽严有度的刑事理性还有待建立，刑事奖惩机制还没有充分发挥假释有利于预防重新犯罪、促进刑释人员顺利融入社会的积极作用。

2. 治理靶向困境

一是重新犯罪尚未得到有效治理。中国监狱脱逃案是百万分之一的小概率事件，可控程度世界领先，但重新犯罪率却在不断上升，甚至监管硬件好、经济保障程度高的东部省份远远高于中西部省份。监狱虽阻断重新犯罪的社会因素，但罪犯刑释回归后，诱因再度发酵，致使重新犯罪案件发生，社会治理系统还未从根本上解决重新犯罪问题。二是行政化倾向与职能实现要求不适应。行政化架构是制约改造质量提升的结构性问题。多数监狱按国家机关内设机构设置，而功能监区、心理矫治、改造评估、数据分析等专业机构设置偏少，呈"倒金字塔"状，与践行改造宗旨职能定位不匹配。三是现代技术应用与改造规律融合尚显不够。犯罪和罪犯情况的变化对传统的行刑方式带来挑战，大量新方法新手段不断运用于罪犯管理工作，现代科技与监狱工作的交融尚需实践验证，具有良好愿景的制度设计还需要通过完善的操作技术去实现。四是狭义安全挤占矫正空间。社会舆论过多聚焦"监管安全"领域，矫正罪犯空间受到挤兑，致使监狱质效评估重点不是矫正罪犯主业，而转向以安全为核心的监管监控，造成监狱治标治本失衡。

3. 监狱改造模式运行羁绊

一是现行监狱行刑模式与罪犯改造功能需求不匹配。"结构决定功能，功能牵动结构。"以暴力犯罪为代表的自然犯罪滋生土壤逐渐压缩、以法定犯罪为代表的轻缓刑事犯罪大幅上升，新时代押犯结构发生重大变化。监狱行刑模式正从严管严控的关押模式向教育治本的回归模式转变。按押犯性别、区域位置设置监狱的传统方式，难以有效实现分级分类分教，针对日益增加的轻缓刑事罪犯，当前监狱在重新融入社会化改造环境设置上还应对不足，差别化改造难以实现，亟须从管控风险、精准矫治的角度，按监狱戒备等级确定不同危险程度的关押对象，形成宽严相济、罪当其罚的行刑模式，充分体现刑罚威严，有效预防重新犯罪。二是监禁人格与社会人格过渡不到位。罪犯因服刑隔离，社会化进程必然滞后。对罪犯依法实施惩罚与改造，本质就是从"去社会化"到"再社会化"的过程。当前，社会对监狱安全工作要求很高，使监狱将执法视角过多聚焦于"坚守安全底线"，将主要精力、主要资源过多放在"去社会化"方面，即矫正罪犯不良行为、扭转反社会倾向、弥补认知缺陷。调查发现，大部分监狱未设立独立的出监监区，一定程度上弱化了罪犯再社会化，少部分刑释人员带着在监狱服刑中形成的监禁人格重返社会后，引发回归后的种种适应不良，重新走上犯罪道路。三是劳动改造功能发挥与回归需求不适应。劳动改造"惩罚、维稳、矫治、培训、价值"五大功能未充分发挥，影响罪犯回归社会、就业谋生。四川监狱调查显示，重新犯罪罪犯希望通过劳动报酬"体现自身价值"的占54.98%，"用于改善监内生活"的占62.33%，"用于减轻家庭负担、巩固家庭关系"的占58.64%，"获得就业储备资金"的占77.87%。劳动报酬机制体现对罪犯通过劳动创造价值的尊重，能为罪犯改造需要和回归过渡提供必要的资金支持。四是罪犯改造模式与改造宗旨实现不同步。教育者和受教者的平等互动是做好教育改造工作的重要条件。由于罪犯改造的强制属性，罪犯改造主体地位、个体差异和改造需求往往被忽视，不加区别的普遍性、常规性教育难以奏效，犯因性问题未能彻底根除。

四 以预防和减少重新犯罪为靶向创新回归工作对策

在国家治理的宏观视角下，立法规范、司法追诉已与时俱进，回归工作已从单纯的政府部门安置帮教、零散自发的社会帮扶救助，转化为具有明确目标任务和措施的社会综合治理体系的重要链结。为此，应从国家、社会和监狱三个层面全方位构建回归工作治理格局。

（一）构建顺利融入社会的回归公共政策

刑释人员的顺利回归与国家城市化发展、社会保障体系、市民化社会结构、弱势群体合法权益保障、社会包容程度等方面密切相关，需要从宏观上建立完善其顺利融入社会的回归公共治理政策，降低重新犯罪率。

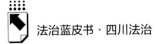

1. 精准构建社会托底政策

最好的社会政策，就是最好的刑事政策。科学研判经济转型中弱势群体问题，快速反应、及时回应，实现科学托底、人文托底，助力刑释人员走出困境，共享社会经济发展成果，增进政治认同、社会认同、制度认同。实现全员社保，扩大低保范围，提高低保标准，深化城市户籍改革，推动户籍管理与治安防控分离，实现教育、医疗、社会保障、福利由居住社区统筹。

2. 科学调控城市化发展

推进东西部融合发展，优化中西部资金投入和产业战略布局，从单体城市向现代城市共同体转型，以中心城市带动周边城市群、引领区域发展。科学调控城市化速度，分散发展卫星城市，破解超大城市带来的治病难题，改善流动人员生活生产环境，稳定和促进就业，缓解社会冲突，有效控制犯罪。

3. 促进乡村振兴战略实施

推进城乡融合发展，构建城乡互补、共同发展的新型城乡关系，为刑释人员充分就业创造良好的外部环境。一方面，加大城乡要素供给，吸引更多资源向乡村汇聚，实现有序流动、平等交换，加大乡村产业扶持和资金投入，培训乡村产业发展人才。另一方面，推动城乡产业升级。推进农业结构性变革，深化农业电商平台建设，扶持中小微企业统筹发展，推进市域、县域经济稳定发展，完成县、乡、村产业层级式布局，实现高质量发展。

4. 引导树立正确社会心态

准确把握社会舆论、社会心态的变化规律，营造包容回归人员的社会氛围，构建理性平和的回归环境。一是正确引导社会舆论。加大对社会大众的宣传力度，全力营造有利于他们回归的平等宽容的社会环境和理性平和的社会心态，疏导仇视对立情绪，化解消极因素，促进社会和谐。二是建立正当合理诉求表达机制。发挥律师行业工会等社会群团组织在化解社会矛盾中的积极作用，引导他们以合理合法方式表达诉求、解决问题，依法保障回归人员的合法权益。三是加强社会心理服务建设。完善危机干预和心理援助服务体系，为刑释人员提供心理辅导、家庭关系调适等服务。

（二）建构预防重新犯罪的刑释人员回归治理模式

入狱是罪犯回归社会的起点，监狱和政府相关部门应当从入狱服刑阶段开始，就围绕再社会化目标，从完善机制建设、变革改造方式、健全组织功能、强化智能运用和加强队伍建设等方面建立与国家治理体系和治理能力相适应的新型现代文明监狱回归改造治理模式。

1. 着力机制完善，从分散到系统

建立系统的法规体系，实现由行政绩效色彩浓厚的监狱管理向法治服务特征鲜明的监狱治理转变。一是把回归人员保护纳入法治轨道。以立法形式推进回归人员社会保障机制，明确回归人员权利、义务，明晰社会相关部门职责；《监狱法》设立回归专章，明确规定社会安置帮教、社区矫正部门协调衔接等内容，对刑释人员一定年限内无重新犯罪的可以消灭前科。二是优化刑罚执行模式。依法扩大假释面，构建"假释为主、减刑为辅"刑事奖励机制。三是推进新型监狱体制机制改革。构建监禁刑与非监禁刑相互贯通的刑罚执行体系，建立与回归适应衔接的开放（半开放）监狱，设置罪犯回归过渡期和适应期，提前适应社会生活。

2. 着力方式变革，从被动到主动

准确把握新时代押犯结构变化，增强罪犯改造内生动力，提升罪犯刑释后回归适应能力，着力价值观重塑，改变罪犯犯罪人格，实现由底线安全向治本安全的根本转变。一是变革推动型教育模式，形成监狱（民警）与罪犯互动式教育模式。在罪犯入监出监一体化改造进程中，从激发罪犯改造内生动力出发，使教育方式为罪犯所接受，改造内容为罪犯所内化，实现要我改造到我要改造的转化。二是变革传统教育改造教学模式，形成适应现代社会公民素养的教育模式。针对法定犯不断增多的改造形势，监狱改造在突出罪犯犯罪意识改造的同时，着力对罪犯强化现代公民素质教育，使之具备融入现代社会应有的主体意识、权利意识、参与意识、平等意识、宽容态度、法治观念、义务观念和理性精神等。三是变革普适教育模式，形成以回归适应为导向的精准教育模式。以罪犯刑释后的回归发展为引领，根据不同类型和个体犯因性问题，建立个案管理、个别化矫正的教育改造新模式。针对人格障碍、心理问题突出的罪犯，强化刑期管理、认知行为疗法等方法运用；对再犯风险高、人身危险性大的罪犯，强化综合评估和风险控制；针对谋生技能不足、社会适应能力差的罪犯，按照社会需求开展职业技能培训、创业培训和回归适应训练。四是变革劳动岗位供给模式，形成以增强罪犯回归创业能力为目标的技能培训。拓展劳动生产项目，将罪犯职业技能培训纳入国家再就业工程，财政统筹，免费培训，扩大回归就业渠道。将罪犯文化教育纳入地方总体规划，教育部门加强业务指导和师资培训，拓宽义务教育范畴，提升罪犯综合素质。

3.着力功能健全，从粗放到精深

完善监狱功能布局，提升现代监狱治理与监管改造现实需求的匹配，全力推动由形态单一、粗放管理到功能齐备、分类科学的监狱形态布局治理转变，从而实现片面强化监狱惩戒功能到刑事司法执行理性平和的理念转变。优化监狱布局，凸现整体功能；优化监区功能，实现分类矫治；优化机构设置，提升刑罚效力。按改造功能配置监区资源，重构监区组织形态和功能形态，推进等级化戒备管理、差别化处遇管理、渐进式社会融入，形成改造职能充分发挥的新型组织管理机制。围绕罪犯再社会化目标，打破监狱治理板块壁垒，破解监狱职能条块分割、层级管理分隔、执行层面分家难题，探索大部制与科层制结合的统分融合体制，提升监狱治理的整体实力。

4.着力智能运用，从经验到精准

提升数据意识和数据思维，构建动态感知、精准分析、智能辅助、安全可控的科技应用格局，以智能技术实现监狱治理要素重组优化配置。一是打造回归信息共享平台。结合大数据、物联网、云计算理念和方法，实现监管改造活动信息资源数字化、智能化，推动指挥中心的实体化设置、实战化运行；深化回归信息共享平台建设，通过监狱、社区矫正机关对共同矫正对象动态数据的互联互通，针对性进行资源调集，强化监管对象掌控力度，实现刑释人员回归工作网络化精准治理。二是加快智能罪犯回归改造评估系统建设。将现代矫治理念与信息技术手段深度融合，建设具有业务数据双驱动和信息传送自动化、危险预警及时化、隐患处置最优化、矫正方案个性化的罪犯回归综合评估系统，形成监狱科学决策、精准矫治、高效防控的再社会化改造模式。三是加快个性化回归改造场景建设。打通信息资源渠道，从技术层、应用层、主体层三个层面构建"智慧改造"系统，依据大数据产生的海量资料和数据，探索罪犯数字化建模，搭建虚拟化回归教育场景、设计智能化回归改造软件，开展远程视频会见帮教、就业培训、模拟实训等科目，提升罪犯改造精准性、实效性、针对性。

5. 着力能力提升，从看守型到专家型

建构预防重新犯罪的罪犯回归治理模式，打造革命化、正规化、专业化、职业化队伍。一是强化队伍政治引领。以革命化建设为统揽，增强"四个意识"、坚定"四个自信"、做到"两个维护"，确保监狱现代治理不偏航失向。二是优化队伍专业培训。健全"教学练战"一体化培训机制，培养专业思维、专业方法、专业技术，提升专业化水平。三是畅通职业发展通道。完善队伍分类管理，提升监狱民警职级待遇，拓展职业发展空间，增强监狱民警职业吸引力，着力形成"进得来""留得住""有奔头"的职业规划与发展机制。

（三）构建多元共治、狱地联动回归治理模式

刑释人员顺利融入社会，亟须以"社会治理＋现代科技"智能治理模式为抓手，以市域社会治理为切入点，从搭建回归创业平台、构建社会治安防控体系、强化重新犯罪风险预警等层面推动形成狱地联动回归治理格局。

1. 搭建就业创业帮扶平台

实施困难人群就业优先战略，配套就业创业社保补贴、打通就业创业担保贷款等渠道，为扶持刑释人员创业就业提供制度保障。一是配套政策，强化保障。健全完善涵盖刑释人员的"全覆盖、可托底、多层面、持续性"社保体系，确保罪犯社保延续有效。二是加大投入帮扶资金，稳定就业岗位。出台对刑释人员创业贷款、工商、税收等方面的优惠政策，提供不同额度的就业创业的低息、无息贷款资金，全面落实失业保险和技能提升补贴政

策，为生活困难的监释人员落实最低生活保障、临时性救助等措施。三是建立就业培训基地，促进重点群体就业。与社会企业、院校共建培训基地，邀请相关部门和企业为监释人员提供就业指导、技能培训鉴定；对有一技之长、有创业意愿的，向社会发布信息，推荐就业岗位。四是建立归途之家帮扶机构，搭建对接平台。建立由政府相关部门和民间力量共同参与的刑释人员过渡性安置帮扶机构，开展"树立正面思维及新目标、重建传统价值观、扩大正面社交网络及改善人际关系、开阔见识"等回归社会适应性专门训练；为无家可归、无业可就、无亲可投的"三无"刑释人员及老年、残疾、有变态人格等刑释人员提供亲情修复、心理治疗、技能培训、职业规划等过渡式管理和安置服务，确保刑满释放者有家可归、有业可就；为吸毒、HIV等身体有疾病的刑释人员提供后续戒毒、治疗和康复等服务；协助家庭经济困难的刑释人员办理就学、落户、城镇最低生活保障金，申请廉租房、社会救助、保险、法律援助及困难补贴，帮助他们解决刑释初期的过渡性食宿等基本生活问题；广泛发动、引导和鼓励社会慈善力量建立民间慈善帮扶组织和资助基金，为刑释人员顺利回归提供创业帮扶和困难资助。

2. *深化社会综合治理防控建设*

健全完善纵横贯通的社会治安防控体系，堵塞社会防控漏洞。一是深化安置帮教工作组织建设。将安置帮教工作纳入各级社会综合治理委员会主要工作，设立专职安置帮教工作部门，并将刑释人员安置帮教情况、重新犯罪指标纳入地方政府绩效考核主要内容，明确各级党委、政府负责人对安置帮教工作负总责，组建省、市、县、乡四级帮教机构和社会工作者、志愿者队伍，引导社会力量参与回归人员帮扶工作。二是延伸社会帮教长效机制。深化社会帮教长效机制，明确相关部门和家庭的社会帮教职责；深化刑释人员定期跟踪回访机制，及时了解刑释人员就业情况、遵纪守法情况及政策落实情况，针对出现的问题，在鼓励他们战胜困难、战胜自我的同时，积极与当地相关部门、社区及其家属沟通衔接，帮助其平安度过回归危险期；动员社会力量，政府相关部门牵头组建亲情帮教协会，发挥家庭支持系统帮教规劝扶助作用，促进刑释人员顺利回归。三是构建社会治理"五治"新格局。

深化"党委领导、政府负责、社会协同、公众参与"社会综合治理体系，形成政治引领、法治保障、德治教化、自治强基、智治支撑的社会治理"五治"新格局。

3. 加强重点领域犯罪风险预警预测

由被动反应向主动化解转变，加强对产生违法犯罪源头因素的智能研判，是防范化解社会安全风险的首道防线。一是完善网络空间治理预测预警机制。运用大数据智能预测预警，加大防范涉众型、风险型经济犯罪和盗抢诈侵财类犯罪等影响大、多发性犯罪力度，实现治理模式向事先预警防范转变。二是建立重新犯罪高危群体动态监测机制。针对重新犯罪的高危高发群体，公安、司法、社区等部门联动建立一体化智慧警务动态监测模式，加强对盗窃类、涉毒类和抢劫类等犯罪前科回归人员刑释后 2 年内的跟踪复检，形成帮教、跟踪和预防一体化的良性循环。三是建立社会稳定与犯罪风险评估标准体系。国家部委牵头实施全国重新犯罪调查统计，在省市各地建立不同层级的犯罪风险监测网络，常态跟踪研判，动态风险预警，及时预防，减少重新犯罪行为。

社会治理
Social Governance

B.15
基层社会治理背景下未成年人权益
保护多元化创新型体系建构

四川省教育厅课题组*

摘　要：　基层是国家治理的第一线。未成年人权益保护是基层社会治理的重要组成部分，创新基层社会治理也为未成年人权益保护提供了新契机。近年来，四川省未成年人权益保护取得了显著成效，党委领导下的未成年人权益保护多元格局初步形成，未成年人权益保护模式不断创新，未成年人权益保护纳入基层社会治理的格局初步显现。未来应当从完善地方立法体系、强化政府职责、提升智能化程度、加强法治宣传教育等方面着手，进一步构建起多元化、创新型的未成年人权益保护体系。

---

* 课题组负责人：李国贵，省委教育工委副书记，教育厅党组成员。课题组成员：钟俊敏、唐稷尧、苏镜祥、陈鹏、张超、孔德王。执笔人：苏镜祥，四川师范大学法学院副院长；孔德王，青少年法治教育中心特约研究员。

关键词： 基层社会治理　未成年人权益保护　法治宣传教育

基层是国家治理体系和治理能力的现代化重点和难点。加强基层社会治理是党中央着重强调的重点领域，也引起了四川省的高度重视。"加强和改进城乡基层治理"是四川省委"十四五"规划和"十三五"远景目标的重要组成部分。近年来，为更好地保护未成年人权益，有效应对校园欺凌等侵害未成年人权益的恶性事件，预防和矫正未成年人犯罪，四川省委省政府将未成年人权益保护工作纳入基层社会治理框架，采取多种有力措施，致力于构建起多元化创新型的未成年人权益保护体系，取得了显著成效，但也面临现实挑战，需要在总结提炼成功经验的基础上稳步推进。

一　未成年人权益保护纳入基层社会
治理的必要性和紧迫性

基层社会治理是国家治理的前沿，"打造共建共治共享的社会治理格局"① 是新时代党和国家的重要任务。将未成年人权益保护纳入基层社会治理的框架和过程，既有必要，也十分紧迫。

（一）基层是未成年人权益保护的第一道防线

未成年人是祖国的花朵、民族的未来。保护未成年人权益是整个国家和社会的责任，需要在推进国家治理体系和治理能力现代化的过程中合力完成。基层处于未成年人权益保护的第一线。一方面，基层是未成年人成长的最重要场所。从家庭到学校，从生活到学习，未成年人的成长主要集中在基层社会，社区和学校在其中扮演了不可替代的重要角色。因此，基层社会的

---

① 习近平：《决胜全面建成小康社会，夺取新时代中国特色社会主义伟大胜利——在中国共产党第十九次全国代表大会上的报告》，人民出版社，2017。

状况好坏直接决定着未成年人的成长状况。另一方面，基层各单位也是保护未成年人权益的第一责任主体。基层各主体承担着未成年人权益保护的直接责任：社区的治安好坏影响着未成年人的安全感，家庭和睦与否影响着未成年人的身心健康，而学校的教育质量则关系到未成年人能否顺利成才。近年来的实际状况也表明，校园欺凌等侵害未成年人权益的恶性事件主要发生在学校等基层单位。总之，未成年人权益保护是分层次的，既需要党和国家的顶层设计，也离不开基层作用的发挥。

（二）未成年人权益保护是基层社会治理的重要组成部分

党的十八大以来，面对时代变化，推进国家治理体系和治理能力现代化成为党和国家全面深化改革的总目标。在这一宏伟目标的指引下，党中央及时提出"社会治理"取代原有的"社会管理"，顺应了民心民意。国家治理和社会治理的重点和难点都在基层，而从"管理"到"治理"的变化也为基层发展提出了新要求、设定了新目标。基层直接面向群众、服务群众，治理的好坏关系到国家治理和社会治理的成败。习近平总书记曾多次强调，要创新基层社会治理，"将矛盾纠纷化解在基层，将和谐稳定创建在基层"①。基层社会治理覆盖了经济、社会、文化的各个方面，保护未成年人权益是其重要组成部分，引起了党和国家的高度重视。在基层社会治理过程中，既要及时处置侵害未成年人权益的案件，消除不利影响，又要营造良好的社会环境，为未成年人的成长和成才提供全方位的社会支持。

（三）创新基层社会治理为更好地保护未成年人权益提供了新契机

创新基层社会治理，破除不适应的体制机制障碍，创建新的治理模式和治理手段，为更好地保护未成年人权益提供新契机。保护未成年人权益是一

---

① 《加强和创新基层社会治理》，http://theory.people.com.cn/n1/2020/0918/c40531-31866045.html，2020年12月23日。

项长期工作和系统工程，贯穿于创新基层社会治理的全过程。基层社会治理制度创新为更好地保护未成年人权益提供了制度保障，而大数据、人工智能等基层社会治理过程中的技术创新则为更好地保障未成年人权益提供了技术支持。

二 四川省未成年人权益保护工作取得的成效

近年来，响应习近平总书记和党中央对保护未成年人权益工作的部署和号召，四川省党委和政府高度重视，立足省情，自觉将基层社会治理创新和未成年人权益保护结合起来，取得了一定成效。

（一）党委领导下未成年人权益多元保护格局初步形成

未成年人权益保护是一项系统工程，综合性极强，不是一个单独的部门可以独立完成的，有赖于多个主体的协调配合。第一，党委肩负着保护未成年人权益的领导责任。党委是本区域内统领全局、协调各方的领导核心，无论是将未成年人权益保护纳入基层社会治理体系，还是整合涉及未成年人权益保护的各方力量，都离不开党委的领导。第二，政府在未成年人权益保护工作中发挥着核心作用。一方面，民政、教育、公安、司法、卫生等政府组成部门都在各自的职权范围内履行着保护未成年人安全、教育、健康等方面权益的职责。另一方面，政府还扮演着统筹协调的角色，将各相关组成部门的职责统一起来，克服各部门之间的合作障碍，形成政府保护的整体合力。第三，司法机关通过本职工作直接参与保护未成年人权益。在监护、抚养等民事案件中，人民法院的审理直接关系到未成年人权益，而人民检察院则主要负责未成年人涉罪案件的处理，二者通过专业的司法服务参与未成年人权益保护工作。第四，人民团体和社会组织是未成年人权益保护的重要参与主体。共青团是培养青少年的群团组织，妇联直接从事妇女和女童权益保障工作，而多种多样的社会组织则为未成年人的健康成长提供全方位社会支持。吸纳人民团体和社会组织参与是保护未成年人权益不可或缺的重要部分。第五，家庭和学校是保护未成年人权益的直接责任主体。家庭是未成年人成长的港湾，关系到未成年人的身心健康。学校是未成年人成长的重要场所，是未成年人成才的孵化器。家庭保护和学校保护为未成年人健康成长奠定了基础。正因为以上多个主体都不同程度地涉及未成年人权益保护工作，又缺乏有效的协调机制，导致未成年人权益保护工作长期存在碎片化、零散化问题，亟须整合现有力量，构建起多元化、全方位的综合保护体系。

经过多年的努力，四川省已经初步形成了党委领导下的未成年人权益多元保护格局。2017年《四川省贯彻〈青少年法治教育大纲〉实施意见》明确提出，要在立足课堂主渠道和加强校园法治文化建设基础上，充分利用网络平台，大力构建社会共同参与格局，鼓励社会各机构和法律相关人员扩大法治宣传教育平台，搭建立体教育体系，从社会、家庭、社区、学校多层面发力，通过线上线下结合模式，开展教育和保护活动①。龙泉驿区率先在全省搭建起未成年人权益综合保护社会支持体系。为全方位保护未成年人权益，克服各部门分头行动、协调不足的弊端，2019年9月25日，龙泉驿区人民检察院牵头，联合区人民法院、公安局、教育局、民政局、卫健局、共青团、关工委、妇联、精神文明办，共十家单位签订了《龙泉驿区未成年人权益综合保护社会支持体系框架协议》。借助该协议建立的合作平台，原本各自行动的十个主体联合起来，协调一致，形成保护未成年人权益综合力量。2020年，在党委的领导下，龙泉驿区未成年人权益综合保护社会支持体系进一步升级。8月3日，中共龙泉驿区全面深化改革委员会印发《关于进一步深化未成年人权益综合保护社会支持体系的实施意见》，致力于推进党委领导下多元主体协同的未成年人权益保护共同体建设。党委领导下未成年人权益多元保护格局的形成，不仅打破了"九龙治水"的未成年人权益保护碎片化困局，有效地整合了多元主体的比较优势，而且积累了可以复制推广的有益经验，为全方位保护未成年人权益提供了共享共建的制度平台。

---

① 《四川省贯彻〈青少年法治教育大纲〉实施意见》，2017。

（二）未成年人权益保护工作模式不断创新

时代在发展，社会在变化，未成年人权益保护工作模式也与时俱进，不断创新，以更好地满足青少年健康成长、全面发展的需要。

一是校园内保护与校园外保护相结合。校园是未成年人健康成长的重要场所，校园也为未成年人提供了基本的保护措施。但校园存在于社会之中，不是一个免受社会影响的真空，因此保护未成年人权益应当将校园内保护和校园外保护结合起来。作为家校合作、社会合力的重要力量，未成年人司法保护走在前列，通过运用大数据功能，关注未成年人预防犯罪、犯罪临界、教育矫治的司法保护实践，打造一系列创新保护模式，如4A智慧未检系统①、未成年人一站式观护机制②等，在司法实践中取得了一定成绩，也是长期重视未成年人司法保护的结果。成都市人民检察院打造"亮晶晶"未成年人检察团队，早在2017年就被最高人民检察院工作报告收录，积累了丰富的未成年人司法保护经验。此外，成都市人民检察院为打造法治教育的第二课堂，增强青少年对法治实践的感知，于2019年在龙泉驿区人民检察院挂牌成立了成都市青少年法治教育实践基地。该基地将主题展厅和未成年人检察功能区相结合，运用生动的案例、新颖的传媒技术、多功能的设计，建成寓教于乐的校外未成年人保护项目，荣获2020年度"全国法治宣传教育基地"称号，系四川省首个获得该荣誉的基地。眉山市公安局联合教体局、市场监管局等部门，以校园为中心，对周边的游戏厅、网吧等娱乐场所进行检查整顿。2020年，校园周边环境治理行动出动执法人员千余人次，对上千个校园周边场所进行了排查和整顿，营造良好的校园周边环境。眉山市青神县亲子教育协会与本地区学校一道开展"大树的成长"系列项目，

---

① 成都市武侯区人民检察院开发"青少年违法犯罪数据分析平台"，通过大数据分析，建立"4S"（Specialization, Standardization, Socialization, Serialization）未成年人权益保护工作标准。

② 《关于加强新时代未成年人检察工作的意见》（2020年4月21日印发），要求各级人民检察院"从严惩治侵害未成年人犯罪"，"持续推进'一站式'办案机制"，避免对未成年人二次伤害。各市（州）县人民检察院根据地区特点，积极建立"未成年人一站式观护机制"。

针对未成年人身心发展的不同阶段和特点,设计了从"认识自我"到"人生重启"循序渐进的心理干预课程,将课堂教育延伸到课堂之外,有效地弥补了现阶段学校心理教育的不足。2015年至今,达州市未成年人心理成长指导中心在达州中学建成并投入使用,得到了省、市、区三级政府,学校和家长的共同支持和大力配合。依托该中心,政府、学校和家长的合作与参与有了一个共同的平台,以校园为中心、综合校内和校外多方力量的未成年人权益保护工作也逐步体系化。

二是线下法治宣传教育和线上法治宣传教育相结合。对青少年开展法治宣传教育有助于培养未成年人的法治意识、提升未成年人自我保护能力、增强青少年通过法律渠道防范不法侵害的自觉。传统的法治宣传教育以线下为主,发挥学校法治教育主阵地作用,在深入推进依法治校基础上,利用课堂教学优势、紧抓关键时间节点,形成教育系统主导的宣讲教育型线下模式。比如,在每年3月的"法制宣传月"、12月4日的"国家宪法日"等重大时间节点设立展板、开展普法课程、参加普法活动等。以射洪市为例,大力发展线下法治教育,形成了一校一亮点、制度引领、分层学习、教师对学生精准滴灌的法治教育特色,将法治基础理论和法治理念扎根学生思想。为进一步主动融入未成年人的日常信息生活,探索实现法治宣传教育更加日常化、浸润化的创新途径,四川省积极适应信息时代互联网环境下法治宣传教育的新需求,探索线下和线上相结合的法治宣传教育新模式。2020年9月24日,名为《驿路·守望》的公益宣传片由龙泉驿区人民检察院正式向社会发布,标志着成都市青少年法治教育基地线上云平台正式上线。2020年11月20日,攀枝花市正式启用"木棉花开"青少年法治教育实践基地,法制视频课件、VR沉浸式互动体验等新媒体技术成为满足广大青少年需求的线上传播新手段。成都市武侯区、青白江区人民检察院在建设智慧司法的过程中,重点打造"智慧未检"品牌,推出法治微电影等优质法治文化产品,提升了未成年人刑事检察工作的智能化水平。在强化传统线下法治宣传教育手段的同时,引入新颖的线上法治宣传教育手段,二者的结合有效提升了法治宣传教育的传播力和吸引力。

三是国家力量与社会力量相结合。未成年人权益保护是国家和社会共同关注的话题，也应当是国家和社会共同推进的事业。社会力量与政府部门等国家力量相结合，共同推进未成年人权益保护工作，能够以其灵活性和专业性，弥补有关部门的不足，分担有关部门的压力。司法社工介入未成年人刑事检察工作就是社会力量参与未成年人权益保护的典型代表。自从2016年成都市社会工作者协会、成都市武侯区人民检察院等多家单位联合签署《司法社工介入未成年人刑事检察工作规定》和《司法社工介入未成年人刑事检察工作合作协议》两个文件以来①，以社工行业协会为代表的社会力量广泛参与到未成年人刑事司法实践中，配合检察院等部门一道开展未成年人权益保护工作，取得了显著成效。

（三）未成年人权益保护纳入基层社会治理的格局初步显现

伴随着基层社会治理的不断创新，推动未成年人权益保护和基层社会治理有效对接，四川省从机构、队伍、内容等方面做了有益探索，取得积极成效。

一是未成年人权益保护机构进基层。基层是未成年人犯罪的多发领域，也是矫正未成年人犯罪的责任主体，但缺乏专门的工作机构。2019年底，犍为县人民检察院和司法局联合签署了《关于加强犍为县未成年人社区校正工作的意见》，提出将检察监督职能进一步延伸到基层，设立专门的工作机构。2020年5月，"犍为县人民检察院未成年人社区矫正室"在犍为县司法局社区矫正执法大队挂牌成立，成为乐山市第一个未成年人社区矫正检察室。乐山市为预防和矫治未成年人犯罪，强化基层单位未成年人权益保护的组织力量，全市范围的派出所均成立了未成年人保护专项工作小组，切实履行公安部门为未成年人成长营造安全的社会环境的职能。

二是未成年人权益保护队伍下基层。为充实基层未成年人权益保护人

---

① 《专业司法社工介入未成年人刑事检察工作》，http://www.cdjcy.gov.cn/sjy/27747.jhtml，2020年10月8日。

才队伍，四川省主要采取了以下措施。一是培养基层未成年人权益保护队伍。四川师范大学青少年法治教育中心是四川省乃至西南地区的未成年人权益保护综合研究平台。中心成立以来多次举办四川省"依法治校"专题培训班，为基层各级学校培养法治人才，提升依法治校、依法保护未成年人权益的能力。二是现有未成年人权益保护队伍参与基层社会治理实践。检察院未成年人检察部门是专业化的未成年人保护力量，直接深入基层社会治理实践，为偏远地区未成年人提供上门服务。例如，2020年7月11日，资阳市雁江区人民检察院携"未检侠"卡通人物到雁江区堪嘉镇雨佳村慰问当地的留守儿童，为他们上了一堂生动活泼的法治课。

三是未成年人权益保护和基层公共法律服务紧密结合。建立覆盖全社会的公共法律服务重点在基层，保护未成年人权益工作的重点也在基层，将保护未成年人权益和基层公共法律服务提供结合起来，增强法律服务的针对性，是法治社会建设的必然要求。眉山市民政局积极开展"青少年零犯罪零受害社区（村）"创建行动，通过开通儿童救助保护热线、购买社会服务等多种形式，为贫困儿童、边缘青少年群体提供全方位的保护和服务。四川师范大学青少年法治教育中心设立专门的校园公共法律服务站，不仅为广大师生提供法律服务，而且主动走进街道办、司法所等基层单位，推进未成年人权益保护工作融入基层公共法律服务，收到了良好的效果。

三　进一步推进四川省未成年人权益保护工作的建议

四川省以"未成年人利益最大化"为基本原则和根本目标，在加强基层社会治理的实践中，创新体制机制，搭建多元合作平台，在预防和矫正未成年人犯罪、培养未成年人法治意识、强化未成年人权益保护工作中不断探索和总结，为保障未成年人健康成长提供了较为充分的支持。但实践中未成年人权益保护工作还存在一些长期性问题和现实性挑战，需要在基层社会治理过程中进一步集聚资源，动员各方面力量加以妥善解决。

（一）完善未成年人权益保护的地方立法体系

第一，修改未成年人权益保护地方立法。十三届全国人大常委会先后于
2020 年 10 月 17 日、12 月 26 日通过了新修订的《未成年人保护法》《预防
未成年人犯罪法》《刑法修正案（十一）》，进一步完善了未成年人权益保护
制度体系，为形成未成年人保护合力奠定了坚实的法律基础。《未成年人保
护法》完善了家庭、学校、社会和司法保护体系，《预防未成年人犯罪法》
与《刑法修正案（十一）》下调刑事责任年龄相呼应，建立专门矫治教育制
度、坚持教育矫治核心功能，体现了社会发展中未成年人保护的新变化、新
特点。地方立法同时承担着执行和细化全国性法律的双重职责，进一步将未
成年人权益保护与基层社会治理相结合，四川省人大、成都市人大应当根据
新法的要求修订原有的未成年人保护条例，执行和细化上位法的新制度
设计。

第二，及时出台未成年人权益保护的配套地方立法。配套地方立法的制
定与施行能够灵活应对新情况，不断完善未成年人权益保护地方立法体系。
对此，四川省人大应当集中立法资源，加快立法步伐，学习借鉴其他省份的
先进经验，及时出台相应的配套地方立法，包括"四川省预防未成年人犯
罪条例""四川省治理校园欺凌条例"等，为基层治理主体全面保护未成年
人权益提供有效的法律手段。与此同时，四川省内设区的市也应当结合基层
治理中的新情况，及时出台相应的配套地方立法，落实全国性法律和省级地
方立法的相关规定。

（二）强化未成年人权益保护的政府职责

第一，设立未成年人权益保护专门机构。为了明确责任主体，确保未成
年人权益保护落实到基层治理的全过程，避免部门推诿，各级政府应当设置
专门的未成年人权益保护工作机构，常态化推进相关工作。这也是落实修订
后的《未成年人保护法》的必然要求。根据该法第 9 条的规定，县级以上
政府应当建立未成年人保护工作协调机制，统筹、协调、督促和指导相关部

门在各自职权范围内做好未成年人权益保护工作，也即建立专门的未成年人保护工作协调机构。对此，四川省可以借鉴南京市的先进经验，在省、市（州）、县（区）三级政府成立未成年人保护委员会，指导和监督本行政区域内的未成年人权益保护工作①。

第二，整合未成年人权益保护的政府职能。在各级政府设立未成年人权益保护专门机构的同时，为发挥政府在保护未成年人权益工作中的核心作用，应当吸纳民政、教育、司法行政等行政主管部门和共青团等人民团体的负责人进入未成年人权益保护委员会，进一步整合未成年人权益保护的行政资源，以便统一步调，形成合力，有效行动②。

第三，引导社会力量参与未成年人权益保护。未成年人权益保护是全社会的责任，政府之外的企业、社会组织、基金会、个人等社会力量是不可或缺的力量。政府应当大力发挥社会力量的作用，引导他们有序参与未成年人权益保护各方面的工作，将未成年人保护工作的需要和各种社会力量有效对接，实现政府主导、社会参与的新局面。

（三）提升未成年人权益保护工作的智能化程度

第一，建设覆盖全省的未成年人违法犯罪数据库。大数据是创新基层社会治理的重要内容③，也是保护未成年人权益的重要手段。目前，以人工统计未成年人违法犯罪数据的方式既无法准确反映未成年人违法犯罪案件的发生规律和特点，也无法追踪未成年人违法犯罪的动态，应当通过运用大数据分析技术，建立起省内全覆盖的未成年人违法犯罪信息数据库。通过共享信息和量化分析，了解涉嫌违法犯罪的未成年人的基本状况，如是否留守儿童，监测涉嫌违法犯罪的未成年人的干预和矫正状况，真正了解这个群体的

---

① 参见张雪梅、牛帅帅《构建家庭、社会、政府三位一体的未成年人权益保护体系——〈南京市未成年人保护条例〉评析》，《中国社会报》2016年2月1日。

② 《南京市未成年人保护条例》第8条规定了未成年人权益保护委员会的职责、组成单位及办公室的设置，http://www.njrd.gov.cn/flfgk/dfxfgk/201601/t20160128_2033950.html，2020年12月9日。

③ 《基层社会治理要善用大数据》，《人民日报》2016年11月11日。

现实需求，及时对未成年人违法犯罪进行事前预防和事后治理。2020年底，四川省高级人民法院宣布将建立覆盖全省的未成年人数据保护系统，可以看作一个积极的信号①。

第二，强化网络空间未成年人权益保护。网络空间是当前未成年人生活和学习的重要场所，由于它的虚拟性，成为违法犯罪频发的治理重点，应当重点关注。再加上网络技术等更新换代极快导致新问题层出不穷，如短视频直播的火爆使得心智尚不健全的未成年人给予高额金钱"打赏"引发的讨论，再如未成年人参与的网络娱乐节目②，客观上更要求强化网络空间未成年人权益保护，避免其误入歧途。

第三，进一步提升未成年人权益保护工作的智能化水平。大数据、人工智能等新技术的出现为保护未成年人权益工作提供了新的契机，借助新技术可以有效提升未成年人权益保护工作的智能化水平。打造"智慧"未成年人权益保护体系，应当将大数据、人工智能等新技术运用到包括法治宣传教育在内的各个环节，以更贴合时代特征和未成年人身心需求。

（四）加强法治宣传教育

法治社会建设是实现法治中国目标的基础和前提。未成年人作为国家的未来，其法治素养的高低直接关系到法治中国目标能否顺利实现。2020年12月8日，中共中央印发了《法治社会建设实施纲要（2020～2025年）》，为基本建成法治社会提出了明确的要求和具体的路线③。结合法治社会建设的目标和未成年人权益保护的需要，法治宣传教育应当从以下三个方面加强：第一，进一步将法治教育纳入青少年教育体系，覆盖从学生到教师全

① 《以审判为中心　四川省法院将建立未成年人数据保护系统》，http：//scnews. newssc. org/system/20200602/001073933. html，2020年12月11日。
② 《将"未成年人节目"纳入法治轨道》，《人民日报》2019年4月16日。
③ 《中共中央印发法治社会建设实施纲要（2020～2025年）》，《人民日报》2020年12月8日。

体，贯穿从课堂到课外全过程；第二，健全未成年人参与法治实践机制，加大投入，建设更多更好的青少年法治教育实践基地；第三，推出更多的法治文化产品，打造更好的法治文化精品，用法治文化涵养未成年人的人格养成，为法治中国建设培养合格的践行者和传播者。

B.16
雅安社会组织有序参与社会治理的
常态化政社协同机制研究

摘　要：　雅安贯彻落实十九大精神，推动社团组织深化改革，整合群
团资源构建"大群团"工作格局。通过各项制度建设、人才
队伍建设等措施培育社会组织、整合社会资源、搭建政社协
同平台，参与社会治理，建立了独具特色的协同社会力量有
序参与社会治理的社会治理模式。

关键词：　政社协同　社会治理　群团实施

雅安市群团组织社会服务中心（以下简称"群团中心"）诞生于芦山
"4·20"地震的应急救援和灾后重建。2014年3月，在地震后创建的"抗
震救灾社会组织和志愿者服务中心"基础上成立了雅安市群团组织社会服
务中心。2015年6月，在雅安全市八个县（区）建立了8个县（区）中心、
116个乡中心，招募了156名专项志愿者，实现了雅安全域覆盖。2017年，
中共雅安市委办公室颁布《关于进一步完善雅安群团组织社会服务体系工
作机制》的通知，明确市县（区）中心主任由同级党委常委兼任。中心在
雅安市群团组织参与社会治理协调小组的领导下，发挥群团组织在参与社会

---

* 课题组负责人：任昌蓉，雅安市妇联党组书记、主席，雅安市社会组织第三综合党委书记，
雅安市群团组织社会服务中心副主任。课题组成员：周利、刘雪松、闫婷婷。执笔人：刘雪
松。

治理中的枢纽作用，指导县（区）乡镇群团组织社会服务体系建设，有效协同社会力量，有序参与社会治理，助力雅安社会全面发展。

2013 年，雅安抗震救灾社会组织和志愿者服务中心成立，被北京大学公民社会研究中心评为"2013 年中国社会领域十大事件"；2016 年 4 月，市群团中心被雅安市委、市政府授予抗震救灾灾后恢复重建集体二等功；2016 年 10 月，市群团中心入选"2016 四川十大改革转型发展案例"30 强；2018 年 1 月，品牌项目"我爱·我家"获省政府授予"四川省最具影响力慈善项目"；2018 年 7 月，市群团中心被雅安脱贫攻坚领导小组评为"2017 年度雅安市脱贫攻坚先进集体"；2019 年 4 月，市群团中心获"首届中国城市治理创新奖"；2020 年 4 月，市群团中心获省政府"四川省科技进步三等奖"。2021 年 3 月，市群团中心被全国妇联授予"全国巾帼文明岗"称号。

一　雅安搭建政社协同实体平台的主要做法

经过 5 年的创新发展，群团中心这一政社协同实体平台落实党的十九大报告"提高社会治理社会化、法治化、智能化、专业化"要求，协同社会组织有序参与社会治理，促进社会力量参与社会治理体系和治理能力现代化建设方面，开展了一系列创新探索，取得了实实在在的效果。

（一）强化党的领导

群团中心从初建至今，都是由党委常委直接领导。群团中心创建了一个将党的领导切实落实到社会组织日常社会服务行为中的有效机制和平台。例如，群团中心要求社会组织在开展活动时实行"三报一双评"制度，"三报"指的是实施项目要向中心报备、落实项目要向党组织报到、执行项目过程要及时汇报、项目结项要实行双评。其中的"双评"指的就是在社会评估的基础上还要进行党组织评价。社会组织开展活动需要找所在地党组织报到，必须报告开展什么活动，要达成什么目标。结项的时候要"双评"，即除了第三方的项目社会评估外，还必须有基层党组织的肯定性评价后方可结项。除了有条件的社会组织成立党支部，群团中心在社会组织中积极倡导向党组织靠拢，成立了党员志愿者先锋队。在具体工作中，各县区委组织部及时协调指导区县（区）群团中心在社会组织中有效开展党建工作，不断强化党在社会组织中的影响力。

目前，群团中心成立了全省唯一的"社会组织第三综合党委"，即雅安市社会组织第三综合党委。整合资源建成"两新组织党性教育基地"，建立同步调查摸底、同步组织覆盖、同步评估党建"三同步制度"，开展社会组织建党支部、公益项目建党小组、社会组织中派驻党建指导员的探索工作，构建起"12345 枢纽型社会组织党建工作体系"。2020 年，新成立社会组织党支部 7 个。截至目前，在社会组织公益联盟中成立了 5 个功能型党支部和 6 个基层党支部，并指导 8 家社会组织成立了基层党支部，服务党员 130 多名；同时开展"不忘初心、牢记使命"主题教育活动，78 名社工提交入党申请书，有 18 人在救灾一线提交了入党申请书，有 3 名民间救援队队员因在抗疫工作中表现突出入党。

（二）坚持群团实施

首先是紧紧围绕民生和稳定这两条主线，以构建大群团工作格局为目标，使其成为在治理体系创新中贯彻始终的基本目标和根本追求。所谓"大群团"格局，就是依托原有的群团组织系统体系，在基层组织设置上创新，延伸群团工作手臂，自上而下形成稳定的服务体系，针对各领域需要的群体，整合、共享各群团组织彼此的资源，强化统筹协调，形成工作合力，同时在服务中体现群团组织的政治性、先进性和群众性。

"大群团"工作格局的主要工作载体是定期召开群团联席会议，一般每两至三个星期召开一次，商议讨论群团组织各家和群团中心工作的配合和落实问题，及时协调工作方案和工作措施，把党对群团工作的领导落实到工作的每一个环节和每一个步骤。乡（镇）中心的体系经历了两个阶段的改革，开始是由乡（镇）街道群团组织共建，主任由乡（镇）街道分管群团工作

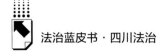

的党委班子成员兼任，副主任由乡（镇）街道团委书记、妇联主席担任；转入常态化社会治理阶段后，改革实行了项目制，即根据项目的实施情况灵活成立项目工作组和项目党小组实施领导。

（三）着力体系架构

群团中心体系的建立需要科学有效的运行机制，特别是社会组织的服务管理属于新生事物，没有先例可循。因此，群团中心一成立，以连接党政和社会为目标，把建立一套行之有效的管理制度、实现对社会组织的科学有序服务管理作为工作重点。

一是分级定位职责。作为一个完整的体系架构，各级群团中心的功能定位具有差异性。市一级群团中心定位为"受众需求管理中心"，着眼于宏观统筹管理和相关制度建设，同时直接服务管理社会组织及其他社会力量，既包括日常监管，也包括连接组织和项目资源、协助项目实施等具体服务工作；县一级定位为"受众需求承接中心"，偏重于中观层面的项目实施和对下一级项目的督导；乡一级定位为"受众需求对接中心"，更多的是直接承担群众需求的各类服务项目。

二是构建协同平台。群团中心始终把协同政府和社会力量作为重要的工作理念和工作手段，嵌入每一项工作和项目的谋划、协调、实施的各个环节。通过这一协同平台的搭建，群团中心协调解决了社会组织在灾区无序开展救援抢险和灾后重建的问题，实现了各种信息和资源的有序流动、精准配置，有力服务了雅安灾后重建的大局，取得了明显成效。转入常态化协同社会资源参与社会治理阶段后，涉及民生公益项目的落实，均由雅安市群团组织社会服务中心协调相关部门以联合发文或联合调研、督查的形式，确保了项目的落地和实施及成效，成功引导社会组织参与社会治理。2015 年以来，市群团中心组织社会组织与政府和群团部门合作实施项目 157 个，涉及资金 6066 万元。

三是搭建工作架构。方针政策要贯彻、社会力量要凝聚、政社协同要有效，必须搭建起群团中心体系屹立不倒的骨架，也必须打造一颗跳动有力的

"动力"心脏。为此，市群团中心搭建起一心多会一网、5个资金池子、6个专业数据库及2个专家库，充分调动社会资源实体运行。即依托雅安市群团组织社会服务中心，建立了雅安市社会组织联合会、雅安市社会工作者联合会、雅安社会服务网和益媒融合平台；筹资3000多万元成立雅安市青年创业就业基金会、雅安市残疾人福利基金会，建立了雅安减灾防灾慈善信托、雅安公益养老慈善信托、雅安乡村振兴慈善信托5个资金池子；引进国内外专家建立中国西部减灾防灾可持续发展研究院、蒙顶山合作社发展学院2个专家库；建立"社会组织和志愿者数据库""社工人才数据库""基层项目需求数据库""域外公益资源数据库""志愿者救援队数据库""减防灾教官数据库"等六个数据库。

（四）重视制度建设

群团中心在实践中还形成了一整套严密的管理制度，健全了工作流程和相关制度，解决了快速发展的社会组织有序管理问题，保障了体系的有序高效运转，有力地服务了国家治理现代化的大局。经过五年的实践，群团中心逐步构建起了社会资源整合机制、社会组织培育机制、社工人才队伍建设机制、公益项目管理机制、社会力量参与脱贫攻坚机制、社会力量参与防灾减灾工作机制和志愿服务协调对接机制等"七大工作机制"。在具体工作制度方面，群团中心制定《雅安社会组织突发事件应急预案》、《社会组织活动周预报制度》、《公益项目总结通报制度》、《社会组织项目统计制度》、《"三报一双评"项目管理制度》（项目入驻报备审查、项目落地报到对接、项目实施进程通报、项目结项社会评估和党组织评价）、《社会服务项目质量控制及监督机制实施办法》、《公益项目财务审查制度》、《公益项目现场监控和视频抽查制度》等8项制度，建立了一套社会组织公益项目和志愿服务活动楔入式监管机制。

例如，建立周预报制度，是群团中心为管理社会组织服务开展情况制定的一种活动预报制度。每周一期的《社会组织活动预报告表》《社会组织社会服务项目风采集锦》，除向社会公布外，还专门通过公文交换上报市委办、人大办、政府办、政协办、组织部、宣传部、政法委等部门。社会组织提前一周向群团中心提交活动预报表，有利于对活动的内容和形式进行预判，防止隐蔽传播邪教、淫秽、暴力等内容，有效监督社会组织开展服务的情况。截至2020年，《社会组织活动预报告表》刊发260期、《社会组织社会服务项目风采集锦》刊发224期。

（五）贴身扶持培育

市群团中心为入驻社会组织提供"一站式""便捷式"免费服务，同时组织领导、专家、社会组织负责人开展理论知识、业务技能培训，宣讲相关政策法规，为入驻组织提供信息资讯、战略规划、项目设计与管理、筹资等专业指导，提升其项目及组织运营能力，为入驻组织提供贴心的日常咨询和陪伴成长服务。根据各类公益慈善社会组织的不同特点和差异，市群团中心采用"政府支持、公益项目资助、专业团队管理、公众监督、组织受益"的精准化扶持模式，有针对性地实施了扶持本土公益慈善类初创社会组织的"种子计划"、外来社会组织帮扶本土社会组织的"陪伴计划"和培育运行规范发展本土社会组织的"成长计划"，共孵化培育了151家公益慈善类和城乡社区服务类的本土社会组织，培养1970名社会工作乡土人才，共有162人考取社工专业证书；筹资70万元，在政府购买服务项目和公益项目中嵌入"本土社会组织能力提升计划"，组织本土社会组织参与网络公益筹款560.33万元；雅安本土社会组织已有8家走出雅安，分别在凉山州西昌、甘孜州道孚县、阿坝州九寨沟、松潘县、彭州、自贡和巴中市等地实施公益项目19个，涉及服务金额739.82万元。同时，市群团中心还根据雅安本土社会组织服务领域和优势，组建雅安市社会组织联合会、雅安社会工作联合会等行业协会，倡导建立了五个"雅安社会组织公益联盟"（联合救灾联盟、志愿服务联盟、心理援助联盟、特需群体关爱联盟、妇女儿童发展联盟），开展规范化建设工程，对社会组织进行行业管理和精准服务，引领本土社会组织和社工发展。截至目前，有28家社会组织通过民政部门等级评估，其中5A级社会组织11家，4A级社会组织14家。

二 雅安政社协同实体平台取得的主要成效

经过多年的努力，市群团中心按照《关于进一步完善雅安市群团组织社会服务中心体系工作机制的通知》（雅委办〔2017〕165）文件精神，搭建起协同社会力量服务地方发展机制、协同社会力量参与城乡社区治理机制、社会组织和社工人才培育机制、志愿服务工作协调机制和社会组织党建工作全覆盖工作机制，与中国扶贫基金会、南都基金会、壹基金、吉利集团、隆力奇集团、森隆集团等公益基金会和爱心企业建立了长期合作关系，构建起具有雅安特色的群团组织社会服务体系，逐渐成为"社会协同的服务窗口、服务群众的公益总部、爱心企业的公益伙伴"。

（一）政社协同搭建民间救援体系

雅安地质地貌复杂，处于地震带交界处，是典型的地质灾害高发区，灾害灾种齐全，洪涝灾害、泥石流、山洪、山体崩塌、地震等为雅安市灾害防范重点，全省所有灾种雅安基本都有。市群团中心联合应急管理部门成立雅安社会力量应急协调指挥中心，制定《雅安社会组织突发事件应急预案》《社会组织应急备勤制度》，以"政府与社会力量应急救援框架合作协议"的形式将民间应急救援力量纳入政府应急救援体系。以"韧性城市建设"为理念，引进国际国内资源，与联合国开发计划署、基金会和高校合作启动"雅安韧性城市建设创新项目"，分"减灾示范社区""韧性社区""韧性城市建设"三个阶段开展了民间专业救援队伍和社区志愿者救援队伍的建设工作和民间应急救援力量体系建设探索工作。整合资金3117.6万元，设立500万元雅安防灾减灾慈善信托基金，编制《社会组织应急管理专业教学大纲》和《"灾变环境下人员自救互救知识与技能"课程培训大纲》，扶持建立了1个民间救援联盟基地、4支民间专业救援队伍、5个"社会组织公益联盟"、69支社区志愿者救援队伍，拥有120名应急救援教官、500余名民间专业救援队员和1380名社区志愿者救援队员，支持每支救援队每年的技能培训和应急演练达到 4 次以上；组织社会组织入驻社区开展"一支队伍"（第一响应人）、"一张地图"（社区风险图）、"一套预案"（县乡村三级应急预案）、"一个计划"（家庭减灾计划）、"一组手册"（七本减灾工具手册）的"五个有"建设，为 102 所学校提供应急箱、标识、设备等物资，为 2040 名教师提供校园应急管理和安全教育培训，实现"物资配备、教师队伍、安全课程"的"三个全覆盖"，搭建起"应急救援＋灾后援助＋常态减灾"的民间防灾减灾救灾工作机制。

2020 年抗疫工作中，市群团中心组织 4 支民间专业救援队、69 支社区志愿者救援队 1383 名队员积极参与社区一线防控，累计服务 36 万余人次，捐款 86195 元，捐赠蔬菜、矿泉水、牛奶、干粮等物资折价 38 万余元；抗击"8·11""8·18"百年不遇洪灾中，组织 4 支民间专业救援队伍共出勤58 次，出动队员 535 人次，组织 22 家本土社会组织、67 支社区志愿者救援队出动社工和社区志愿者队员 1304 人，协助转移疏散群众 1931 人，疏通道路 69.315 千米，帮助 256 户老百姓清理房屋淤泥。

（二）政社协同助力脱贫攻坚

市群团中心围绕市委、市政府中心工作，聚焦脱贫攻坚重点难点，在征求社会组织意向、坚持主动自愿原则的基础上，制定并下发了《关于建立雅安市社会组织联系贫困村制度的通知》，将社会组织和贫困村结成对子，编制困难群体帮扶、农村产业帮扶、基础设施帮扶、教育卫生帮扶、就业创业帮扶等类别的扶贫济困项目，建立扶贫济困项目需求库。同时，密切联系全国各大基金会和爱心企业，根据扶贫济困项目需求库，采取主动出击推介和请进来实地调研的方式，向爱心企业、基金会推介扶贫济困项目，利用社会组织和社会资源的精准特点，广泛动员社会组织和爱心企业参与脱贫攻坚，切实汇聚起脱贫攻坚的强大合力，在产业扶贫、技能扶贫、教育扶贫、金融扶贫等多个方面积极参与，为雅安市打赢脱贫攻坚战作出贡献，并因此被雅安脱贫攻坚领导小组评为"2017 年度雅安市脱贫攻坚先进集体"。

产业扶贫方面，实施中国扶贫基金会"美丽乡村"、隆力奇"爱在雅安·

名山区全域脱贫"、善品公社电商扶贫、残疾人股权帮扶、待业女性技能培训，累计投入13467.44万元，爱心企业责任消费雅安特产1500万元；教育扶贫方面，实施"吉利·吉时雨助学"、"爱心早晚餐"、春蕾助学、科技活动周等项目，累计投入6907.11万元；技能扶贫方面，实施妇女居家灵活就业培训、月搜技能培训、竹编非遗匠人传承培训等各类技能培训，累计投入3219.14万元；金融扶贫方面，实施小额信贷、银会合作助残脱贫、青年创业就业计划、贫困妇女小额信贷等项目，累计发放贷款40165.14万元。

（三）政社协同聚焦民生民计

无论是灾后重建还是常态化社会治理，市群团中心始终围绕党委、政府中心工作，坚持通过项目引导，推进社会组织和志愿服务队伍的能力提升，着眼于社区、基层群众民生，结合基层社会治理的精细化、网格化发展趋势，不断丰富志愿服务工作的内涵与外延，推动志愿服务项目化、精细化，协同志愿服务队伍全方位、多专业、多领域参与社区、基层的社会治理，大大提升志愿服务效率和群众满意度。2015年以来，市群团中心组织本土社会组织共承接实施了874个公益志愿服务项目，涉及资金5.22亿元（其中吸引域外公益慈善资金近4.28亿元，实施了696个项目）。这些项目覆盖了96个乡镇的206个村（社区），分别占全市乡镇总数的100%和村（社区）总数的31.12%，涵盖了民生的方方面面，如脱贫攻坚、产业发展、技能培训、留守儿童陪伴、妇女就业、残疾人帮扶、孤残老人关爱、老红军抗战老战士慰问、抗疫抗洪、空气质量监督、法制进小区、文明城市创建、社区学校防灾减灾等。

2015年以来，市群团中心组织154家本土社会组织和志愿服务队伍累计开展18699次志愿活动，受益群众达574340人次。2020年，组织开展文明城市建设劝导志愿活动3个月，共有志愿者3960人次参与交通劝导；组织开展"法制宣传进小区志愿行动"，共出动志愿者1469人次，散发宣传资料29661份，覆盖了雨城区、名山区5个街道辖区内21个社区的706个小区。公益志愿服务队伍已经成为绿色发展振兴的生力军，公益志愿服务项目成为汇聚社会资金、服务基层群众的主阵地，公益志愿服务活动成为凝聚社会共识、唱响主旋律的主渠道，市群团中心也逐渐成为服务群众的公益总部。

三 提升政社协同实体平台建设水平的建议

（一）进一步完善群团组织社会服务体系

群团组织是党领导下联系广大人民群众的"桥梁和纽带"，是党执政的基础力量。2013年芦山地震抗震救灾和灾后重建时期建立的雅安群团组织社会服务体系，创新性地从"群团实施"这个角度对党的十九大报告提出"党委领导、政府负责、民主协商、社会协同、公众参与、法治保障、科技支撑"的体制机制进行了探索和试验，取得了初步成效。雅安群团组织社会服务体系的建设，是雅安市在新时期党的群团改革的探索和创新，是新时期党的群团工作领导方式的探索和创新，是新时期党的群众工作方法的探索和创新，是新时期党的领导在社会组织中贯彻落实路径的探索和创新。为此，应坚持和完善群团中心的基本工作架构和模式，并进一步从领导体制、机构架构、运行保障等机制上予以确立。

（二）进一步加强社会组织党建工作

进一步加强雅安社会组织第三综合党委建设，在五个公益联盟中成立枢纽型党组织，在公益项目中建立党小组，派驻党建指导员，切实巩固党的领导。建立社会组织党建工作台账，本着应建尽建的原则，分类推动符合条件的社会组织单独或联合组建党组织，实现社会组织党建全覆盖；切实做好党员教育管理服务和发展党员工作；根据社会组织党员思想工作实际，建立健全创先争优长效机制，通过设立党员先锋岗、党员责任区、党员服务窗口等方式，积极开展党员示范行动、志愿服务行动和公开承诺活动，充分发挥社会组织党员的先锋模范作用。

（三）进一步加大理论探索创新的力度

进一步加大与高校、科研院所的合作力度，充分发挥高校学者的学术优势，深入研究雅安协同社会力量参与社会治理的实践和创新，挖掘雅安协同机制的特点和亮点，把雅安实践转化为可推广可复制的制度成果；同时，围绕雅安模式探索中的热点难点问题开展专题研究，提出行之有效的措施和办法，为雅安模式的探索提供及时、有力的理论支持。

B.17
市场监管领域基层法治建设新路径的探索

四川省市场监管局课题组*

摘　要：　伴随四川省市场监管机构改革和现代化进程的加快，基层
治理法治化建设有了更高的目标和要求，然而从当前基层
社会治理的现状来看，仍有一些问题延缓了法治化进程，
需在探索研究基础上形成行之有效的改进策略。本文以机
构改革后四川省市场监管基层治理法治化问题为导向，对
法治观念淡薄、法治化体系不健全、基层法治队伍不足、
法治氛围未形成等问题开展深入调研。未来应当在此基础
上对基层法治建设进行深入分析和需求对接，进而有针对
性地开展"法治讲堂走基层"普法活动，持续推进四川省
市场监管基层治理法治化进程。

关键词：　基层治理法治化　法治讲堂　普法

一　序言

2018 年，党和国家着眼全局，对市场监管体制进行了顶层设计，将分
散的监管职能进行整合，新组建市场监管部门。当前，在机构改革、创新监
管方式、综合执法等改革大背景下，伴随着监管职能的整合、监管环节与监

---

* 课题组负责人：万鹏龙，四川省市场监管局党组书记、局长。课题组成员：宋昌勇、袁坚、
江敏。执笔人：何霞，四川省市场监管局法规处一级主任科员。

管领域的纵横延展，市场监管体制构成、工作机制、管理领域都发生了系列变化，市场监管工作形成兼具综合性、专业性、广泛性、系统性的新特点，呈现"大市场、大监管、大服务"的新格局。到 2020 年，四川省市场监管整合已走过 2 年路程，在稳步推进机构改革进程中，企业年报公示、放心舒心消费城市创建等多项工作走在全国前列，与此同时，也暴露出一些短板和薄弱环节，如基层基础薄弱问题。

政策落实在基层、工作推进在基层，基层治理犹如涓涓细流之于万里长江，只有不断向前才能造就百川归大海的壮阔，其重要性不言而喻。基于此，四川省市场监管局以问题为导向对广大基层进行了深入广泛的调研，充分认识到基层治理既是市场监管工作的重点环节，也是需要突破的难点，基层法治化水平决定了四川省市场监管治理体系和治理能力现代化的进步空间。在理论分析和充分调研基础上探索行之有效的改进策略，以"法治讲堂走基层"普法活动为着力点助推基层治理法治化。

本文首先讨论机构改革后四川省市场监管基层治理体系存在的主要问题，以问题为导向进行理论分析和调研准备，在此基础上开展具体工作"法治讲堂走基层"，在实践基础上不断提升认识，持续推进四川省市场监管基层治理法治化。

二　机构改革后四川省市场监管基层治理体系存在的主要问题

当前，四川省市场监管工作的特点是"大市场、大监管、大服务"。从"大市场"看，市场监管范围横向无边、纵向到底，涵盖从生产、流通到消费的全领域、全过程。从"大监管"看，由传统监管向以"双随机、一公开"为基本手段、以重点监管为补充、以信用监管为基础的新型监管机制转变①。从"大服务"看，公共服务职能要进一步强化。在机构改革和市场监管现代

---

① 参见国务院"十三五"市场监管规划。

化理念的推动下，基层监管责任随着压力层层传导而增加，是国家法治建设的必然趋势，也是监管部门法治水平提高的自然结果，与之相矛盾的是，基层法治基础薄弱，依法行政、依法履职的能力不足，主要有以下体现。

（一）法治观念淡薄

个别干部依法行政意识不到位甚至缺位，对依法行政的概念、开展依法行政的必要性、推进依法行政的方法路径不了解。个别同志研究学习法律法规规章少，凭经验、凭感觉较多，进而导致源头防控和化解风险意识不足，在监管中存在赌一把、碰运气的想法。另外，是有程序不遵守，政府信息公开、投诉举报、行政处罚等都有明确严格的办理规定和时限要求，即使法条已经重新修订，有的同志仍按旧条款走"老路子"。有的干部在开展工作时认为依法办事条条框框多、束缚手脚，不自觉将"依法"和"办事"对立起来，本该在法律框架内寻求问题解答的变成"按惯例""凭经验""落实领导指示"等方式，认为权大于法、人大于法，没有把法治思维和法治方式解决问题放在突出重要位置。

（二）基层治理法治化体系不健全

据初步统计，中国现行270余部法律中有130余部法律规定了市场监管部门职责，约占一半，750余部行政法规中有210余部行政法规规定了市场监管部门职责，约占三分之一，此外还有310余部部门规章规定了市场监管部门的职责[①]。体系庞杂、体量巨大的市场监管法律法规为立改废工作造成极大困难，法治体系建设较为滞后，如涉及基层治理的法律法规调整不及时，滞后于经济社会的发展速度。市场监管所条例至今未出台，对于有市场监管神经末梢之称的市场监管所规定不全面、不具体，不利于稳固其地位、发挥其作用。

---

① 任端平：《市场监管法治建设中值得关注和研究的问题》，http://www.360doc.com/content/19/1030/11/2130821_870032460.shtml。

（三）基层法治队伍不足

基层法治队伍是推动基层法治工作的直接因素和中坚力量，可以说队伍兴则法治兴，否定人的作用的发挥必将导致工作方向的严重偏差。机构改革后，全省市场监管领域有2.7万干部职工、1400余个基层所，人员总数多但力量小。基层法治队伍不足：一方面表现在数量上，除本身市场监管局多是大局小所外，县级编制统筹使许多地方编制数与在编数有相当差距，还因地方政府为推进年度中心工作需抽调市场监管精干人员；另一方面表现在专业能力上，基层人员普遍年龄结构偏大、技能单一、学习能力较弱、缺乏必要条件和动力，面对机构改革后对专业能力提升的迫切要求几乎是难以克服的困难。

（四）法治氛围未形成

始于1985年的全民普法宣传教育工作，以政府主导、全民参与、共同推进的方式，不断改变民众的思维习惯和办事方式。推进基层社会治理法治化需要营造良好的法治氛围，使广大干部从敬畏法律的感性认识上升到依法行政的理性认识层面。法治氛围的形成是一个长期过程，坚持不好会影响法治化的实现。当前，基层存在普法工作发展不平衡、重视程度不够、普法经费保障统筹协调不够、普法创新力度不够等问题，亟须加大普法力度，以推动形成人人尊法、学法、用法、守法的良好氛围。

（五）监管对象法治认识不足

四川省现有市场主体700万户（截至2021年1月），它们既是市场监管基层治理的对象，也是推动基层法治化的群众力量。当前是构建高水平的社会主义市场经济体制和打造法治化营商环境的关键时期，对市场主体的法治观念和法治思维也提出更高的要求。对于市场监管工作而言，监管对象既是基层治理法治化参与的主体，也是依法行政的对象，其法治意识、法治思维以及法律知识构成了基层治理法治化实现的重要基础。囿于传统人治思想、行政机关执法不规范的影响，基层群众往往误认为"当官的说了算、法律靠边站"，法治意识比较淡漠，还没有形成遇到事情找法、解决事情靠法的思维。

三 以问题为导向，为推进基层治理法治化开展的理论分析和实证调研

问题是时代的声音，指引着工作的方向。以问题为导向，就是在找准问题基础上，精准分析、定向施策、靶向解决问题。为精准找到机构改革后市场监管基层治理问题的解决路径，我们进行了理论分析和实证调研。

（一）理论分析

在广泛搜集四川省系统内外相关资料基础上，组织法治条线业务骨干、法律顾问、专家学者等进行座谈交流，从理论层面上进一步认识基层治理法治化，分析了基层治理法治化的特点，论证了法治化对推进市场监管基层治理的效能。

基层治理法治化，就是在党的领导下，按照法律来管理基层事务，即基层的政治、经济、文化等一切活动依照法律管理，公民的所有行为依照法律进行，将各项工作纳入中国特色社会主义法治体系，以促进国家治理体系和治理能力现代化[①]。结合市场监管职能职责，以及四川省市场监管的法治现状，市场监管基层治理法治化主要是指，在党的领导下，在全面依法治国和全面依法治省统一部署下，根据法律法规，结合"三定方案"和"权责清单"确定的职能职责，依照各条线的行政执法流程图等程序规范正确履行并承担相应行政责任，以促进形成权责清晰、职能明确、依法监管的法治体系。

党中央高屋建瓴，注重顶层设计，尤其重视基层治理。党的十八届四中全会通过的《中共中央关于全面推进依法治国若干重大问题的决定》提出，

---

① 赵月：《转型期中国基层治理法治化的逻辑与路径研究》，《理论观察》2016 年第 4 期。

"推进基层治理法治化"，指出"全面推进依法治国，基础在基层，工作重点在基层"①。党的十九大报告再次指出，"要加强社会治理制度建设，健全自治、法治、德治相结合的乡村治理体系"②。目前，中国正处在改革攻坚期，国家面临的诸多问题，如政府职能转变、经济结构调整等问题还比较突出，其中的大部分问题仍在基层。法治是规则之治，作为基层治理的重要方式，其优势在于稳定性、持续性、公正性、可预期性，人们用法律引导自己、预期他人、推断结果、承担责任。"郡县治，则天下安"，建立基层治理法治化模式已成为理论界的共识，以规则之治为基层治理提供问题解决之道，进一步夯实依法治国之基。

（二）实证调研

为充分了解当前四川省市场监管基层治理法治化存在的主要问题、分析其原因，项目组自 2019 年起成立调研协调小组，组织各条线结合职能职责进行调研，形成了近 20 万字相关调研报告，全方位、多角度展现了基层治理的现状和相关分析。

1. 基于调研的实证分析

综合分析调研成果，归纳出以下几点基层治理法治化推进较缓慢的影响因素。

一是传统官本位文化的制约。中国封建时代的法制，更多体现的是一种严刑峻法的政治，法律成为统治阶级维护统治的工具，"刑不上大夫"就是阶级特权高于法律的最好体现。官本位文化起源于战国时期思想家商鞅，其认为上古爱私，中世上贤。近代尊官，是因为民道弊而所重易也。商鞅思想在秦统一六国后成为官方思想，而近现代，政府参与经济活动管理使尊官文化获得新的内涵③。官本位思想使得人治观念根深蒂固。受传统官本位、官僚思想的影响，一些领导干部更相信人治的力量，一定领域内排斥法治，不

---

① 参见《中共中央关于全面推进依法治国若干重大问题的决定》。
② 参见十九大报告《决胜全面建成小康社会　夺取新时代中国特色社会主义伟大胜利》。
③ 《商君书》。

自觉地站在法治的对立面，尤其是"关键少数"不唯法、不尚法势必桎梏基层广大干部法治观念的提升。

二是基层权责利失衡压缩了法治提升空间。项目组在调研中发现，基层同志在承受较大工作压力的同时激励机制却严重不足，这导致许多基层机构因为人员平均年龄较大、人才断档明显，大大影响了执法人员的可塑性和执法水平提升空间，进而造成依法行政能力不足。究其原因，一方面是上级机关自身的责任"软约束"导致的压力层层传导，另一方面是机构改革和权力下放不规范和相关配套保障不足①。当前，事权在上的情况较为常见，比较突出的是食品监管方面，许可审批权在市级或县级，监督管理责任却在基层所。过去质监部门的监督责任在县级，县以下未设基层所，随着机构合并，职责从县级下划到基层所，在不增加相应人员和技术配套的情况下加大了基层所人员的工作难度。

三是受经济利益的影响而忽视法治。在基层最直接的表现就是，地方政府为了完成阶段性中心工作，常常抽调精干的执法人员执行非法定职责的政治任务，从城市创卫、创建文明城市，到清理非法集资融资、环境整治，都活跃着市场监管人员的身影，影响了法定职责的履行。甚至有的基层政府为了片面追求 GDP，追求考核成绩和政绩，对部分违法行为执法不严、违法不究，这些都在一定程度上阻碍基层治理法治化的实现。

2. 基层法治化需求点分析

一是基层对法治培训需求大但资源不足。基层培训财政经费相对不足，而省级部门的培训又难以直达基层，再加上事务性工作较多难于参与集中培训。

二是行政执法风险防范需求高。调研显示，在市场监管被外部追责的人员构成中，县级监管执法机构人员及基层所人员占绝大多数，系统内较为宽松的执法监督与严苛的外部监督形成鲜明对比。

三是需要畅通上下级之间的沟通。机构改革后，人员调整较大，上下级

---

① 傅荣校：《警惕基层治理"节点"上的权责失衡——关于上级"甩锅"现象的思考》，《人民论坛》2018 年第 1 期。

人员融合不充分制约了层级沟通。

四是重点领域知识欠缺。食品、特种设备、重要工业产品质量安全是监管重点和难点，也是基层同志需要加强的短板和薄弱点。

3. 适应新型监管方式的重要抓手

习惯于经济户口管理、网格式监控、眼看手摸鼻闻的感官判断确定监管商品状况的集贸市场式管理的执法人员，以传统的执法理念、执法方式去应对以专业市场、电商、微商、大数据、大物流、无店铺开展经济活动的现代方式，渐渐力有不逮。加之基层监管人员知识更新速度未跟上机构改革步伐，引发从知识缺乏、技能不适应到管理手段失效、监管模式不能应对、程序标准不统一的全面不适应。机构改革后，市场监管总局充分发挥顶层设计的指挥棒作用，用立法推进监管方式的更新换代，总局 1～30 号令出台了共计 30 部规章，31 号令打包修改了共计 30 部规章。因此，学业务就是学法律，学法律就是提升监管能力的重要抓手。

四 "法治讲堂走基层"普法活动的实践探索

市场监管局以夯实基层法治基础为宗旨，以探索推进普法宣传新路径为抓手，积极开展"法治讲堂走基层"普法活动。参与人员横向覆盖市场监管所有组成部门，纵向直达基层市场监管所。2020 年以来，已在 10 个市州开展了 23 场讲座，现场解答问题 160 余个，参训人员达 2600 余人。

（一）活动亮点——6个"一"

1. 坚持一个问题导向

以问题为导向，把准基层脉搏，对症下药，成为确保活动成效的关键。一是在需求把握上下足功夫。在报送需求、梳理需求的基础上，专门组织力量赴市（州）开展需求调研，面对面与基层人员交流沟通，为课程设置提供充分依据。二是在课程设置上下足功夫。注重与基层培训工作、法治队伍建设现状、业务条线工作实际问题相结合，量体裁衣，设定每个市（州）

授课内容，彻底改变"一堂课"讲到底大包大揽的授课模式，课程设置既考虑了对基层同志法治思维和理念的灌输，又突出了个性需求。三是在答疑解惑上下足功夫。针对基层同志的困惑或疑难问题采取面对面现场交流互动方式，为基层纾困解惑。

2. 打造一支师资队伍

省局讲师团由内部法治人才库骨干、各处室负责人（业务骨干）、执法骨干组成，经自愿报名、处室推荐、严格遴选，共50余人入选。活动前期组织讲师团进行统一培训，明确活动意义、方式，确定课题开发任务、进度及要求，为活动提供了强有力的智力支撑。师资队伍的打造上，摒弃以往外聘专家授课的习惯，打破"外来和尚会念经"的固有思维，讲师团全部组成人员均为机关工作人员，在活动持续开展中逐步培养成为坐下来能写、站起来能讲，能指挥、会思考、善传道的优秀讲师。

3. 建立一个统筹机制

在省局法治建设领导小组统一领导下，由分管法治工作局领导对活动进行全过程指导，由法治建设领导小组办公室具体负责活动组织、实施，并将此项工作确定为2020年省市场监管局法治重点工作予以精心部署。以活动通知为引领，为活动提供总指引，以活动细则为支撑，具体细化活动流程，主要面向全省市（州）县（区）市场监管各业务条线和执法人员，以市场监管涉及的法律法规为主，通过持续深入开展普法活动，推动基层依法治理能力和水平显著提升。

4. 形成一种联动模式

方式创新，方法科学是"法治讲堂走基层"普法活动的内原动力。主要采取由省局主办、市局承办、上下联动模式送法到"家"，分别设主讲堂和视频分讲堂，机关科室、就近区县局活动人员在主讲堂听课，较远区县局和市场监管所活动人员在县区局设立的分讲堂听课。打破了传统培训成本高、时间长、培训人员难抵基层的局限，且讲座未产生培训费用，时间紧凑内容充实，破解了基层干部上联千条线、下接群众千万家而产生的工学矛盾。联动模式也进一步促进融合。一是业务的融合。参加活动人员覆盖面广，通过活动增进对相关业务的了解，有利于今后工作中加强理解、支持、配合、协同。二是人员的融合。整合后各地人员调整变化都很大，相互不熟悉，通过活动促进参训人员的交流互动，增进相互了解、融通。

5. 制作一本疑难汇编

学习的目的在于应用，知识的意义在于实践，活动秉持立足实际、学以致用的原则，使学习培训的过程成为增强本领、推动工作的过程，达到理论指导实践、理论促进实践的目的，把学习成果转化为开拓创新的工作思路和发展良策。不务虚，力求实，高度重视基层同志提出的问题或困惑，对于现场未能解答的问题带回来，经梳理分类后组织各相关业务处室进行研讨，对无法在现有法律框架下解答的做好解释工作，对省局无权限或不确定的问题经请示后回答。在充分整合相关问题及解答后，分门别类汇编成册后在全省系统印发，做到学用结合、学有所用，以固化活动成果、深化成果转化。

6. 形成一个长效机制

面对市场监管领域广、法律法规体量大、监管对象多样化，基层任务叠加而人员少、新生力量严重不足等问题，市场监管部门法治建设任重而道远，迫切需要及时总结评估活动成效，市场监管局探索通过开展第三方评估反映活动效果。在关键节点通过召开活动推进会，认真总结经验和不足，以进一步增强活动的针对性、实效性，形成长效活动机制，深入推动活动持续开展。

（二）活动特色

"法治讲堂走基层"普法活动相比通常的法治宣传培训工作具有四大特色：一是成本低，培训不产生学员食宿费用，采用送法上门、省市联办方式，在市局设立主讲堂，市局相关科室和就近县区局、市场监管所参加活动人员在主讲堂听课，较远的县区局和市场监管所参加活动人员在县区局设立的分课堂听课；二是时间短，培训时间多为半天或一天，避免挤占大量工作时间；三是针对性强，直接解决基层存在的执法和法治问题，避免大规模人员往返和聚集带来的风险；四是效果好，本活动有一个必经环节"答疑环节"，讲师团讲师针对提问进行现场解答，讲学结合，提高了学员学习积极性，增强了培训的实效性。

（三）取得成效

促进了机构改革后人员和业务的融合，提升了广大干部职工的法治素养，助推了市场监管部门现代化进程，为全省市场监管部门统一法治体系的建立健全贡献力量，为具有重要指导意义的《四川省市场监管行政处罚裁量基准适用规定》和《裁量基准》等规范性文件的制定出台奠定了良好的法治基础，在"全省法治政府建设第三方评估"和"全省七五普法调研"中获得好评，省市场监管局及7个市州部门获得"四川省七五普法中期先进集体"称号。

五　持续推进四川省市场监管基层治理法治化

一是在法治建设"十四五"规划上持续发力。根据《法治中国建设规划（2020~2025年）》，结合市场监管领域的职能职责，拟订市场监管局法治建设实施方案，在法治建设总体目标、任务分工、落实措施、绩效考核等方面进行全面部署，构建内容确定、职责明晰、分工明确、考核有力的法治建设规划体系，做到规划制定的科学性、严谨性、有效性，使之成为市场监管基层治理法治化的系统部署和操作手册。

二是在法治文化建设上持续发力。继续丰富普法形式，强化针对性、狠抓实效性，有效整合现有普法方式和普法精品，争取形成具有市场监管特色、具有一定影响力的普法品牌。充分发挥优秀典型的示范引领作用，推出一批反映市场监管工作特色亮点的法治文化作品，全面提升领导及广大干部的法治素养，形成法治建设的合力。

三是在基层法治队伍建设上持续发力。将法治队伍建设纳入年度法治工作考核指标体系，加强认识、形成共识，推动建立有利于优秀法治人才脱颖而出的制度机制，营造有利于优秀法治人才发展的良好氛围，畅通法治人才交流渠道，构筑起法治人才大有可为的广阔平台。

四是在建立健全长效工作机制上持续发力。完善监督考核和激励机制，推进法治建设第三方评估和法治示范单位创建，探索立法、普法、执法等方面的基层示范基地建设，形成以制度为引领、以问题为导向、以重点工作为载体，过程与成效并重的长效机制。

五是在探索研究新路径上持续发力。加强调研分析，顺应时代发展需要，用新的思维、新的办法解决实践中遇到的困难和问题，树立强烈的争先意识和创新意识，切实找到抓好法治工作的着力点，立足实际，大胆创新。切实发挥创新成果的示范引领作用，推动法治建设向基层纵深推进。

作为一项长期性、基础性和系统性的工作，市场监管基层治理法治化任重而道远，不能一蹴而就，需要一代又一代的市场监管人不断付诸努力。接下来，我们将一如既往，在省委全面依法治省领导小组指导下，在市场监管局全面推进法治建设战略框架下，以"法治讲堂走基层"等重点活动为载体，将普法活动与法治调研、与执法监督、与考核考评等有机结合，用探索经验指导实践、在实践中进一步提升认识，多措并举、持续发力，为市场监管现代化建设贡献法治力量，让法治化营商环境助力四川经济乘风破浪。

疫情依法防控

Prevention and Control of Epidemic According to Law

B.18
关于加强城乡基层治理、
助力疫情防控的调查报告

中共南充市委组织部课题组*

摘　要：　世界百年未有之大变局进入加速演变期，新冠肺炎疫情大流
　　　　　行影响广泛深远，中华民族伟大复兴进入关键时期，国家治
　　　　　理体系和治理能力现代化面临新要求新挑战。本文以南充市
　　　　　为实证样本，就应对新冠肺炎疫情防控期间加强城乡基层治
　　　　　理的做法进行分析研判，全面总结规律特点，提出新时期如
　　　　　何进一步发挥基层党组织战斗堡垒作用和共产党员先锋模范
　　　　　作用，不断提升城乡基层治理能力水平，努力构建共建、共
　　　　　治、共享的社会治理新格局。

关键词：　新冠肺炎疫情防控　城乡基层治理　基层党建

---

* 课题组负责人：夏永国，中共南充市委组织部常务副部长。执笔人：张建川，中共南充市委
党建办副主任。

一 凝心聚力、"疫往无前"，凝聚治理合力——主要做法

（一）打赢疫情防控人民战争、总体战、阻击战，核心在于充分发挥党的政治优势，坚持统一指挥、统一协调、统一调度

越是急难险重的时刻，越需要党的坚强领导。疫情发生后，南充市委高度重视、迅速行动，坚持把疫情防控当作天大的事。

一是全面研究。先后召开 3 次常委会、6 次领导小组会、12 次防控指挥部工作会议，深入学习习近平总书记重要讲话和指示精神，全面贯彻落实中央、省委关于疫情防控工作决策部署，按照"无现症病例区、散发病例区、社区暴发区、局部流行区"进行分区分类，制定个性化、差异化防控策略，分层分级推进防控工作。全市仅用 31 天就实现无新增病例，仅用 47 天就实现 39 例确诊病例全部治愈出院，仅用 51 天就实现 9 县（市、区）全部降为低风险地区。目前，全市无新增确诊病例、疑似病例、输入病例，疫情防控阻击战取得重大成果。

二是全面部署。防控初始阶段，密集打出疫情防控"十个共同、十个做到"、强化组织保证十条措施、筑牢农村（社区）家庭疫情防控底线 9 条要求等系列"组合拳"，建立市、县、乡、村四级领导干部包片包户和日调度、日报告、零报告，24 小时值班值守、轮流带班等工作制度，坚决遏制疫情扩散蔓延；防控激战阶段，制发致全市人民的公开信——《坚持就是胜利》，出台反对形式主义、官僚主义"十个绝不允许"，落实错时上班、延期开学等工作要求，发布辟谣公告 10 期，坚决消除人民群众厌战彷徨情绪；防控关键阶段，围绕"外防输入、内防扩散、严防输出、一抓到底"和"目标不变、任务不减、影响降低、迎难而上"的目标任务，坚决统筹推进疫情防控和经济社会发展"双胜利"。

三是全面调度。树立全市"一盘棋"思想，组建市级领导督导组、市级疫情防控和医疗专家组、交通防控等 9 个工作组，全面强化人员、物资和工作调度。市委书记和市委常委班子成员多次到县（市、区）开展疫情

防控专项调研,每日一调度、每天一督办,确保各项决策部署落地落细落实。

(二)打赢疫情防控人民战争、总体战、阻击战,关键在于充分发挥党的组织优势,坚持守土有责、守土担责、守土尽责

组织力量是众志成城、无坚不摧的巨大合力,是战胜一切艰难险阻的坚实支撑。疫情发生以来,全市各级党组织充分发挥战斗堡垒作用,坚决做到组织在,防线就在。

一是分块作战。农村党组织以村(组)为网格,以家庭为单位,采取上门排、发动群众排、利用大数据排、机关单位排、主动上报排的"五排工作法",紧盯重点人群、重点区域、重点环节,开展"纵向到底、横向到边、不留死角"全覆盖排查。城市社区党组织以社区党委为主导,协同业委会、物业公司、小区志愿者,在企业工厂、项目工地、商场商店等人口密集地建立小型"防疫指挥部",全面动态推行一份健康倡议、一块知识展板、一支宣传队伍等"九个一"防控措施,织密织牢防控"铁网";"两新"组织党组织着力发挥党建引领作用,引导全市非公企业和社会组织在医务人员食住、口罩等物资生产、农产品直销等方面积极发挥行业优势,贡献行业力量,累计捐款538.6万元,捐献物资价值349.2万元,为114户商家减免租金210.7万元。

二是分线负责。按行业系统分线落实责任,纪检监察机关扎实抓好疫情防控监督,先后对36个单位开展了5批次监督检查,督促整改问题398个,审核把关问责案件55批72人次;组织部门制订出台在防控一线考察识别干部八项措施,开设"让党旗在防控疫情斗争第一线高高飘扬"专栏,制发致全市广大共产党员的公开信,划拨党费1209.5万元,为打赢疫情防控阻击战提供坚强组织保证;卫健系统出台关心关爱一线医务人员20条措施,组织6954名感染、检验、呼吸、重症等专业医护人员坚守抗疫一线,30名优秀医护专家人才驰援武汉,11名援鄂医护人员在武汉写下"逆行抗击、不畏生死"入党志愿书,彰显了"川人不负国、果州出人杰"的英雄气概;

市委目标绩效办、市交通运输局、市国资委等部门全力督办落实、开展业务指导，把工作推动落实到疫情防控最末端。

三是分兵把守。在排查追踪、网格管理、医疗救治等关键部位、基础点位，组建6359支党员先锋突击队、设立1.3万余个党员示范岗、明确3.4万余个党员中心户，成立临时网格党支部、临时医院和监测站点党支部、临时党小组2100余个，切实做到严防死守、联防联控。

（三）打赢疫情防控人民战争、总体战、阻击战，重点在于充分发挥党的干部优势，坚持冲锋在前、示范在前、奉献在前

党员领导干部是疫情防控的先锋队，是人民群众的主心骨。在防疫一线，全市各级党员领导干部视疫情如命令、视时间如生命，在疫情防控这场大考中站出来、作表率，以关键少数带动绝大多数。

一是指挥在一线。各级党员领导干部带头深入救治点、救治医院、人口密集地、重点监测区等疫情一线，掌握设卡设岗、车辆登记、封闭管控、防疫消毒等情况；3000余名党员领导干部连续坚守作战20余天，涌现出一批舍小家、顾大家的干部典型。

二是冲锋在一线。卫健、公安、市场监管等防控部门党员领导干部带头冲锋在新冠肺炎患者救治、密切接触者排查追踪、病理标本转运检测等急难险重岗位一线，主动认领任务，彰显出战"疫"定力、毅力。部分医护人员主动申请支援感染病科，每天工作12个小时以上，穿着湿热厚重的隔离服，用生命守护生命，用心灵温暖心灵。

三是攻坚在一线。针对老旧小区无封闭式装置、无物业，街道社区干部充分发挥自身环境熟、情况熟等优势，现造铁门实施硬隔离。针对"物资难买"问题，推出预约登记指定药店购买的方式供应口罩，为群众购买口罩26.7万只，全力解决疫情防控一线困难问题。针对"组织生活开展不便利"的问题，依托覆盖市、县、乡、村的远程教育视频系统，把党员教育由"集中培训"转向"网络教学"，由"现场活动"转向"云端活动"，实现了防控、教育两不误。

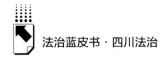

（四）打赢疫情防控人民战争、总体战、阻击战，根本在于充分发挥党的群众优势，坚持凝心聚力、同舟共济、凝聚合力

人民群众是战斗主体，是打赢疫情防控战争的强大力量。在疫情防控斗争中，从城市到乡村，从企业到机关，从社区到校园，从军队到地方，人民群众最广泛地动员起来、团结起来、组织起来，筑起了阻击疫情的铜墙铁壁。

一是宣传群众。在车站码头、高速出口、超市广场等地采取挂横幅标语、设置宣传站、电子显示屏24小时滚动播放等固定方式宣传疫情防控知识；在小区院落、楼宇商铺、工厂企业人员集中地，逐楼逐院逐户逐人发放温馨提示、宣传手册300多万份；在农村，把疫情防控知识改编成顺口溜、短快板，利用村村通、大喇叭播放宣传，做到家喻户晓、人人皆知。顺庆区东南街道桑园路社区通过公开信、短信、微信"三信"方式开展全覆盖宣传动员。

二是服务群众。开通"抗疫114"咨询热线，向6.2万名居家观察、特殊困难群体和孤寡老人提供咨询服务和心理疏导；开展全流程民事代办，对用水、用电、用气、话费、网费等20多项民生实事提供代办服务，鼓励群众"宅"在家里；开办志愿者上门服务，采取群众居家"点单"，党员跑腿"代购"的方式，成立2600多支以第一书记和驻村工作队队员为主体的小分队，为群众提供种子、饲料、肥料、农药、蔬菜、粮油等生产生活用品。

三是依靠群众。广泛动员海外侨胞、商会协会成员等各界人士筹集口罩180余万个、防护服（隔离衣）2万套，体温监测仪4000余支，蔬菜等农产品2600余斤；动员31家民营医疗机构组织专业力量参与医疗救治，1216名川北医学院教职工对医疗技术力量薄弱的县上门服务、蹲点支持。

（五）打赢疫情防控人民战争、总体战、阻击战，基础在于充分发挥党的治理优势，坚持严防严控、群防群控、联防联控

疫情之下，每一个村、每一个社区都是一个微型战场。在战"疫"最后一公里，各地充分发挥党的基层治理优势，以自治、法治、德治为抓手，为疫情防控注入"硬核"力量。

一是坚持自治防控。将疫情防控相关规定要求融入村规民约，明确个人责任义务，让自治防控延伸到每名群众。蓬安县正源镇红豆村以相邻的 5 户为单元，推选出一名中心户长，实行"五户联防"，并制定轮流值守和奖惩措施。阆中市文成镇白庙村成立"村民议事会"，增加完善疫情防控具体规定 6 项 48 条，265 户村民快速响应、积极拥护、自觉落实。西充县金源乡陈家沟村成立"道德评判团"，负责防控期间的各项监督工作，有力有效推进防控工作。

二是坚持法治防控。将加强疫情防控法治保障纳入依法治市工作要点，坚决落实保障打赢疫情防控阻击战 21 条措施，制定出台《南充市物业管理条例》，结合扰乱社会秩序、危害公共安全、阻碍预防防控等反面典型开展警示教育。截至目前，共查实违法人员 90 人，其中行政拘留 2 人、批评教育 48 人、罚款 2 人、警示 38 人。

三是坚持共治防控。广泛开展区级领导到居住街道、部门负责人到居住社区、机关党员干部到居住网格报到"三报到"活动，市、县两级先后选派 2 万名干部下沉到农村（社区），变身"心理治疗师""政策宣传员""病毒消杀员"等多个角色，用行动践行爱心。

二 查找差距、补齐短板，提升治理水平——主要问题

（一）平战结合的驾驭力还有差距

一是应急管理意识有待加强。一些基层党组织和党员干部防护意识、科学素养、卫生素养不足，对风险隐患的认识不充分，应对突发公共事件缺乏主动性、自觉性、警惕性。对基层干部群众的宣传教育不够，个别村认为没有武汉返乡人员就不需要防控，警惕性不高；个别居民对传染病认识不够，认为只要自己身边没有人发病就不需要戴口罩。二是应急管理机制有待健

全。各级部门虽然都制订了应对突发公共事件的应急预案，但是翻版、雷同现象比较普遍，原则性、宏观性有余而针对性、操作性不强，缺乏结合工作实际的具体举措。一些基层党组织和党员干部纯粹依靠上级指示，过多依赖上级决策，机械执行上级要求，缺乏应急管理机制的应有效果。三是应急管理能力有待提升。一些基层干部应急管理能力匮乏，医护知识和专业技能严重不足，面对疫情防控不知所措，对于重点做什么工作、经费如何保障、疫情如何应对、群众如何安置等问题理不清思路、想不到办法。

（二）群防群控的组织力还有差距

一是联系覆盖群众"最后一公里"还有差距。党的组织覆盖还存在盲区，向居民小区、院落楼宇、社会组织等基层延伸还不够，党的工作全覆盖还存在差距，党员干部联系服务群众的机制落实不够到位，日常沟通联系少，实际工作中还存在群众对干部的"突然关怀"不适应、不买账现象。二是组织发动群众"最后一公里"还有差距。一些党组织在组织群众、发动群众参与疫情防控方面还不到位，一些群众对于病毒的危害认识不清、对于防控的方法不了解、对于防控的举措不支持，风险防控意识、自我保护意识、联防联控意识还没有充分树立起来。三是服务解困群众"最后一公里"还有差距。一些基层党组织对防疫需要的口罩、酒精、体温枪及米面粮油生活物资等方面的需求保障不够充分，对群众备耕复产需要的种子、化肥等生产资料保障还不够到位，对群众因长期封闭在家出现的无聊、烦躁、厌倦等情绪疏导还不够有力。

（三）资源聚合的统筹力还有差距

一是体制上"权责对等"存在短板。疫情防控中，乡镇、街道一级承担着属地管理的职责任务，但是支配资源较少、管理权限有限，难以主动协调驻区单位资源力量，社区"有责无权""只能提需求无法提要求"的现状客观存在。二是体制内"部门协同"存在短板。由于部门之间职责不同、工作重心不同、缺乏有效沟通，各级除了领导小组发号施令外，相关的工作部门依然各自安排本部门、本行业的防疫及检测等工作，客观上造成了多头指挥、基层忙乱的现象。三是体制外"左右联动"存在短板。社区、社会组织、社工"三社联动"机制不健全，社区志愿服务体系不完善，对服务型、公益性、互助性社会组织培育不足，对小区、业委会、物业服务企业等发动不够，导致疫情防控中社会力量未能有效统筹调度。

（四）干部队伍的战斗力还有差距

一是能力上还有不足。有的干部面临繁重任务时思路不够清楚、措施不够有力，统筹能力还有差距；有的干部工作方式简单粗暴，甚至诱发矛盾冲突，依法治理能力还有差距；有的干部风险意识弱、法纪观念淡，对找关系、找熟人过卡进村的行为制止不坚决，在执行落实能力上还有差距。二是作风上还有不足。一些地方形式主义、官僚主义抬头，一些单位和干部不考虑如何为基层解决问题、减轻负担，在疫情防控中"刷存在感"，导致基层工作督查检查多、上报资料表册多、报送信息简报多，浪费了不必要的精力、增加了不必要的负担。三是关爱上还有不足。一些地方对干部的关怀还不到位，安排干部调休、补休等没有得到较好落实，干部"连轴转"的状况没有很好转变。由于疫情紧急，关怀慰问、后勤保障、加班补助等跟进不够及时，对干部的压力纾解不够。

（五）基层保障的支撑力还有差距

一是人力支撑不足。村和社区作为疫情防控的主战场，其工作人员主要由村（社区）两委干部、驻村干部、网格员、部分党员和志愿者等组成，承担排查、消杀、卡点等诸多工作，工作量大、人员紧缺。特别是一些社区人口多、面积大、情况复杂，力量又严重不足，工作开展起来顾此失彼。二是物力支撑不足。口罩、消毒液、酒精、体温枪等平时没有储备、战时不易准备，基层党组织和党员干部调度资源的能力有限，防疫物资严重缺乏，一些地方存在"一个口罩冲一线，一支体温枪测全村"等突出问题。三是科技支撑不足。一些信息库建而未用，数据没有共享、应用水平较低，依然在重复开展、手工进行。一些微信群、QQ 群运用不到位，仍然依靠逐户上门方式采集信息、了解情况，增加工作成本，影响防控效率。一些地方已经建成视频会议系统，依然要求必须进办公室开会，增加感染风险。一些信息完全可以通过网络采集，仍然要求手工留痕。

三　协同联动、精准施策，增强治理效能——主要建议

（一）基层要赋权赋能

一要"责权"匹配。按照依法下放、宜放则放、权责一致原则，将部分审批、服务、执法等权限下放至乡镇（街道），通过赋权实现"不平衡权力"的"再平衡"，让乡镇（街道）在承担属地管理责任时拥有更多与之相匹配的权限。二要"财权"匹配。划分乡镇（街道）财政事权和支出责任，建立财政事权和支出责任相适应的制度，对属于县（市、区）政府事权的，不能要求乡镇（街道）安排项目配套资金，对属于乡镇（街道）事权的，县级财政加大扶持力度，确保基层有钱办事。三要"事权"匹配。制定县级职能部门、乡镇（街道）、村（社区）职责清单，明确职责范围、厘清职责关系、划清职责界限，坚决把不应该加给乡镇（街道）的负担挡在门外，以制度形式防止不作为、慢作为，杜绝把工作任务一级一级往下压，防止解决具体问题时推诿扯皮。

（二）组织要织密织牢

一要推进组织全覆盖。推进城市街道党工委、社区党委、社区居民党小组，向小区、楼院、楼门等基层社区自治单元纵向延伸，推进网格党组织全覆盖设置，将街道社区基层党组织建设的触角延伸到最基层。二要激发组织新活力。探索建立"社区党组织＋物业党组织＋业委会党组织＋党员楼道长"四级联动基层治理体系，激活社会治理"神经末梢"，梳理非公领域党组织、党员摸底情况，协助组建党支部或联合党支部，努力开发非公领域党

组织、党员资源，激发基层党组织新活力。三要提升组织服务力。探索建立干部争当政策法规宣传员、矛盾纠纷调解员、工作落实监督员、困难诉求好事实事特派员"四大员"工作机制，结合本职岗位进行分片包户，完善群众服务网，服务群众全覆盖，着力提升基层党组织服务群众能力和水平。

（三）机制要联防联动

一要健全问题收集机制。依托城乡管理网格，畅通群众问题建议反馈渠道，建立村（社区）干部常态化走访群众制度，强化基层党组织联系群众、发现问题能力，推动村（社区）工作者发现治理问题，感受百姓痛点，收集意见建议。二要健全响应处置机制。依托城乡网格化管理体系，建立市、县（市、区）、乡镇（街道）、村（社区）四级"问题处置"综合指挥系统，督促本级相关职能部门快速响应、及时办理，对问题处置进行全流程调度、受理、处置、监督、反馈，并开展督查考评。三要健全协同共治机制。发挥党委总揽全局、协调各方作用，搭建有利于共同治理的互动平台，全力引导各方力量共同参与基层治理工作，真正形成"有事共协商、难事共讨论、信息共交流、风险共承担、成果共享用"的基层社会治理"利益共同体"。

（四）队伍要建强建优

一要建强职业队伍。整合医务人员、社区干部、志愿者、退役军人、网格员、信息员、社工等人力资源，成立党员应急突击队，在应急管理工作中发挥各领域的专业特长，为群众提供全方位、综合性、专业化服务。二要加强专业培训。将应急管理、公共卫生安全等相关知识纳入乡镇（街道）、村（社区）两级党员干部常态化培训内容，每年定期聘请专业人员开展知识讲座和技能培训，不断提升基层党员干部专业技能和处置能力。三要开展实战训练。由应急管理部门牵头，组织应急指挥人员、基层干部、党员应急突击队、志愿者队伍等有计划、有组织、有层次地开展疫情防控、抢险救灾等应急处置演练，在应急指挥、信息共享、技术交流、医疗救援、后勤保障等方面探索经验规律，切实提升基层党组织和党员干部的应急处突实战能力。

（五）保障要有力有效

一要强化组织保障。疫情发生后，县乡村三级迅速成立以书记为第一责任人，各类业务公司以及社区组织等负责人纳入其中的危机应急管理指挥小组，根据危机性质和规模，明确各方力量在危机应对工作中的任务和职责，构建政府协助、社区主导、社会参与的集中统一高效的危机应急管理工作体系。二要强化法治保障。通过各级党委和政府成立临时性指挥机构，依法打击扰乱市场秩序的行为，依法严肃追究相应人员对疫情防控的失职失责行为，深入开展疫情防控专项监督检查，等等。疫情防控中，还要针对法律规定存在的漏洞及时进行修补，进一步完善疫情防控相关立法，保证疫情应对工作于法有据。疫情防控越是到最吃劲的时候，越要坚持依法防控，在法治轨道上统筹推进各项防控工作，严格执行疫情防控和应急处置法律法规，保障疫情防控工作顺利开展。三要强化物资调配协同保障。加大力度建立健全市、县两级应急物资储备体系，鼓励企事业单位、大型场所、家庭储备应急物资，完善应急物资储备、调度、发放等相关工作机制和应急预案，形成分层、分级、分类的应急物资储备网络。搭建统一的应急物资保障大数据平台，深度整合各部门信息资源，实现使用单位与物资生产、销售企业的畅通对接，做好原材料供应、规范标准、生产运输等多方面工作，在短时间内实现集中生产调配、推动应急物资保障的资源共享和供需衔接。四要强化科技保障。要变"老方法"为"新手段"，向科技要人力，建立疫情相关大数据信息共享平台，提高数据使用效率，避免基层多头报送重复性信息；将5G网络信息高速公路应用于远程医疗、会议、教学等场合，减少人群聚集、提高工作效率；推进城市"智慧社区"建设，精准对接周边商户和社会服务资源，加强访客管理、车辆管理等重点防控，减少基层排查负担，推动危机应对工作向精细精准化方向发展。

B.19
疫情背景下破产企业重整
价值识别机制研究

成都市青白江区人民法院课题组[*]

摘　要：　疫情背景下如何精准识别破产企业重整价值，充分发挥重整制
度的挽救功能是当前人民法院办理企业重整案件的一个重要课
题。成都市青白江区人民法院结合自身多年办案实践，从加强
专业化重整价值识别队伍建设，建立"四步"标准式审查流
程、"两察八问"要素式实体审查范式、"四维"穿透式疫情
影响力评价机制等一套从程序到实体的规范化重整价值识别规
则，健全优化重整价值识别配套机制等方面进行了有益探索，
并取得了积极成效。同时，对下一步完善破产企业重整价值识
别机制提出建议：制定关于企业重整价值识别的规范性指导文
件、完善省部级以上层面的企业重整价值识别府院联动机制、
加快培育第三方企业重整价值咨询机构。

关键词：　破产重整　重整价值识别　疫情

　　《企业破产法》是运用法治方式化解产能过剩、优化资源配置、完善市
场主体退出机制的重要法律制度。在《企业破产法》实施尤其是人民法院

---

　*　课题组负责人：徐涛，成都市青白江区人民法院院长。课题组成员：刘玉琬，成都市中级人
民法院民三庭审判员；付军，成都市青白江区人民法院民二庭庭长；李谦，成都市青白江区
人民法院研究室副主任。执笔人：江铮，成都市青白江区人民法院民二庭副庭长。

办理破产案件过程中，如何充分发挥破产制度的挽救和保护功能，高效、准确判断破产企业重整价值，最大限度维系企业的经营价值，一直是企业破产相关利益方的关注重点。在当前防控新冠肺炎疫情、妥善应对疫情影响的背景下，加强和规范破产企业重整价值，帮助受疫情影响陷入破产困境但仍具有经营价值的企业脱困再生，具有更为现实而迫切的重要意义。成都市青白江区人民法院着眼防范和化解疫情给破产企业造成的重大经营风险，优化营商环境，对建立健全疫情背景下破产企业重整价值识别机制进行了富有前瞻性且卓有成效的研究和实践探索。

一　研究背景和意义

（一）破产企业重整价值的含义

《企业破产法》规定了破产清算、重整、和解三种程序，但未对三种程序的适用对象进行明确具体的差异化规定。通说认为，重整程序集中体现和承载破产制度的拯救功能，代表现代破产制度的发展趋势。基于三种程序的不同制度价值和功能，《全国法院破产审判工作会议纪要》第 14 条规定，破产重整的对象应当是具有挽救价值和可能的困境企业，对于僵尸企业，应通过破产清算，果断实现市场出清。因此可以认为，破产企业重整价值是指对已陷入债务困境的破产企业是否具备挽救价值和可能进行判断的结构性要素，通常包括企业的资产状况、技术工艺、生产销售、行业前景等。若被认定为不具备重整价值以及拯救可能性的，则不被允许进入企业重整程序，而经由清算程序实现市场出清。

（二）破产企业重整价值识别的现状

企业重整价值识别是审理破产重整案件的重要事项，贯穿程序始终，决定程序启动，影响程序走向。课题组对中国裁判文书网随机抽取 2020 年疫情发生以来 50 个裁定受理重整申请案件和 50 个裁定不予受理重整申请案件进行统计分析发现，在当前实践中，破产企业重整价值识别还存在以下两个方面的突出问题。

1. 对企业重整价值的重视程度仍有待提高

当前，仍有60%裁定受理重整申请的案件没有对企业的重整价值进行识别，即使进行了价值识别，也有18%的案件欠缺详细的价值论证（见图1）。很多案件对重整价值的识别非常抽象、概括，如相关裁定书中的如下表述："该公司有重整的意愿，且有重整的可能性。对困境企业依法进行重整，有利于依法公平保护全体债权人的合法利益，有利于提高清偿率，同时还有利于社会稳定和经济发展"；"具有通过重整获得新生的可能，符合破产重整的受理条件"。

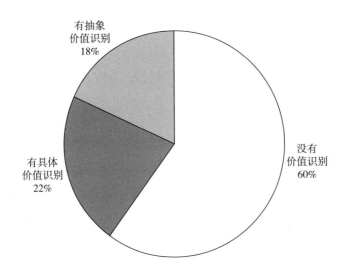

图1　裁判实践中企业重整价值识别情况

2. 欠缺规范的价值识别标准和规则

从裁定受理案件的价值识别要素来看，人民法院审查企业重整价值最看重的是企业的资质、市场成熟度、技术优势等。但通过与裁定不予受理案件进行比较可以发现，人民法院在识别过程中存在规则不明、主观性强等问题。有的法院只作形式审查，在申请人提供了重整可行性和必要性报告后即认为具有重整价值，如某裁定书关于"该公司提交了破产重整可行性报告、破产重整必要性报告，有重整的意愿，且有重整的可能性"的认定。有的法院会对重整可行性和必要性进行实质审查，如关于"申请人向本院提交的重整计划草案未明确具体的意向投资人、重整资金数额及来源、具体的债权清偿方案等内容，尚不具有实际可操作性"的认定。另外，不少案件的价值识别要素较为单一，如"申请人建筑资质为公路工程施工总承包一级，具有重整价值""取得有道路运输经营许可证，具有通过重整获得新生的可能""该公司拥有大型地产项目，具备重整可能性"等。

（三）加强和规范破产企业重整价值识别的意义

1. 有利于集中司法资源，充分发挥破产拯救功能

长期以来，由于对重整制度的定位和价值认识不充分，法院在受理企业重整申请时欠缺对企业重整价值的有效识别，导致大量不具备重整价值的企业进入重整程序，最终重整失败转入清算程序。这一过程浪费了大量的司法资源，影响了债权人权益的及时实现。加强和规范破产企业重整价值识别，让没有重整价值的企业及早进入清算程序，让拥有重整价值的企业规范进入重整程序，可以大幅节约司法资源，并集中司法资源帮助企业脱困再生，充分实现破产拯救功能。

2. 有利于提升重整质效，优化市场主体营商环境

企业重整价值识别不准确、不规范的另一后果是导致进入重整程序后的重整案件反复召开听证会，多次启动投资人招募程序，审理周期长，社会效果差，并可能衍生信访多发等次生风险。加强和规范企业重整价值识别，将重整价值识别程序置于案件受理前，将有利于缩短案件审理周期，提升重整案件质效。重整质效的提升，也将直接有利于改善营商环境测评中的"办理破产"指标，并促进国家和地区市场主体营商环境的优化提升。

3. 有利于疫情风险处置，确保破产企业有效存续

2020年初，新冠肺炎疫情在全球暴发，国内外市场与经贸投资形势的变化，导致部分企业陷于经营与债务困境，但大部分企业的经营状况和清偿能

力仍具有可恢复性。加强和规范破产企业重整价值识别，积极引导其中受疫情影响但仍具有经营价值的企业顺畅高效进入重整程序，制订合理的重整方案，合法化解债务危机，实现对企业的支持与救助，对全面恢复经济社会秩序，做好"六保""六稳"工作，服务经济高质量发展具有重要价值和意义。

二　主要做法和成效

（一）加强专业化重整价值识别队伍建设

习近平总书记指出："建设法治国家、法治政府、法治社会，实现科学立法、严格执法、公正司法、全民守法，都离不开一支高素质的法治工作队伍。"① 青白江法院深刻领会习近平总书记关于法治人才建设方面的讲话精神，落实司法责任制改革要求，探索建立一支专业化、高素质的破产审判队伍，不断提高破产企业重整价值识别的能力和水平。

1. 建立以破产重整拯救为主责的破产审判团队

在审理企业重整案件中，人民法院可以依托管理人、企业家代表、第三方机构等力量开展企业重整价值识别。基于"法官不得拒绝裁判"的职业伦理要求，最终判断一个企业是否具有重整价值仍有赖于人民法院的决定。因此，有必要建设一支专业化破产审判团队，这也是开展破产重整拯救、提升企业重整价值效能的前提和关键。为此，青白江法院整合商事审判团队优势资源，组建了由1名"蓉城资深法官"领衔、以3名青年法官为主体的破产审判团队，集中精力和资源开展企业破产重整拯救和重整价值识别。为拯救"执行不能"案件中尚有存续价值的被执行人企业，青白江法院打破"一执了之"的陈旧观念和部门界限，抽调执行局骨干力量，与破产审判团队共同组建"执转破"工作小组，将企业重整价值识别前置于执行程序，识别筛选和

---

① 2017年5月3日，习近平在考察中国政法大学时的讲话，http://www.xinhuanet.com/politics/2017-05/03/c_1120913310.htm。

积极引导其中有恢复能力的被执行人进入重整程序，帮助企业重获新生。

2. 加强以疫情风险应对为重点的能力提升

青白江法院高度重视破产审判团队的能力建设，借助专业法官会议平台，及时总结审判实践经验，全面把握新的发展理念、形势和机遇，深入开展专项调研和随案调研，形成"企业重整智力支撑网络"。集中学习、集体讨论，专题分析疫情背景下的国家宏观经济政策和各项改革举措、司法文件精神，深入研讨疫情背景下企业重整中的疑难复杂问题，形成了多个标准化裁判规则，多篇调研成果在省法院、市法学会组织的学术征文活动中获奖。加强与省内外高等院校、科研院所交流合作，建立破产法学理论与实践的院校合作交流机制，与成都理工大学法学院签订合作协议，共同设立全市法院首个破产法学教育实践基地。以"企业重整助力营商环境优化"为主题，集聚疫情背景下的司法重整路径与策略，与四川省法学会破产法学研究会、成都市中级人民法院成功承办全省首届"破产法治·天府论坛"，在加强企业重整价值识别、发挥破产拯救和服务保障营商环境建设功能等方面贡献了诸多四川法治智慧和力量。

3. 探索以价值识别效能为导向的监督管理机制

针对司法重整办案与办事、裁判与谈判、开庭与开会、审判与执行相结合的特点，青白江法院明确价值识别效能导向，着力探索更符合司法重整规律、更有效发挥重整拯救功能的监督管理机制。一是建立重整案件内控审限制度，结合法定审限要求，明确简易重整案件、复杂重整案件分别在15天、30天之内完成价值识别、作出是否受理裁定，内控审限5个月、8个月以内办结。二是建立项目化案件管理制度，规范重整案件价值识别、听证审查等时限节点、程序要求和重大问题处理，实行"台账式"项目管理，有效破解节点时限掌握随意化、程序操作任意性等问题。三是建立重整案件单独绩效考核机制，按照"案件基础工作量×案件进度比例＋案件附加工作量"方式，根据不同难易程度以1件价值识别准确、司法重整成功案件折抵20件到80件普通民商事案件，充分调动审判人员的积极性，有效引导更多法官参与重整案件审理，准确、有效判断企业重整价值。

（二）建立规范化重整价值识别程序规则

企业重整价值识别的核心在于设计何种程序，对哪些要素进行价值判断，即识别程序、规则。前者主要解决何时识别、通过何种方式识别的程序性问题，后者则主要回答从什么维度判断一个企业是否具备重整价值的实体性问题。青白江法院在办理企业重整案件中对上述事项进行了探索和实践，对疫情背景下的企业重整价值识别进行了创新，出台《成都市青白江区人民法院审理企业重整案件工作指引（试行）》，逐步形成了"四步"标准式审查流程、"两察八问"要素式实体审查范式等一套规范化企业重整价值识别程序规则。

1. 制定"四步"标准式审查流程

采取什么方式和程序对企业重整价值进行识别，《企业破产法》并未作出明确规定，司法重整实践中亦不统一。青白江法院在实践中逐步探索出了一套"四步"标准式审查流程，并将其融入工作指引，对规范审查程序具有一定的借鉴意义。第一步，在接收重整申请时对申请材料的完整性进行审查，一般要求申请人提交工商登记档案、资产负债表、债务清册、债权清册、重整可行性证明材料等12种材料，并适当放宽债权人申请债务人重整时的材料要求。第二步，召开听证会，就企业是否具备破产条件、重整价值等事由听取债务人、债权人代表、职工代表、管理人、意向投资人等的意见。第三步，向工商、税务等政府主管部门和工商联、行业商会、企业家协会等组织发出书面函件，就企业是否符合本地区产业功能布局、行业发展政策等事项征求相关部门和组织的意见。第四步，召开专业法官会议，对申请材料、听证会和书面函询所反映的情况进行汇总合议，综合评判企业是否具备重整价值以及是否受理重整申请（见图2）。

图2 "四步"标准式重整价值审查流程

2. 构建"两察八问"要素式实体审查范式

对于企业重整价值识别的具体维度及内容,青白江法院采取了"两察八问"要素式实体审查范式。"两察",即先察企业的挽救价值,再察企业的挽救可能。前者决定法院受理重整申请的必要性,后者则决定法院受理重整申请的可行性,两者缺一不可。具体如何"察"挽救价值和挽救可能,则分别采取"四问"式审查。对于挽救价值,一问企业陷入债务危机的原因。如果因企业管理人员决策失误、管理不善导致企业亏损,通常具备较高的挽救价值。但如果属于市场饱和原因导致亏损,为市场逆向淘汰,则应尊重市场规律,一般认为不具备挽救价值。二问债务结构。一般情况下债务形成时间越长,负债率越高,企业越不值得挽救。如果企业的自营业务负债比较多,借贷负债比较少,说明企业现金流比较正常,具备较高的挽救价值。反之说明企业的经营成本高,现金流管理比较差,脱困再生比较难,挽救价值也就相对较低。三问企业自身能力。这可以从企业所控制的生产环节数量、市场占有率、产品稀缺性、管理团队和技术人员的成熟度和稳定性等方面进行判断。四问企业外部环境。这主要包括企业所处的政策环境、产业布局环境、政府支持环境等。如果企业符合当地政府的产业布局和重点培育方向,有当地政府在政策、税收等方面的大力支持,会有利于企业的生存发展,也就具有挽救价值。对于挽救可能,一问企业及其股东的重整意愿强烈程度。重整程序对企业及其股东的权益会产生较大影响,企业及其股东的重整意愿越强烈,越有利于重整程序的推进和重整计划的执行。二问债权人的支持程度。在重整程序中,尤其是债务人申请重整的场合,债权人特别是大债权人对于重整程序的顺利推进会产生较大影响。若债权人支持并配合,将有利于重整程序的推进和重整计划的执行。三问是否存在意向投资人。如果债务人已经经过预重整,形成了较为完备的预重整方案,甚至已经签订了投资协议,则可以认定具备较大的挽救可能。四问是否存在不可克服的重整障碍。这包括事实障碍和法律障碍,需要在识别过程中进行具体分析,对一些不利因素进行全面考察,如能排除不利因素,就能有利于挽救(见图3)。

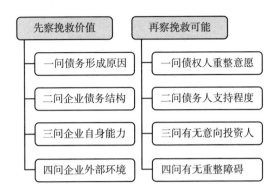

图3 "两察八问"要素式重整价值实体审查范式

3. 健全"四维"穿透式疫情影响力评价机制

面对新冠肺炎疫情给企业带来的深刻影响，青白江法院在审查企业重整申请的过程中，坚持"重立轻破"的理念，从以下四个维度穿透式认定企业重整价值的疫情影响力。一是审查疫情发生前企业债务危机的持续时间。结合疫情影响以及防控措施实施的时间因素等，如果可以认定企业在疫情发生前就已经长期存在债务危机，疫情影响仅是加重了债务危机的外观表现，使其无法再残喘拖延下去，则否定其重整价值；反之，如果可以合理预见其能在疫情过后的短期内恢复清偿能力，则可以认定其具备重整价值。二是审查企业的避险能力。这主要审查企业的规模大小、资产类型、资金链稳定性等因素，一般可以认为，企业的规模越大，知识产权、人才队伍等轻资产在总资产中的比例越大，自持资金和现金流越多，则企业的避险能力和恢复能力越强，重整价值越高。三是审查疫情对企业所处行业的冲击力度。餐饮、旅游、交通运输、影视等服务业因人口聚集型的特性受到疫情的直接冲击，而一批远程办公、在线娱乐、线上教育、互联网医疗健康、互联网零售、无人配送等新模式、新业态得到快速发展。如果企业受到疫情冲击力度很大而又无法实现转型发展，则不宜认定其具备重整价值。四是审查政府针对性帮扶政策。疫情发生后，政府部门出台了多项针对企业的纾危解困举措。如果企业属于政府重点帮扶救济的对象，则可以从挽救可能的角度认定其重整价值（见图4）。

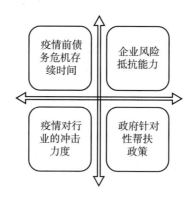

图 4 企业重整价值疫情影响力的四个审查维度

（三）健全优化重整价值识别配套机制

企业重整价值识别利益联结广泛，是一项相对复杂的系统性工程，需要人民法院建立健全相应的配套机制，以实现识别精准化、高效化、优质化。青白江法院在司法重整过程中着重加强与行政部门的协同，探索庭外重整与庭内重整相结合，加强对破产管理人的监督管理，形成了一套较为完整而实效的重整价值识别配套机制。

1. 健全府院联动机制，合力开展重整价值识别

人民法院作为司法部门，对经济工作和具体的企业运行状况并不熟悉，对疫情背景下的宏观经济调控政策也缺乏了解，在开展企业重整价值识别过程中必须借助政府部门的力量。为此，青白江法院在 2019 年 8 月 1 日、2020 年 11 月 2 日先后提请青白江区政府常务会议审议发布了 1.0 版、2.0 版企业破产处置府院联动机制工作方案，专门提出了涉及区发展改革局、商务局、经科信局等 6 个部门的重整价值识别协调联动机制，明确相关部门支持人民法院开展破产企业重整价值识别工作，及时调查并答复人民法院有关破产企业重整价值的函询，必要时派员列席参加破产案件听证会。依托该联动机制，青白江法院先后在成都金嘉洲建材有限公司、成都市乐城乐家市场经营管理有限责任公司等重整案中函询区经科信局、区先进材料产业功能区

管委会等部门，并邀请相关部门的负责人列席听证会，对准确识别企业重整价值发挥了不可替代的作用。

2. 探索预重整制度，发挥市场化价值识别功能

预重整制度将法庭外的商业重组谈判延伸至司法程序，将重整计划制定、表决等核心步骤置于破产程序开始前，对发挥市场手段准确识别企业重整价值具有重要作用。青白江法院在《审理企业重整案件工作指引（试行）》中专章规定了预重整制度，对预重整申请、听证审查等程序性事项进行了规范。截至目前，青白江法院已正式决定启动预重整程序1件，将有一定重整价值但仍需要进一步进行识别的企业重整申请审查前置于正式重整程序，将是否具备挽救价值和可能的识别通过一定期限的庭外商业谈判实践进行检验。目前该案处于预重整程序中，青白江法院将根据预重整程序是否能够及时草拟重整方案、招募到投资人等情况，决定是否受理重整申请，以有效避免重整价值识别不准确，导致程序空转、效率低下等问题。

3. 加强管理人履职监管，确保重整价值识别实效

人民法院在受理重整案件并指定管理人后，管理人的能力和素养对尽快准确识别企业能否重整以及重整方案是否合理、科学、可行具有关键性作用。若没有一支专业性和责任心强的管理人队伍，即使人民法院在受理案件时对重整价值识别准确，也可能会因为管理人履职不到位造成重整失败。因此，青白江法院高度重视对管理人履职的监督管理，通过明确管理人履职时间节点、召开工作约谈会等，加强对管理人工作的指导力度，并尽力协调解决管理人在工作中遇到的问题和困难，推动重整案件顺利进行。2020年以来，青白江法院已先后12次在资产接管、债权审查、重组谈判等重点推进环节对管理人进行约谈督导，督促管理人尽早提交重整方案，加快重整价值识别，杜绝了管理人履职不尽心、不到位、程序运转随意等可能导致重整失败的问题。

青白江法院经过长期探索和实践，目前已初步建立了一支熟悉法律知识、经济政策和企业经营管理的高素质破产审判队伍，制定了《审理企业重整案件工作指引（试行）》等一系列规范性工作制度，形成了一批在实务

界、学术界有一定影响力的调研成果，为开展疫情背景下的企业重整价值识别提供了良好的人才基础和制度基础。截至目前，经过准确高效的重整价值识别，青白江法院已先后受理重整案件6件、预重整案件1件（其中受疫情影响的重整案件3件），审结2件，成功引进资金10.85亿元，化解债务154.2亿元，推动四川正坤房地产公司、四川禾浦化工公司等企业顺利重整再生。根据第三方评估机构作出的《2019年营商环境评估报告》，青白江法院"办理破产"指标得分90.48分，位于成都市领先水平。在疫情背景下开展重整价值识别、充分发挥重整挽救功能的相关做法和成效，先后获得省法院王树江院长、市法院郭彦院长、青白江区委张胜书记肯定性批示，多家法院专程前来学习调研。

三　存在的问题和建议

青白江法院在办理企业重整案件、开展企业重整价值识别过程中，也认识到一些亟须破解的障碍和薄弱环节。例如，企业重整价值识别尤其是疫情背景下的价值识别仍依赖于人民法院的个案实践，缺乏经验提炼，也没有上升到具有全国指导性意义的规范性司法文件层面，仍存在识别不准确、不规范的问题；府院联动机制目前还处于初创阶段，个案协调难度大、效果差的问题有待解决；人民法院识别重整价值的经验和能力存在短板，尚未培育专门性的第三方重整价值咨询机构，识别的市场化程度不高等。为解决上述问题，提出以下三点建议。

一是制定关于企业重整价值识别的规范性指导文件。目前最高人民法院仅有一些关于企业重整价值识别的原则性规定，对司法重整实践缺乏可操作性的指导文件。建议最高人民法院以及相关部门尽早制定一系列关于企业重整价值识别的规范性指导文件，并对价值识别的具体维度、方式进行明确规定，以更好地指导人民法院开展破产企业重整价值识别，更好地帮助疫情背景下的企业恢复生产经营能力，服务保障经济社会秩序的全面恢复。

二是完善省部级以上层面的企业重整价值识别府院联动机制。贯彻落实

《优化营商环境条例》关于"建立企业破产工作协调机制，协调解决企业破产过程中涉及的有关问题"的要求，由中央有关部门与最高人民法院牵头成立国家层面的府院联动机制，协调解决包括企业重整价值识别在内的事项。若时机尚有待成熟，建议省级层面的府院联动机制尽早建立，并加强对市、县级政府有关部门的指导和督促，以推动市、县级府院联动机制的落实落地，提升司法重整效能。

三是加快培育第三方企业重整价值咨询机构。在实践中，人民法院、管理人、政府有关部门等均难以准确、全面地对每一个行业、每一家企业的重整价值进行高效识别，而当前的司法鉴定机构、管理咨询公司均不具备类似的咨询帮助职能。因此，有必要加快培育一批第三方企业重整价值咨询机构，汇聚相关行业专家、企业家代表，组成专门的咨询专家组，经人民法院或管理人委托后，对企业是否具有重整价值出具专业意见，为人民法院提供参考，以提升重整价值识别的准确性、专业性。

脱贫攻坚法治保障

Guarantee of the Rule of Law for Poverty Alleviation

B.20
四川省依法扶贫的实践与探索

四川省扶贫开发局课题组*

摘　要：　2019年底，除凉山州7县外，四川省其余81个贫困县均已成功
摘帽。2020年，是中国建设全面小康社会决胜年，也是全国
脱贫攻坚工作收官之年，党和国家对四川省脱贫攻坚工作的
压轴战给予了大力支持并提出了严格要求。经过不懈努力，
四川终将最后七县摘帽，实现88个贫困县清零目标。脱贫攻
坚工作的规范开展，脱贫专项资金的有效落实，全面脱贫后
扶贫工作的继续深入开展，贫困群众合法权益的切实保护等
均离不开法治保障。本文系统总结了党的十八大以来四川依
法脱贫工作面临的形势及挑战，对四川在依法脱贫攻坚过程
中所采取的思路及措施进行分析，总结四川依法脱贫攻坚工

---

* 课题组负责人：徐金贤，四川省扶贫开发局政策法规处副处长。课题组成员：李征宇，四川
省扶贫开发局政策法规处一级主任科员；邓莎莎，四川省扶贫开发局政策法规处干部。执笔
人：邓莎莎，四川省扶贫开发局政策法规处干部。

作取得的显著成就和典型经验，研究提出进一步以法治思维与方式助推四川扶贫工作的建议，从依法开展扶贫工作的角度为建设社会主义现代化法治国家建言献策。

关键词： 脱贫攻坚　依法扶贫　法治思维

党的十八大以来，党中央将脱贫攻坚工作纳入"五位一体"总体布局及"四个全面"战略布局，并将其列为实现第一个百年奋斗目标的重点任务。2015 年，国务院印发《中共中央　国务院关于打赢脱贫攻坚战的决定》，提出了打赢脱贫攻坚战的总体要求，为确保 2020 年农村贫困人口实现脱贫作出了系列决定。党的十九大将脱贫攻坚明确为全面建设小康社会必须打好的三大攻坚战之一。2018 年，国务院印发《中共中央　国务院关于打赢脱贫攻坚战三年行动的指导意见》，对中国 2018～2020 年三年脱贫攻坚工作作出了新部署。在党中央的指导与支持下，四川省在依法推动脱贫攻坚具体工作、全面建设社会主义小康社会的过程中，针对自身扶贫工作的客观困难，付出了诸多努力，也取得了系列成果。

一　四川省依法扶贫基本情况

（一）四川省脱贫攻坚基本情况

四川省辖 21 个市（州）、183 个县（市、区），占地 486000 平方千米；多民族聚居，合计 56 个民族，是全国唯一的羌族聚居区、最大的彝族聚居区和全国第二大藏区。四川为全国扶贫任务最重的省份之一：经认定的贫困县合计 88 个，其中国定贫困县 66 个、省定贫困县 22 个。2013 年底，全省贫困人口共计 625 万人，贫困村 11501 个，贫困发生率 9.6%。贫困县主要集中于四大片区，即高原藏区、大小凉山彝区、秦巴山片区、乌蒙山片区。

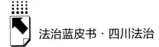

截至 2019 年底，四川省未摘帽贫困县尚余凉山州普格县、布拖县、金阳县、昭觉县、喜德县、越西县、美姑县七县，贫困人口已减至 20 万人，贫困村剩余 330 个，贫困发生率降至 0.3%。2020 年，四川加大了脱贫工作力度，采取了一系列超常举措，最终将最后七县成功摘帽，至此实现了四川省贫困县的清零。

（二）四川省贫困认定标准及程序

1. 贫困认定标准及流程

四川省以"实事求是"为原则，以"不漏一户，不掉一人"为目标，在国家农民人均纯收入识别标准上，综合考虑住房、教育、健康等情况，按照"农户申请、村民代表大会民主评议、村委会审查公示、乡镇人民政府审核公示、县级人民政府审定公告"程序，开展贫困人口精准识别工作。同时，自 2015 年开始开展精准识别"回头看"工作，对不符合标准者进行清退，进而提高建档立卡精准度。

2. 退出标准及程序

依据《四川省贫困县贫困村贫困户退出实施方案》①《关于进一步规范贫困县退出工作的通知》（川脱贫办发〔2016〕87 号）② 等有关规定，四川省贫困人口脱贫主要衡量标准为贫困户年均收入超过国家扶贫标准且"两不愁三保障"；贫困村与贫困县退出主要衡量标准为贫困发生率。

贫困户/村/县退出程序分别为：确定目标—民主评议—审核公告—备案销号；确定任务—退出申请—审核公告—备案销号；县级申请—市级初审—省级检查—分类审批。

（三）四川省脱贫攻坚领导小组建设

四川省脱贫攻坚领导小组由省委书记、省长担任组长，设 9 名副组长，共 44 个成员单位，设办公室，办公室主任、副主任各一名。各地市州县村也分别成立了领导小组开展脱贫工作。

---

① 中共四川省委办公厅、四川省人民政府办公厅于 2016 年 8 月 18 日公布，现已归档。
② 四川省脱贫攻坚领导小组办公室 2016 年 10 月 31 日印发。

（四）四川省扶贫工作法治基础

1997 年 10 月 31 日，四川省人民政府办公厅发布《四川省扶贫资金项目管理办法实施细则》（川办发〔1997〕139 号），要求加强扶贫资金项目管理，提高扶贫资金使用效益。2015 年 4 月 1 日，省人大常委会公布了《四川省农村扶贫开发条例》（NO：SC122651），脱贫工作开始有省级法规加以规范。此后，随着国家层面相关文件的颁布施行与四川省依法开展扶贫攻坚工作的实际需要，《四川省扶贫项目资金绩效管理实施细则》[①]（川办发〔2018〕82 号）、《中央和省级财政专项扶贫资金管理办法》[②]（川财农〔2017〕102 号）、《四川省教育扶贫救助基金使用管理办法》[③]、《四川省扶贫小额信贷风险基金使用管理办法》[④]、《四川省卫生扶贫救助基金使用管理办法》[⑤]（川财规〔2019〕20 号）等省级文件及《甘孜藏族自治州扶贫开发管理办法》[⑥]等地方性文件陆续出台并施行。

（五）四川省扶贫法治基本情况

2017 年 9 月，四川省政法委印发《四川省政法机关聚焦法治扶贫　助力脱贫攻坚的指导意见》，全省政法机关开始切实参与脱贫攻坚法治工作。全省政法系统和广大政法干警通过前往贫困地区开展法治薄弱环节调研、化解村民具体矛盾纠纷、实地讲解法律知识等形式开展法治扶贫工作，将法治

---

① 四川省财政厅、四川省扶贫移民局、四川省发展改革委共同制定，四川省人民政府办公厅 2018 年 11 月 5 日发布，自印发之日起施行。

② 四川省财政厅、四川省扶贫和移民工作局、四川省发展和改革委员会、四川省民族宗教事务委员会、四川省农业厅（已撤销）、四川省林业厅（已撤销）、四川省残疾人联合会于 2017 年 7 月 12 日发布，印发之日起施行。

③ 四川省财政厅、四川省教育厅于 2017 年 5 月 9 日发布，自发布之日起实施。

④ 四川省财政厅、四川省扶贫和移民工作局、四川省金融工作局、中国人民银行成都分行、中国银行业监督管理委员会四川监管局（已撤销）于 2017 年 5 月 8 日发布，印发之日起生效。

⑤ 四川省财政厅、四川省卫生健康委员会、四川省医疗保障局、四川省扶贫开发局于 2019 年 12 月 30 日发布，2020 年 1 月 30 日生效。

⑥ 甘孜藏族自治州人民政府于 2017 年 4 月 14 日发布，自印发之日起施行。

理念与思维深入贯彻到脱贫攻坚的各环节，实地解决贫困人口具体法治问题，形成了"党建强村、依法治村、产业富村"的"三驾马车"齐驱并驾的扶贫模式。在扶贫普法宣传工作开展过程中，四川省除针对扶贫对象采取解决贫困群众法律难题、提升贫困人口法律素质等措施外，也注重对扶贫工作人员的法治思维培养，通过行政、司法等手段严惩扶贫领域违法犯罪行为，构建了普法—守法—惩戒法治工作全面开展的扶贫法治格局，进一步落实了依法治国、依法治省方略。

二 四川省依法扶贫工作面临的形势和挑战

四川最后七县摘帽后，国家将通过抽查与普查的方式对其脱贫攻坚成效予以考核验收。同时，四川尚有161个有扶贫任务的县须开展考核工作，依法扶贫任重而道远。

如何在新冠肺炎疫情席卷全球的背景下有效保持脱贫攻坚成果，统筹推进扶贫工作有序高效开展，助力脱贫攻坚与乡村振兴有效衔接，是四川依法扶贫工作必须予以解决的现实问题。同时，贫困地区经济文化落后、扶贫工作缺乏法律法规指导等客观现状，向四川扶贫工作的开展提出了挑战。

（一）四川省依法脱贫攻坚工作面临的形势

1. 实现全面建设小康社会总目标，蓄力下一个百年目标

自习近平总书记2013年提出"精准扶贫"这一概念以来，四川在中央领导下逐步深入开展了系列脱贫攻坚工作，从"贫困县""贫困村""贫困户"等贫困单位的认定到各贫困单位脱贫的认定，均制定了相关文件予以规范化。建党一百周年，第一个百年目标的全面实现需要四川交出脱贫攻坚工作高分答卷。同时，实现富强民主文明和谐美丽的社会主义现代化国家的下一个百年目标需要四川在全面脱贫后持续开展依法扶贫工作，切实全面提高贫困地区经济质量与贫困人口生活水平。

2. 中央层面大力推动，政策给予扶贫工作大力支撑

中央层面积极推动全国扶贫工作的开展，先后印发了《中共中央、国务院关于打赢脱贫攻坚战的决定》《中共中央办公厅、国务院办公厅关于建立贫困退出机制的意见》《中共中央　国务院关于打赢脱贫攻坚战三年行动的指导意见》《中共中央、国务院关于坚持农业农村优先发展　做好"三农"工作的若干意见》等系列文件，对各地脱贫攻坚工作的开展提供了政策助力与战略支撑。

3. 有效保持脱贫成果，防止返贫

四川省现已正式完成凉山州最后 7 个贫困县的摘帽，但脱贫攻坚收官之战的成功并不代表依法扶贫工作的结束，脱贫成果需持续巩固，扶贫主要工作将从解决绝对贫困走向减缓相对贫困、增加低收入人群收入等新阶段。为防止脱贫成果崩坏以及建设富强民主文明和谐美丽的社会主义现代化强国下一个一百年目标的实现，四川需对取得的脱贫攻坚成果予以保持并逐步提高，在今后工作中密切关注贫困地区发展情况，分析可能存在的返贫风险点并对应给出解决措施，进一步促进贫困地区发展。

4. 《四川省农村扶贫开发条例》修订工作逐步进行，脱贫攻坚法治保障力度逐步加大

《四川省农村扶贫开发条例》于 2015 年 4 月 1 日在四川省十二届人大常委会第 15 次会议通过，分为总则、扶贫开发对象、扶贫开发措施、社会扶贫、项目管理、资金管理、监督检查、法律责任、附则 9 章 61 条，自 2015 年 6 月 1 日起正式施行。该条例为四川首次扶贫立法，填补了四川农村扶贫的地方性法规空白，为四川依法开展脱贫攻坚工作提供了法治保障。

随着脱贫攻坚工作的深入开展，新情况对《四川省农村扶贫开发条例》提出了新要求。四川省扶贫开发局开展了《四川省农村扶贫开发条例》修订相关的调研、论证等基础性工作，使脱贫攻坚工作向更规范、更符合四川实际的方向发展，逐步加强四川脱贫攻坚法治保障力度。

5. 各层面对国家层面扶贫立法的呼声高涨

2009 年，国务院扶贫办启动农村扶贫开发前期立法工作，开展了立法

方案撰写、立法调研等活动。2012 年，国务院扶贫办、全国人大农委、国家发展改革委、财政部等单位组成扶贫立法工作领导小组，拟定了农村扶贫开发法草案征求意见稿。中共中央、国务院于 2015 年 11 月 29 日颁布的《中共中央　国务院关于打赢脱贫攻坚战的决定》明确指出，"完善扶贫开发法律法规，抓紧制定扶贫开发条例"。但截至目前，全国扶贫工作的统一安排与部署仍以政策主导，全国性专门扶贫法律法规仍为空白。

如何进一步实现扶贫工作法治化，使得资源配置、对象认定、资金管理、权利保障、行政监管等更为清晰明确，是全国扶贫工作依法开展面临的现实问题。除四川以外，贵州、云南、重庆、广州等地也制定了本省市的扶贫法规，但仍有部分省份未制定省级法规。要依法开展扶贫工作，已制定省级法规的省份如何进一步规范、未制定省级法规的省份工作如何有序推进、扶贫资源如何在各省市公平分配、各级机关扶贫职能职责如何划分、贫困地区及贫困人口的权利如何保障等问题均需要国家层面的法律法规予以回应。各省依法扶贫工作的开展及各地贫困人口权利的切实实现与保障均需要国家层面出台扶贫法律法规。

（二）四川省依法扶贫工作面临的挑战

1. 扶贫资金落实到位困难

扶贫资金的规范使用是依法扶贫工作取得有效成果的关键。近年来，全国各地挪用扶贫资金的实例屡见不鲜，四川省泸定县、昭觉县等地也曾发生公职人员挪用扶贫资金的刑事犯罪案件，扶贫资金的使用与监管需进一步落实。为确保扶贫资金真正用于解决贫困地区人口的实际需求，避免被滥用、挪用，四川需建立完善的资金使用与监管机制，目前亟须通过法治手段明确扶贫资金监管机关及其职能职责、规范各地资金使用与绩效考核机制。

2. 扶贫工作队伍法治水平尚有提升空间

农村地区交往多以人情为基础，加之村干部中存在一定数量当地人且年龄偏大、整体知识水平与法律素养偏低，脱贫攻坚基础领导队伍层面法治意识较为薄弱。基层扶贫工作开展不规范之处颇多，如村干部在评定贫困户时不严格按照省定标准进行认定考核、贪墨扶贫资金等。脱贫攻坚重在基础，基层领导队伍水平对扶贫工作的开展、扶贫成果的保持等尤为重要。扶贫工作的依法开展需从提升各级扶贫工作人员法治意识角度予以保障。

3. 扶贫工作涉及面广、工作量大，预期效果完成度还有提升空间

扶贫工作不仅要注重基础设施建设、医疗卫生保障、义务教育推进、农业产业发展等物质文化建设，也需回应贫困群众对发展民主、法治、公平、正义、安全、环境等方面的需求。扶贫工作面广量大，四川辖地较广，贫困人口多且村落相对分散，扶贫工作开展的客观难度较大。如何合理分配各地扶贫资源、如何切实保障贫困人口权利、如何提升扶贫举措回报率及效益等，这些问题都亟须法治予以回应。

4. 扶贫工作监管体系需进一步完善

扶贫对象的如实认定、脱贫指标的严格考核、扶贫资金使用的绩效评估与审计、对各级扶贫工作人员履职管理等扶贫工作的方方面面均需依法监督。四川现多以政策与绩效考核的方式对各级机关工作人员职务行为予以监管，《四川省农村扶贫开发条例》对监管体系鲜有涉及。如何有效建立制度化、规范化、法治化的扶贫监管体系，使得扶贫工作人员履职行为得以有效监督、村民法治与权利意识得到提升、扶贫财政与金融等资金得以有效使用、各机关扶贫职能职责得以清晰界定、脱贫攻坚成果得以有效保持，是四川依法开展扶贫工作必须解决的问题。

5. 脱贫攻坚法律体系配套规定尚待完善

2011 年，国务院印发《中国农村扶贫开发纲要（2011～2020 年）》①（中发〔2011〕10 号），为中国扶贫工作的开展提出了纲领性要求。此后，中央层面与地方各级均出台了诸多政策性文件，但始终缺乏针对扶贫的基本法或行政法规，政策与法律失衡。虽然四川省已于 2015 年施行了《四川省农村扶贫开发条例》，但该条例系四川省扶贫首次立法，且施行至今尚未正式修订，在贫困人口的权利保障、扶贫职能职责及监管等方面尚需进一步完

---

① 2011 年 5 月 27 日印发，当日生效。

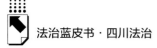

善。法律法规的制定与修订，是四川依法开展扶贫工作的基础、依据与保障，四川依法扶贫工作的进一步开展亟须相关法律法规的补充与完善。

6. 脱贫攻坚法治环境建设力度有待加强

经济基础决定上层建筑。贫困地区存在经济水平低、基础设施落后、资源匮乏或开发难度大等问题，且农村居民整体知识水平偏低，法治建设缺乏客观与主观双重环境基础。四川依法扶贫工作的开展亟须良好的法治环境予以支撑。

7. 贫困地区邻里矛盾频发，治理难度大

中国农村地区，村民常因生活生产方面的琐事产生纠纷，且往往无从解决或无法得以有效解决。同时，农村地区社会治安防控体系相对薄弱，治安问题较为突出。上述问题系农村地区长期生产模式固定、经济发展水平较低等多方面原因综合导致，短期内难以有效改变，基层治理问题需依法扶贫工作持续关注、有效化解。

8. 贫困地区青壮年流失严重、人口老龄化，建设力量薄弱

贫困地区生产力水平较低、耕地等资源有限、小规模耕种回报率低、就业机会不足等客观问题的存在，使得青壮年多以求学、务工等形式向城市输出，而儿童、老人等则留守乡村，形成乡村老龄化、常住人口知识水平偏低、建设工作缺乏适龄劳动力局面，依法扶贫工作的开展缺乏当地人力支撑。

9. 法律意识淡薄，扶贫普法工作宣传难度大

受生活生产模式与习惯的影响，贫困地区人口产生矛盾常以他人调和或多方协商等方式解决，寻求法律人士、司法机关帮助的情况较少。因对法律法规缺乏基本了解与运用，贫困地区人口法律意识较为淡薄，普法工作事倍功半。

10. 脱贫攻坚成果失守，返贫风险高

贫困人口收入提升是脱贫摘帽考评的重要指标，而收入具有不稳定性，如何使贫困地区人口持续性拥有收入这一现实紧迫的问题必须得到妥善解决。依法扶贫需从社会保障、产业发展等不同层面给出应对策略与措施，否则贫困人口有因收入降低等返贫的风险。

11. 贫困地区司法水平与设施有限

大多数贫困地区存在与司法机关距离遥远、工作人员不足、设备缺乏且落后等情况，贫困群众出现纠纷常求诉无门或无法及时得到有效解决，司法的指引功能无法有效发挥。依法扶贫工作的开展，需各地进一步提升司法建设水平。

三　四川省依法扶贫的思路和措施

（一）各级机关依法积极引领

1. 落实领导责任，注重脱贫攻坚成果考核

四川省各级脱贫攻坚领导小组均由同级党委一把手牵头，由上至下、各部门全方位参与的依法扶贫工作队伍得以建立。在各级领导小组的带领下，四川开展了科学制订、严格落实脱贫攻坚成果考核方案系列工作，形成了建立问题台账、整改台账并及时启动整改程序的纠错模式，即对存在问题的地区扶贫工作负责人进行约谈，对出现的实际问题进行科学分析并总结经验、吸取教训，从而进一步改善方法，确保压实脱贫攻坚主体责任。

2. 深入基层，因地制宜开展依法脱贫攻坚

在脱贫攻坚决胜年，针对最后 7 个未脱贫县，四川采取了省级领导牵头挂牌督战、省直部门组成工作专班常驻凉山与基层干部群众共商策略、共解疑难的超常举措，最终实现了全面摘帽目标。

四川在依法扶贫过程中，针对各贫困县自然资源、地理环境、民族特色等差别，因地制宜充分发展特色产业，实现了扶贫工作从"输血"到"造血"的转变。

3. 注重可持续发展，降低返贫风险

绿水青山就是金山银山，贫困人口权益得以实现即是脱贫攻坚工作有效开展的保障。在依法扶贫工作中，四川采取了以现代科技助推扶贫

产业、开展特色旅游，大力发展教育、提升贫困地区人口就业能力，改善医疗卫生条件、提升贫困地区人口身体素质，发展绿色经济、开展植树造林、封山育林等行动，将可持续发展理念贯彻到具体工作中，践行《宪法》《环境保护法》《教育法》等现行法律法规构架的可持续发展理念。

4. 提升政法机关参与及保障力度

四川省政法委印发的《四川省政法机关聚焦法治扶贫　助力脱贫攻坚的指导意见》明确了四川各级政法机关在法治保障扶贫工作开展过程中的职能职责，提出了主要任务与工作保障要求，明确了各级政法机关应当在脱贫攻坚战中发挥的具体作用。四川省高级人民法院、四川省人民检察院、四川省司法厅、四川省公安厅等机关分别根据自身职能职责，或制定实施了相关文件，或作出了相关专题部署安排，政法机关对依法扶贫工作给予大力支持。

（二）改善贫困人口认知，调动脱贫积极性

扶贫工作开展之初，直接对贫困人口发放生活物资、创造就业机会、修建基础设施等直接给予方式在具体措施中占比较大。这造成了贫困人口对扶贫工作有"索取式"的期待，自身脱贫积极性不高，扶贫工作十分被动。为从本质上实现脱贫，降低返贫风险，需实现"思想脱贫"，推动扶贫模式由救助式向开发式转变，改变贫困人口的认知偏差，鼓励就业与劳动，调动脱贫积极性，实现精神与物质的双重富裕。

（三）借助社会力量

脱贫攻坚工作涉及社会生活的方方面面，社会力量的参与可在行政力量脱贫基础上推动扶贫工作纵深发展。各级扶贫职能机关可通过鼓励引进企业、慈善捐赠、法律援助、义诊义检、山区助教、网络宣传、群众监督等形式，为脱贫攻坚工作注入社会力量，同时需注意依法对社会力量参与的各方面予以规范，避免适得其反。

四　四川省依法脱贫攻坚工作取得的成果及经验

自脱贫攻坚工作开展以来，四川坚持中央、省负总责，市、县抓落实的工作机制，以全面精准脱贫为目标，以《四川省农村扶贫开发条例》为法律指引，以政策提供制度保障，取得了一系列成果与经验。

（一）四川省依法脱贫攻坚工作取得的成果

1. 贫困地区基础设施建设取得成效

基础设施建设是脱贫攻坚战取胜的重要物质基础，也是脱贫资金中的重要支出项。四川在脱贫攻坚过程中，制定了《四川省基础设施建设扶贫专项方案》，着重交通、水利、电力、通信等基础设施建设，累计投入资金近万亿元。至2019年底，四川已实现了贫困地区"乡乡通油路、村村通硬化路"，自来水户户通，通电、通电话、电视信号100%全覆盖。

2. 贫困人口公共服务水平显著提升

四川针对义务教育、基本医疗、住房安全、公共文化等公共服务采取了一系列措施。一方面，着重提高贫困地区公共服务水平，为留守儿童及残障人士等弱势群体提供强有力的帮扶；另一方面，通过协作异地的方式对外出务工与易地扶贫搬迁城镇化安置人口提供高质量公共服务，社会保障网络基本将贫困人口全面覆盖。

3. 贫困地区社会经济发展速度与质量提升

产业扶贫是四川脱贫攻坚的重要举措。四川在依法扶贫过程中，通过制定并执行"10＋3"现代农业产业体系发展规划及四大片区、市、县、村以及深度贫困地区产业扶贫规划或方案的方式，因地制宜发展贫困地区特色产业，并通过设计注册省扶贫公益集体商标供免费使用、开办"四川扶贫"官方平台电商促销等方式促进扶贫产品销售，农民收入得以稳步提升。2019年，四川贫困地区农村居民人均可支配收入已增至14670元，同比增长10.0%，相比2015年提升了43%。

4. 农村基层治理能力和管理水平大幅提升

为减少农村地区邻里矛盾，加强农村治安，四川省以党建为引领开展了村级建制工作，通过派驻省级干部、鼓励大学生当村干部、村干部培训等形式，及时化解村民矛盾，为依法脱贫攻坚创造了良好环境，开拓了农村治理新局面。

5. 脱贫攻坚普法手段创新，脱贫氛围良好

普法工作是脱贫攻坚工作的重要组成部分，法律法规得以遵守对脱贫攻坚工作的高效开展与脱贫攻坚成果的有效保持具有不可替代的作用。除传统的发放宣传手册、播放露天法治宣传片外，四川省在依法扶贫工作开展过程中，还通过派驻"法治村官"、开办"法律超市"、组建"法律巡回顾问团"、送法进村、公益法律咨询、法治文化墙等形式，对与村民密切相关的《劳动合同法》《土地承包法》等进行重点宣讲。四川普法工作未停留于理论层面，在实践层面，扶贫工作人员通过解决村民具体法律纠纷、帮助村民实现权利等方式促使村民在知法基础上学会用法，使村民切身感受到法律的效力，扶贫工作法治氛围与环境得以有效改善。

6. 贫困地区农村居民生活质量得以持续改善

自建档立卡、精准扶贫工作开展以来，四川贫困地区农村居民生活水平得以大幅提升，消费结构不断优化，生存型消费人均支出占比进一步缩小，恩格尔系数进一步降低。2019 年，四川农村居民人均生活消费支出 14056 元，同比增长 10.5%，服务性消费支出 5313 元，增长 12.1%。

7. 犯罪率降低

四川省贫困地区犯罪率近年来有所降低。一方面，贫困地区普通民众犯罪率降低；另一方面，扶贫工作人员职务违法犯罪行为得以有效控制。

贫困地区普通民众犯罪率降低，主要得益于贫困地区就业率提升、村民人均收入增高、生活水平改善等依法扶贫成果。据相关研究，以甘孜、阿坝两州为例，就业帮扶工程参与率与基础设施完善程度、政府福利支出等对侵财和暴力犯罪率存在负影响，即贫困地区人口就业率的增高推动刑事犯罪率的降低①。同时，随着脱贫攻坚专项资金使用监管力度的加强，相关贪污犯罪案发率得以有效降低。

扶贫职务犯罪行为得以有效控制的关键，在于四川对扶贫领域违法犯罪行为的零容忍。针对扶贫领域的贪污腐败等行为，四川省采取党内处理、行政处罚、刑事处罚"三管齐下"处理方式，对扶贫工作的蝇贪蚁腐保持零容忍、高压态势。

8. 禁毒工作取得良好成效

禁毒工作对于依法扶贫环境建设至关重要，是脱贫攻坚成果能否得以保持的关键因素。针对贫困地区，四川以省州一体作战、同步作战为策略，以对涉毒贫困人口精准排查、分级分类落实脱毒为措施，以"天府破冰2020"和"两打三控"为抓手，着力提升各地治毒水平与能力，切实开展了定点双脱帮扶工作。现凉山州等重点地区新增吸毒人员得以有效减少，贫困人口拒毒意识增强，脱贫禁毒工作取得良好成效。

9. 脱贫攻坚专业人才辈出

四川注重对脱贫攻坚工作优秀人才的选拔及培养，由省至村均成立了工作领导小组。"扶贫必扶智，治贫先治愚"，近年来，四川多次开展省级年度社会扶贫工作推进暨脱贫攻坚奖表彰大会，对各地涌现的脱贫攻坚先进集体、先进个人进行表彰。四川的扶贫人才建设成果也取得了国家的认可，2020年，四川有四人荣获全国脱贫攻坚奖。

10. 脱贫攻坚文化大放光彩

文艺为依法扶贫工作开展营造良好氛围。四川在发展追求脱贫实务指标完成的同时，也注重脱贫攻坚软实力建设，关注贫困人口精神世界。近年来，四川各地多次开展以脱贫攻坚为主体的画展、话剧表演，用文艺形式表现脱贫攻坚过程中产生的相关事迹。同时，《几世花红》《北京到马边有多远》《先行者》多部扶贫文学作品问世，四川扶贫文化快速发展、硕果累累。

---

① 谭灵芝：《就业帮扶对连片深度贫困地区犯罪率的影响——以四川甘孜阿坝州为例》，《湖南农业大学学报》（社会科学版）2018年第2期。

11. 依法多层面开展扶贫监管

资金使用监管层面，四川省按照中央要求结合自身实际开展了扶贫资金公开制度，先后颁布实施了《四川省财政专项扶贫资金项目公告公示实施办法》①《四川省扶贫资金项目公告公示实施办法》等规范性文件，以确保财政资金、金融扶贫资金、社会扶贫资金等得以规范使用。各地负责人履职情况层面，各地扶贫产业发展目标、禁毒工作开展情况等纳入政绩考核、未达标地区负责人访谈等制度，使得四川扶贫工作监管力度增大。同时，四川脱贫攻坚大数据平台等平台的建立，使得脱贫攻坚各类数据得以有效保留，精准分析的同时也为追责提供了数据基础。四川扶贫监管体系已建立并逐步完善。

（二）四川省依法脱贫攻坚工作积累的经验

1. 找准脱贫攻坚工作着力点

扶贫工作面广事杂，找准着力点是有序开展工作的关键。四川在多年扶贫过程中，根据各贫困地区的实际，从贫困地区社会生活的不同层面入手，以基础建设、公共服务、社会保障、经济发展、法治宣传等为着力点，开展了一系列有规划、有体系的攻坚作战，从而实现了全面精准扶贫，避免顾此失彼。

2. 多元方式助力脱贫攻坚

协作扶贫、产业扶贫、文化扶贫是四川不同维度的多元扶贫方式。

（1）协作扶贫

四川在开展扶贫工作过程中，采取与广东、浙江、重庆等省市合作攻坚的方式开展了深度精准扶贫工作，既落实了中央东西部协助扶贫与对口支援的方针策略，也形成了自身的扶贫特色，使全面精准扶贫目标得以实现。

（2）产业扶贫

助力贫困地区产业可持续发展是四川脱贫攻坚工作的重要方式，也是保持脱贫攻坚成果的有力举措。四川省根据各贫困地区的人文地理特点，形成

---

① 川扶贫移民发〔2016〕347号，现已失效。

特色产业，如甘孜理塘网红旅游、凉山州彝绣产业、盐源苹果等。同时，以品牌建设、公益宣传、电商带动等方式拓宽扶贫产品销售市场及渠道，切实提升贫困地区人口收入。

（3）文化扶贫

脱贫攻坚需以文化软实力助力。四川省鼓励广大群众以多元方式进行脱贫攻坚文化创作。一方面，可对扶贫相关事迹予以记录；另一方面，也可丰富贫困地区人口精神世界，营造良好的扶贫氛围，吸引社会力量参与扶贫。

3.依法脱贫攻坚工作专业团队建设

扶贫工作队伍是扶贫政策得以实际落地的基础，其质量是扶贫工作能否取得成效的关键。四川省注重扶贫队伍建设，一方面，以党为领导由上至下建立工作小组；另一方面，调动省级人员深入贫困村基层开展工作，通过制定指标、政绩考核、严格问责等方式对各级工作人员进行实责安排与考核。在严格责任的同时，也通过表彰对优秀扶贫工作人员进行肯定。

4.脱贫攻坚法治保障、政策同行

四川扶贫工作在中央的领导下，以《四川省农村扶贫开发条例》为法治基础，以四川省政法系统为中坚力量，以基层普法工作人员为抓手，开展普法宣传并对贫困地区人口的工程建设土地纠纷、土地流转合同签署不规范、农村分户导致老人无人赡养等具体法律问题予以解决，从学法、用法、守法等法的不同层面开展工作，将法治思维与方式融入村民具体生活，为脱贫攻坚创造良好的法治基础。

脱贫攻坚工作离不开政策的大力支持。四川省各级政府及其职能部门根据扶贫工作的具体需要，颁布了扶贫工作涉及的各领域各类专门文件，填补了法律法规空白，为具体扶贫工作的开展提供了政策保障。

（三）巩固脱贫攻坚成果，合理运用经验

2020年，四川已完成了全面脱贫目标，后期需结合新情况新目标，合理运用前期工作积累的优秀经验，对已取得的成果进行巩固提高，进一步促进农村地区发展，推动四川经济更好发展。

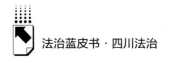

五 以法治思维与法治方式助推四川扶贫工作的建议

在总结四川多年依法扶贫工作所取得的成果及经验的基础上，针对四川扶贫工作实际，以法治思维与方式助力扶贫提出如下建议。

（一）建设高质量依法扶贫工作队伍

1. 招募优秀人才，增强扶贫工作法治力量

各级政府可通过聘用、公益志愿者、专项法律服务等方式，招募有志扶贫的法律、审计等专业人才参与扶贫基层工作，通过给各村配备法律顾问、设立公益咨询站、畅通法律咨询热线等形式，以对贫困地区村民法律疑难问题予以解决、对村务予以规范、对村干部履职行为进行监督、对村财务予以监管、对重大事务进行法律论证与法律监管等系列行动，将法治思维贯彻扶贫工作全过程。

2. 定期开展依法扶贫工作培训会

加强对扶贫工作人员的法律意识培养。各地可根据具体实际，以定期会议的形式，对扶贫工作中发现的具体问题进行归纳总结，以培训会的形式，实践结合理论，对具体问题所对应的法律法规进行重点讲解并集思广益探讨解决思路，提升扶贫工作人员的法治理论基础与实操能力，从使扶贫工作人员知法、懂法、用法的层面预防贪污腐败的发生。

3. 合法合理保障扶贫工作人员利益

因贫困地区通常较为偏远，生活条件与城市差异较大，且自然灾害较为频发，基础扶贫工作的开展有一定难度与风险。在鼓励扶贫人员深入基层的同时，也需合法合理对其利益进行保障，建立扶贫人员权益保障体系，增强其工作动力与信心，降低贪污腐败风险，吸引更多优秀人才参与扶贫。

（二）创新依法扶贫手段

在全面脱贫工作完成的基础上，各地生活条件大为改善，农村地区农产

品的批量输出、网红景点等的打造可能性增强。各地可根据自身资源与特色，发展绿色原生态产业，通过网络直播进行普法教育、网红带货助力扶贫产品销售、乡村生活真实体验、特色旅游等新方式助力扶贫工作发展。同时可通过发展贫困地区经济、提升村民社会保障水平等方式，吸引外出务工人员回村建设家乡，为产业发展提供充足的劳动力，促进产业发展良性循环。

在推进产业扶贫、旅游扶贫等过程中，通过合法合理设置合同条款、预防减少农村用工纠纷、规范经营行为等方式，实现法律为扶贫工作保驾护航。

（三）健全帮扶救助机制

贫困县全面摘帽后，绝对贫困问题得以有效解决，但低收入地区与低收入人群仍然存在。为减小各地市州县间的贫富差距，实现对贫困人口的全面保障，减低返贫风险，四川可根据具体情况，就帮扶已脱贫人口、农村低收入人口和欠发达地区机制以及定点扶贫、社会帮扶系列机制予以完善，健全农村社会保障和救助制度。同时，考虑到四川为人口大省，出省务工与进省工作人口均不在少数，四川可通过与其他省市加强合作的方式，深化协作扶贫，切实将扶贫工作落实到每一个贫困人口。

（四）增强贫困地区教育力量

1. 配备必要教学设施及师资

随着广大农村地区经济水平的提升，较多适龄儿童因当地教育水平不高而外出求学，贫困地区空巢程度逐步加大，故而贫困地区的教育水平仍有提升必要及空间。各地政府可采取依法适当调配师资、修建教学楼、优化提升基础教学设备等措施改善贫困地区教学条件。

2. 大力宣传并推进适龄儿童进学校

在广大山区，因父母观念、家庭条件、学校距离远等，仍存在适龄儿童未进校学习、义务教育得不到实际落实的问题。各地政府可加大动员与宣传以及政策保障力度，做好适龄儿童摸底统计工作，确保适龄儿童及时进学校，推动《义务教育法》等相关法律的落实，提升贫困地区整体知识水平。

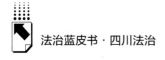

（五）完善扶贫工作监管体系

各地可通过法治化、制度化的方式对现有监管体系进行完善。在四川扶贫工作基础上，参照《公务员法》《公职人员政务处分法》《行政处罚法》等相关法律法规规定，对各级监管机关及其职能、监管对象及行为、方式与程序、后果及处理等进行明确，实现四川扶贫监管的体系化、专门化。

（六）增强扶贫法治保障

在缺乏全国性的扶贫专门法律与行政法规的前提下，省级地方法规对扶贫工作依法开展的重要性与必要性不可替代。推动《四川省农村扶贫开发条例》适应脱贫攻坚全面完成后的新局面，实现加强贫困人口权利保障、规范扶贫对象的认定及退出、确保扶贫资金专款专用、明确各机关扶贫权责、保持扶贫成果进而实现共同富裕等目标，四川可在中国现行法律法规框架下，在脱贫攻坚工作已有实践及今后扶贫工作实际需要等现实情况基础上，开展《四川省农村扶贫开发条例》修订工作。同时鼓励各地根据实际情况进行立法，完善四川扶贫法律法规体系，为依法扶贫提供法治支撑与保障。

（七）推进贫困地区司法建设

四川省政法机关要继续深入开展调研分析活动，对各贫困地区的基层法院、派出法庭、派出所等建设及履职情况进行调查统计，根据具体情况分析是否应增设并配备司法工作人员及设施，增强贫困地区司法力量，以司法建设促进贫困地区矛盾解决与治安保障，为依法扶贫工作创造良好环境。

（八）加强扶贫普法宣传

在现有普法宣传成果基础上，加大政法机关普法力度，调动社会资源参与扶贫普法工作。丰富法治宣传方式，借助现代科技，通过拍摄微电影、网络直播普法宣传、线上法律公益讲座与咨询、庭审直播观看等形式，在贫困地区持续开展法治宣传，提升贫困群众法律意识。

B.21
广元市"法治扶贫"的实践与思考

中共广元市委全面依法治市委员会办公室课题组*

摘　要：　法治兴则国家安，法治强则事业成。打赢脱贫攻坚战离不开法治保障和护航。广元市深入学习贯彻习近平法治思想和习近平总书记关于精准扶贫的重要论述，坚决落实党中央和省委的决策部署，找准法治建设与脱贫攻坚的结合点，创新开展"法治扶贫"专项行动，着力构建坚强的组织体系、高效的实施体系、有力的保障体系"三大体系"，推动法治扶贫常态化；开展春雨滴灌、司法便民、雷霆护航、拍蝇灭鼠"四大行动"，推动法治惠民精准化；聚焦看得到法治元素、听得到法治声音、找得到法治服务、受得到法治保障"四个目标"，实现法治效益最大化，为广元市决战整体连片贫困到同步全面小康跨越，开启全面建设社会主义现代化广元新征程提供了坚强法治保障。

关键词：　脱贫攻坚　法治扶贫　惠民服务

党的十八大以来，以习近平同志为核心的党中央把脱贫攻坚作为全面建成小康社会的底线任务和标志性指标，作出一系列重要指示和重大部署，全

---

*　课题组负责人：夏思法，广元市司法局党委书记。课题组成员：杜培明、马玉东、蔡万军、赖婷。执笔人：蔡万军，广元市委依法治市办秘书室主任；赖婷，广元市委依法治市办秘书室干部。

面打响精准脱贫攻坚战。党的十九大明确把精准脱贫作为决胜全面建成小康社会必须打好的"三大攻坚战"之一，作出了新的部署。2015 年 11 月，党中央、国务院作出《关于打赢脱贫攻坚战的决定》，强调要"推进扶贫开发法治建设，切实保障贫困人口合法权益"。从 2016 年开始，广元市委、市政府决定将"法治扶贫"列入脱贫攻坚专项行动，与产业扶贫、教育扶贫等26 个行业扶贫工作同谋划、同部署、同督查、同考核，拉开了法治护航精准扶贫工作序幕。

一 背景及动因

广元市地处四川北部边缘，川陕甘结合部，属革命老区、秦巴山区、集中连片贫困地区，全市辖 7 个县区，301 万人，辖区面积 1.63 万平方千米。2013年底全市精准识别 739 个贫困村，10.8 万建卡贫困户，34.82 万贫困人口，贫困发生率 14.6%，居四川省第 4 位，贫困面大，贫困程度深，脱贫攻坚任务异常繁重。广元市通过深入调研发现，打赢脱贫攻坚战，既需要党委政府凝神聚力、社会各界众志成城，更需要法治参与扶贫、保障脱贫攻坚工作。

（一）保障扶贫政策有效落实，迫切需要增强法治思维

脱贫攻坚战为乡村发展带来了重大发展机遇，大量扶贫项目和扶贫资金进入贫困村。调研发现，个别地方精准扶贫政策执行不到位，存在违规操作和"跑冒滴漏"现象。比如，有的地方扶贫资金报账程序、报账要件和账务处理混乱；部分地区未严格执行立项申报、项目公示和结算验收等制度，项目管理不规范、欠科学，影响工程质量；个别干部目无法纪，挤占挪用、违规发放和超范围列支扶贫资金，虚报冒领、套取侵吞、截留私分。脱贫攻坚是一项利国利民的德政工程，精准扶贫政策依法而定，能否有效兑现精准扶贫政策，考量着各级党委政府的法治意识和依法行政水平。打赢脱贫攻坚战，必须增强干部法治意识，强化法治保障功能，确保脱贫攻坚政策精准落实、直通基层、直达群众。

（二）提升贫困地区治理水平，迫切需要运用法治方式

脱贫攻坚是一项基层治理现代化工程，治理水平的高低直接决定着脱贫攻坚的成败。调研发现，农村长期以来的一些"麻烦事"成为基层集体管理的心病，一定程度上制约着脱贫攻坚工作进展。主要表现在：部分群众法治意识淡薄，信访不信法，缠访、闹访、集访、越级非访、以访牟利等情况时有发生；少数群众为了谋取扶贫资金，争当贫困户，羡穷不羡富；一些地方群众将城乡环境治理看成政府或干部的事，"五乱"现象犹如"牛皮癣"，反反复复得不到根治；个别群众为了自己的蝇头小利，乱砍滥伐、乱采滥挖、乱修乱建、乱倒乱排，影响生态、破坏环境；一些地方依旧办酒成风，浪费钱财，败坏风气，群众怨气很大。以上问题，看似鸡毛蒜皮、无关痛痒，实则已成为影响稳定大局的重要制约因素。打赢脱贫攻坚战，必须切实把基层发展、建设和农民利益纳入系统化、规范化的治理体系，坚持运用法治方式解决问题、化解矛盾、推动发展，充分发挥法治在基层治理中的引领、规范、保障作用。

（三）激发贫困群众内生动力，迫切需要弘扬法治文化

贫困群众是脱贫攻坚的对象，更是脱贫致富的主体。调研发现，在实施精准扶贫精准脱贫过程中，一些地方还是老思维、老方式、老办法、老路子，简单地给钱给物，导致部分群众"等靠要"思想严重。有的贫困户缺乏自力更生精神，觉得国家支持、干部帮扶是理所当然，达到脱贫标准也不愿脱贫；有的子女不尽赡养义务，把父母单独列为贫困户，把责任全部推给政府。扶贫必先扶志。脱贫攻坚不是各级党委政府、广大干部的"单边行动"，需要广大农村群众的广泛参与、主动配合，充分发挥贫困群众的主观能动性。打赢脱贫攻坚战，必须组织村民依法有序参与脱贫攻坚，在参与中行使权利，接受法治教育，强化法治意识，提高法治能力，养成法治习惯，自觉在法治框架下发展致富。

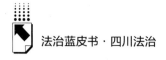

（四）维护贫困群众合法权益，迫切需要依靠法治保障

脱贫攻坚进入攻坚期，贫困群众法治需求更加趋于多元化、专业化、系统化。调研发现，伴随着经济社会的快速发展，农村地区产业结构发生较大变化，贫困群众法治意识逐步提高，但依法维护权益能力明显不足，一般意义上的普法宣传已经无法满足新形势下的脱贫攻坚需求，贫困地区法治服务的内涵和外延必须进一步丰富和拓展。广元作为劳务输出大市，外出务工人员群体庞大、遍布全国，且主体多为农民，文化程度低、法治意识弱，当面临欠薪、侵权、伤害等情况时，缺乏依法维权意识和能力容易走向极端，在外务工人员合法权益难以得到充分保障。打赢脱贫攻坚战，必须把维护群众合法权益放在突出位置，建立健全覆盖全时空、全业务的公共法律服务体系，引导群众依法、理性、有序维护自身合法权益。

二　做法及成效

脱贫攻坚贵在精准、重在精准，成败系于精准。针对前期工作实际和调研发现的突出问题，广元市围绕"决战决胜整体连片贫困到同步全面小康跨越"工作目标，着力在"常态化""精准化""最大化"上下功夫，推动法治扶贫取得实实在在的成效。

（一）构建"三大体系"，推动法治扶贫常态化

坚持把法治扶贫纳入脱贫攻坚专项行动，着力从组织领导、责任落实、工作保障三个方面入手，不断完善制度机制，努力形成工作合力，推动法治扶贫行动常态化开展。

1. 构建坚强的组织体系

市（县、区）成立法治扶贫协调小组，由党委副书记或政法委书记任组长，办公室设在依法治市（县、区）办，负责统筹协调推进法治扶贫工作。出台法治扶贫工作标准、责任制实施办法、四级监督责任制度，明确各

级党委书记、部门主要负责人为法治扶贫行动第一责任人，推动严格高效履职尽责。厘清中央、省有关政策规定，市、县梳理法治扶贫政策清单，乡镇、帮扶干部和村组列出政策落实清单，各级指挥部形成政策兑现督查清单，实行"户认领签字、组每月通报、村每季公开、上级全程监督"规范化操作，推动政策落实标准化。

2. 构建高效的实施体系

出台《法治扶贫专项行动方案》，明确5个方面21项具体工作任务，逐项落实工作责任、完成时限。出台脱贫攻坚精细化管理规程等23项标准化制度。坚持抓点示范、以点带面，打造法治扶贫标准示范点22个。以制度巩固产业发展特色化、基层治理法治化等"六化"成果，构建工作推进、督查考核、问责问效、容错纠错全流程法治扶贫规范体系。分年度制订法治扶贫实施方案，每年开展春季攻势、夏季战役、秋季攻坚、冬季冲刺，建立领导干部包县负责机制，挂牌作战，攻坚夺隘，推动法治扶贫工作落实见效。

3. 构建有力的保障体系

建立经费保障机制，统筹整合行业扶贫项目经费和部门工作经费，全市累计投入法治扶贫资金3000余万元。建立目标管理机制，把"法治扶贫"纳入全面依法治市目标考核，作为部门年终述职述法重要内容，纳入领导干部绩效考核。全面推行"挂红旗、亮黄牌、贴蓝签"工作法，营造比赶帮超工作氛围。加强典型培育宣传，市委、市政府先后评选表彰法治扶贫突出贡献单位10个、先进个人20名。

（二）开展"四大行动"，推动法治惠民精准化

不折不扣落实精准扶贫精准脱贫要求，打好"春雨滴灌""司法便民""雷霆护航""拍蝇灭鼠"等"组合拳"，下足"绣花"功夫，以破解法治扶贫难题实际成效惠及于民。

1. 开展"春雨滴灌"行动，破解贫困群众思想认识难题

坚持法治宣传与感恩教育相结合，开展"脱贫攻坚·法治同行"法治

巡讲，以贫困村村组干部、外出务工人员、留守老人、妇女、儿童等六类人群为重点对象，广泛开展以案说理、以案释法活动，教育引导贫困群众感党恩、守法治、讲礼仪、树新风，激发脱贫攻坚内生动力。实施贫困地区"法治星火"培养计划，每年开展一次贫困村"法律明白人""守法带头人""守法好村民"培训和评选活动。实施"五个一"法治文化工程，因地制宜推进贫困村法治文化广场、法治文化墙、法治文化廊道、法治文化专栏、法治文化书屋建设。持续推进"法治文艺下乡"，坚持每年开展"百场法治文艺演出进基层"活动，并将重点放在贫困地区，既丰富贫困群众文化生活，又传播法律知识。整合作协、社科联、报社等力量，加大法治文学作品创作力度，不断丰富基层法治文化。

2. 开展"司法便民"行动，破解贫困地区群众诉讼难题

推进贫困村公共法律服务工作室全覆盖，推行法院"一站式"服务、12309 检察服务，推行"一村（社区）一辅警"机制，构建覆盖全业务、全时空的基层公共法律服务体系。建立涉贫案件"大数据库"和速裁机制，在贫困村先行先试"一年内基本解决执行难"，推行"移动法庭""坝坝审案""背篼法官"巡回审判服务，全力减轻贫困群众诉累。广元市在乡镇和村（社区）设立诉讼服务点经验做法在全国推广，"背篼法官"郭兴利荣获"全国优秀法官""全国模范法官"称号。全面加强贫困群众法律服务，努力实现法治直接惠民"五个百分百"，即百分百的贫困群众打得起官司、百分百的贫困群众法律服务费用零支付、百分百的贫困群众手机普法掌上通、百分百的贫困村法律顾问全覆盖、百分百的贫困村治安视频村村通。通过开展"司法便民"，落实"五个百分百"，有效防范了贫困群众因打不起官司和被官司拖累而致贫的现实问题。

3. 开展"雷霆护航"行动，破解贫困地区社会治理难题

集中开展"三打击一整治"（严厉打击网络贩枪、电信网络诈骗等新型犯罪和传统盗抢骗犯罪，集中整治地域性职业犯罪重点地区）专项行动，维护贫困地区治安秩序。开展贫困地区基层治理规范化建设，构建"一核多元"乡村治理体系，探索村规民约可诉化试点推进基层自治建设，完善

推广以村民积分制管理推进德治建设，形成共建共治共享的现代基层治理体系。实施贫困乡镇"一张网"全面排查、"一条线"精准交办、"三级调"多元联动、"三次调"保障化解的"1133"人民调解工作法，努力将矛盾纠纷化解在当地。广元市群众安全感和满意度测评连续六年位居全省第一。

4. 开展"拍蝇灭鼠"行动，破解扶贫领域职务犯罪难题

始终坚持对脱贫攻坚中的违纪违法行为实行"零暂存""零容忍""零积压"，重点查办扶贫项目资金贪污贿赂犯罪和扶贫工作中滥用职权、玩忽职守、徇私舞弊等渎职犯罪，加大职务犯罪预防力度，着重采纳检察建议意见，强化建章立制，切实为贫困地区加快发展撑起"保护伞"。严格监督执纪，深化扶贫领域腐败和作风问题专项治理，立案查处"微腐败"3000 余件，用法治倒逼干部纪律和作风转变。做实"纪检监督 + 群众监督 + 媒体监督"，持续办好"阳光问政""阳光问廉"全媒体直播节目，形成监督合力。

（三）聚焦"四个目标"，实现法治效益最大化

通过持续推进"法治扶贫"，全市贫困村法治氛围日益浓厚、法治服务更加便捷，贫困群众法治意识明显提升、法治保障不断加强，人民群众的获得感、幸福感和安全感日益提升。

1. 看得到法治元素

全市 739 个贫困村，已建成法治广场 500 余个、法治文化墙 600 余个、法治文化长廊 300 余个、法治文化专栏 739 个、法治文化书屋 739 个。将法治文化融入易地扶贫搬迁、危房改造、土坯房整治等项目，打造具有地方特色的农家法治文化院坝 3000 余个。开发地方法治文化产品 21 种 20000 余件，麻柳刺绣、唤马剪纸等非遗文化中融入法治元素。

2. 听得到法治声音

推进农民夜校常态学法，全市 739 个贫困村开设法治讲堂。开展广播电视说法，市（县、区）广电网络终端开办法治栏目 8 个，开办电视法治节目 23 个，充分利用"村村通"广播平台，让贫困群众接受更多法治资讯。

推进组团巡回讲法，市（县、区）成立法治巡讲团，开展巡回宣讲 1000 余场次。持续开展法治文艺下乡送法，培育农村法治文艺团体 100 余个，深入贫困村开展法治文艺演出 1000 余场次。举办各类法治主题宣传活动 2000 余场次，编发《法律进乡村》等普法读本 13 种 9 万余册。

3. 找得到法治服务

全市建立公共法律服务中心 9 个、乡镇工作站 239 个、村（社区）工作室 592 个，739 个贫困村和 1802 个非贫困村全部建立法律顾问服务微信群，覆盖城乡的公共法律服务体系基本建成。市（县、区）开通贫困群众诉讼服务"绿色通道"，在贫困村统筹推进驻村警务室、调解室、检察联系点等建设，推出司法服务卡等便民措施，推动实现司法服务"一路通"。通过法律援助及时为农民工解决工伤、欠薪等纠纷，2016 年以来全市各级法律援助机构为贫困群众办理法律援助案件 7000 余件，提供法律援助 66000 余人次，为贫困户和困难群众挽回直接经济损失 7000 余万元。

4. 受得到法治保障

全面保障贫困群众民主权利，全市 739 个贫困村建立完善村规民约，培育村民议事会、道德评议会、红白理事会等群众组织 2000 余个，创建省级"四好村" 289 个、市级"四好村" 859 个、法治扶贫示范村 18 个、法治示范乡镇 15 个。坚决保障贫困群众人身安全，立案侦办黑社会性质组织案件 6 件、恶势力犯罪集团和团伙案件 33 件，查处涉黑恶腐败和"保护伞"案件 137 件。建成贫困村警务室 58 个，安装"天网"监控点位 1599 个、"小天网"点位 5400 余个、治安卡口 257 个，基层实现对村社主要道路出入口等部位 24 小时巡防"全覆盖"，通过"天网"视频比对破获贫困地区刑事案件同比上升 38%％。着力维护社会和谐稳定，排查化解涉及贫困群众矛盾纠纷 1.5 万余件，化解扶贫领域信访难案、积案 180 余件。查处环境违法案件 297 件，关闭煤矿、非煤矿山企业 347 家。

依托"法治扶贫"的坚强保障，广元市脱贫攻坚取得决定性胜利，7 个贫困县全部摘帽，739 个贫困村全部退出，34.7 万贫困人口稳定脱贫。中央依法治国办副主任、司法部部长在广元市调研时对"法治扶贫"工作给予充分肯定。市委书记在 2017 年全省依法治省工作推进会上专题介绍广元法治扶贫工作经验。全省司法所服务乡村振兴现场会在广元市召开。省法学会将"'法治扶贫'的广元探索"列为 2020 年度法治实践创新专项课题。市司法局被市委市政府评为 2018 年度、2019 年度脱贫攻坚突出贡献单位，市委依法治市办被评为 2019 年度行业扶贫先进单位。《法治日报》《四川政法》《法治四川》等媒体多次专题报道广元市法治扶贫工作。

三　经验及启示

（一）开展"法治扶贫"，最首要的是坚持理念先行，做到党政重视

市委一班人深切地认识到，打赢脱贫攻坚战，法治扶贫既是重要内容又是坚强保障。相对于产业扶贫、就业扶贫、教育扶贫、医疗扶贫、社会扶贫等其他类型，法治扶贫具有一定的特殊性，它是一种以法治理念宣传、法治教育开展、法治权益保障等为主要形式的扶贫方式，不是采取直接的资金投放或者实物捐赠等方式进行，中央、省未列入专项行动，没有配套项目经费，这种非物质依托性虽然给法治扶贫的组织实施带来一定难度，但抓好法治扶贫对于扶贫所需、基层所盼、法治所向具有特殊重要意义，必须高点站位、理念创新、重视到位。为此，市委市政府坚持把法治扶贫列入脱贫攻坚专项行动，成立协调小组及办公室，建立工作标准化体系，做到与其他行业扶贫同谋划、同部署、同督查、同考核，从根本上保证了法治扶贫有序推进。

（二）推动"法治扶贫"，最关键的是坚持统筹联动，形成强大合力

法治扶贫的总体目标是聚焦脱贫攻坚主战场，把法治思维和法治方式贯穿脱贫攻坚全过程，推动扶贫举措规范运行，提升群众法治意识，保障群众利益诉求，营造贫困地区法治良序，这是一项基础性、长期性的系统工程，需要各级各部门共同行动，社会各界广泛参与，才能形成工作合力。为有效

推动"法治扶贫"，广元坚持全市"一盘棋"，市、县区、乡镇成立工作机构，以政法机关、涉农执法部门为主体，相关党政机关、群团组织参与，分级建立协调小组，形成了纵向到底、横向到边的法治扶贫工作体系。坚持把法治扶贫既纳入脱贫攻坚目标管理，又作为全面依法治市绩效考核，作为各级党政主要负责人履行法治建设第一责任人职责的刚性内容，充分调动了各级各部门的工作积极性，确保法治扶贫工作常态高效推进。

（三）落实"法治扶贫"，最核心的是坚持问题导向，精准对症施策

脱贫攻坚贵在"精准"，要在"落实"，重在实效。为精准抓好"法治扶贫"各项任务要求的落地见效，广元市坚持深入基层开展法治建设调研，精准把握贫困地区法治建设问题及薄弱环节、瓶颈和短板，确立了"法治文化'进村'、法律服务'入户'、基层治理'到人'"的总体工作思路，明确重点加强法治宣传教育、法治为民服务、法治护航保障、基层依法治理"四大领域"工作任务。在此基础上，充分结合工作实际，进一步细化具化各项工作措施，让法治扶贫工作可操作、能落实落地，真正取得"看得到法治元素、听得到法治声音、找得到法治服务、受得到法治保障"的实际效果。

（四）检验"法治扶贫"，最根本的是坚持为民惠民，实现群众满意

"法治扶贫"的工作领域在贫困地区，服务对象是贫困群众，群众喜不喜欢、接不接受、参不参与、满不满意是检验工作成效的最终标准。为实现群众参与、群众受益、群众满意目标，广元始终坚持把贫困地区干部群众作为主体，广泛征求意见建议，充分尊重群众意愿，引导他们增强法治意识，树立法治思维，相信和依靠法治方式解决生产生活中的实际问题，不仅让贫困群众切身感受到法治扶贫"五个百分百"的真情实效，而且还坚持法治教育与"感恩教育"相结合，对农村留守人员和外出务工人员实行分类施教，注重"以案释法"，突出宣传尊老爱幼、防电信诈骗等法律法规，着力增强法治宣传教育广泛性、针对性、可受性、实效性。广泛开展贫困村

"法律明白人""守法带头人""守法好村民"评选活动，让群众自己说、相互议、民主评，纳入村民积分制管理，学法守法典型享受政策优惠，极大调动了群众参与积极性，提升了群众的满意度。

（五）深化"法治扶贫"，最长效的是坚持高效衔接，建设法治乡村

"法治扶贫"为脱贫攻坚精准脱贫探索了一条法治为民惠民的好路子。当前脱贫攻坚已经取得历史性成效，乡村振兴将成为今后一个时期"三农"工作的总抓手。深化"法治扶贫"，最关键的是要适应全面建设社会主义现代化国家的要求，将工作重心从服务保障脱贫攻坚向服务保障乡村振兴转变，充分发挥法治在巩固拓展脱贫攻坚成果同乡村振兴有效衔接中的保障和推动作用，坚持法治为民宗旨，落实全面依法治国战略和方略，找准结合点，创新突破，全面推进法治乡村建设，以大力度、全方位、高质量的法治保障助力和护航实现新时代乡村振兴目标。

成渝双城经济圈
建设法治保障

Legal Guarantee for the Construction of
Chengdu-Chongqing Economic Circle

B.22

四川省"六全"毒品治理
体系构建调研报告

冯彬　高丽*

摘　要： 推动成渝双城经济圈建设，是以习近平总书记为核心的党中
　　　　　央着眼战略和全局作出的重大战略部署。本文试从构建具有
　　　　　四川特点的"六全"毒品治理体系，对提高市域毒品治理能
　　　　　力，服务成渝双城经济圈建设进行探讨和分析，对下一步工
　　　　　作提出建议。

关键词： 禁毒　市域毒品治理能力　成渝双城经济圈

---

* 冯彬，四川省公安厅禁毒缉毒总队副总队长；高丽，四川省公安厅禁毒缉毒总队法制支队支
队长。

禁毒工作事关国家安危、民族兴衰、人民福祉。党的十八大以来，以习近平同志为核心的党中央高度重视禁毒工作，习近平总书记对禁毒工作先后发表重要讲话一次、作出重要批示三次、主持中央政治局常委会会议听取工作汇报三次，提出了一系列禁毒工作的新理念、新思想、新战略，为做好新时代禁毒工作指明了前进方向、提供了根本遵循。习近平总书记指出："要加强党的领导，充分发挥政治优势和制度优势，完善治理体系，压实工作责任，广泛发动群众，走中国特色的毒品问题治理之路，坚决打赢新时代禁毒人民战争。"党的十九届四中全会专题研究了坚持和完善社会主义制度、推进国家治理体系和治理能力现代化问题并作出重要决定。四川省委十一届六次全会就推进城乡基层治理制度创新和能力建设作出重大部署。四川省作为全国禁毒重点地区，贯彻落实习近平总书记重要指示精神，贯彻落实党中央和省委的决策部署，就是要积极适应国内省内毒品形势发展变化，构建完善新形势下具有四川特点的毒品治理体系，提升市域毒品治理体系和治理能力现代化水平，服务成渝双城经济圈建设，为开启全面建设社会主义现代化国家新征程贡献禁毒力量。

一 提高市域毒品治理能力必须把握的原则

提高市域毒品治理能力是一项复杂、艰巨、长期的社会工程，重点把握"党管禁毒、系统治毒、专业缉毒、全民防毒"的工作原则，实施源头治理、系统治理、综合治理、依法治理，着力提升禁毒工作制度化、社会化、法治化、智能化、专业化水平，最大限度减少毒品的社会危害。

（一）坚持党管禁毒是组织禁毒工作的根本政治保证，是党和政府坚持厉行禁毒立场的集中体现

禁毒工作必须牢牢把握党管禁毒的政治属性，充分发挥党委总揽全局、协调各方的领导作用，建立"市县乡村"四级书记抓禁毒工作机制，明确党委和政府主要领导的禁毒工作第一责任，统筹各方资源，动员各方力量，

组织开展禁毒工作。党委和政府应按照《禁毒法》的要求，将禁毒工作纳入国民经济和社会发展规划，作为全面深化改革、社会治理和公共服务的重要内容，与经济建设、社会治理、平安建设等统筹推进。同时，《禁毒法》明确规定了禁毒委员会的法律地位和设立要求，使"党管禁毒"机制得到了立法确认，使禁毒委员会由原来的非常设议事协调机构上升为法定的特设协调机构。各级禁毒委员会是在党委、政府领导下，本地区禁毒工作的专门组织、协调和指导者，既要有效整合相关党委政府职能部门管理资源，及时协调部门间合作，为各部门参与禁毒工作、履行法定禁毒职责搭建工作平台，又要代表党委政府不断压紧压实区域内各级党委政府禁毒主体责任，严格考核、强化问责，切实把党的政治优势、制度优势转化为禁毒工作整体优势。

（二）坚持系统治毒是推动工作的不竭动力，是社会治理在禁毒工作中的具体体现

毒品问题是一项复杂的社会问题，关系全社会的共同利益。因此，禁毒工作是一项复杂的社会系统工程，需要调动全社会的力量，综合运用法律、行政、经济、文化、教育、医疗等多种手段，推动禁毒工作的全面开展。坚持系统治毒，核心在找准工作载体。必须坚持把禁毒人民战争作为治理毒品问题的根本途径，将禁毒重点整治、禁毒示范创建和农村毒品治理（禁毒扶贫）作为新时期禁毒工作的主要抓手，推动形成全社会系统治理毒品问题的良好局面。禁毒重点整治，重点在坚持"摘帽、控局、根治"三步走，强化重典治乱，分级分类进行重点整治，实行"一地一策"靶向发力，彻底铲除涉毒土壤。禁毒示范创建，重点在坚持完善市域毒品治理体系，以点带面、化整为零，培塑禁毒工作亮点，发挥示范引领带动作用。农村毒品治理，重点在于将巩固禁毒扶贫成果同乡村振兴有效衔接，开展"百县千村毒品问题大扫除"，推动农村地区毒品问题有效解决，带动乡村治理和社会治安发生改观。

（三）坚持专业缉毒是严打毒品犯罪的根本途径，是集中攻克突出毒品问题最直接有力的重要手段

当前，川渝地区突出的毒品犯罪活动，集中体现在制造合成毒品和毒品中转集散。专业缉毒，就是要坚持发挥公安机关缉毒打击主力军作用，瞄准制造、走私、贩卖毒品等源头性毒品犯罪，延伸辐射零包贩毒、容留他人吸毒等常见多发性治安乱点，集中时间、集中力量，开展区域性、单元性的专项打击整治；就是要坚持集中"打伞破网""打财断血"，加大对与黑恶势力勾结的毒品犯罪集团和人员的打击力度，严打组织、胁迫、诱骗群众参与毒品违法犯罪的黑恶势力，依法认定和追缴其涉毒资产，有效切断资金链条，降低其再犯可能性；就是要用足用好现有法律政策，法院、检察院、公安机关加强沟通协调，严把证据关、程序关、质量关，对毒品违法犯罪团伙的幕后组织者、策划者、指挥者坚决依法从严惩处，对零包贩毒的犯罪分子遵循"数量加情节"原则依法从严惩处，加大对毒品犯罪的经济制裁力度，最大限度追缴毒品犯罪所得，充分适用罚金、没收财产刑并加大执行力度，彻底摧毁毒品犯罪经济基础。

（四）坚持全民防毒是毒品治理的治本之策，是群众路线在禁毒工作中的有效运用

毒品问题的解决必须要设法动员各种有利的社会资源，鼓励各种社会力量积极参与禁毒工作。只有坚持和发展新时代"枫桥经验"，发动全社会力量，禁毒工作才有扎实的群众基础，才能形成党委政府领导有力，有关部门各负其责，社会全民广泛参与的共建共治共享的有效禁毒工作机制。一方面，要切实做好宣传群众工作。坚持关口前移、预防为先，将预防置于禁毒工作的基础性、根本性地位，针对社会大众开展通用性干预，针对青少年、演艺界人员、社会闲散人员、公共娱乐服务场所从业人员等高危人群开展选择性干预，针对高危个体开展指明性干预，使广大群众充分认识毒品的危害性及禁毒工作的重要意义，不仅自觉抵御毒品侵害，而

且积极投身于禁毒人民战争。另一方面，要切实做好组织群众工作。充分尊重群众的首创精神，发展壮大禁毒社会组织和社工队伍，倡导建立禁毒协会等群众性禁毒自治组织，积极引导各类企事业单位、社会组织参与禁毒工作，鼓励社会资金参与禁毒公益事业，落实群众举报奖励办法，倡导和鼓励开展多种形式的群众性禁毒活动，实现政府治理和社会自我调节、群众自治良性互动。

二 提高市域毒品治理能力必须明确的思路

当前，受国内外复杂形势的影响，四川省面临的毒情正在发生变化，给禁毒工作带来新的挑战，主要体现在以下方面。

（一）制毒犯罪方面

省内传统重点制毒地区出现源头性萎缩，毒品获取难度增大、价格上涨，但制毒活动化整为零开始转小转散，向分段式、游击式作业发展，隐蔽性、流动性进一步增强。制毒窝点由传统地区向川南、川东北等省域交界市（州）以及偏远山区、彝区藏区甚至周边省份转移，部分重点县（区）的制毒技师流窜实施犯罪的问题突出，环蓉地区制毒活动存在较高反弹风险。

（二）毒品中转集散方面

据国家禁毒办通报，"金三角"地区毒品内流的4条主要贩运路线中，有2条过境四川省，毒品贩运手法不断翻新，人货分离、前车探路等运输方式更加隐蔽，贩运路线不断变化，分段绕卡绕重点地区特点明显。当前盘踞边境、操控国内毒品市场的毒枭中川籍"钉子"对象占比仍然较大，不法分子利用互联网和物流寄递等渠道从事制贩吸毒活动逐渐增多，交易"两头不见人"，发现和查控难度增大。可以预见，随着中国疫情形势持续好转和经济社会秩序加快恢复，前一阶段在严防严控态势下被遏制的毒品问题可能死灰复燃，境外毒品渗透将持续加剧，省内制贩毒活动将更加活跃，毒品消费市场将加速恢复，毒品问题的复杂程度和治理难度将进一步加大。

（三）毒品滥用方面

四川全省现有吸毒人员 21 万，较同期增长 0.38%，增速逐年减缓，但群体仍然庞大。2020 年第三季度查处吸毒人员数环比上升 80%，说明吸食毒品活动再趋活跃。部分吸毒人员利用网络结群结队，方式更加隐蔽。毒品消费结构变化明显，全省滥用冰毒等合成毒品人数是滥用海洛因等传统毒品的 2.3 倍，长期滥用合成毒品极易导致精神性疾病，吸毒人员肇事肇祸极端案（事）件时有发生。此外，省内多地报告发现新精神活性物质滥用情况，需要引起高度警惕。提高市域毒品治理能力，我们必须始终坚持"禁毒如救火"的工作思路，最大限度减少毒品的社会危害。

1. 增强政治性

四川是全国综合毒情最为严重的省份之一，责任重大，凉山是全国"三区三州"深度贫困地区，因毒致贫、返贫问题突出，我们必须站在决胜全面建成小康社会战略全局的高度，以维护人民群众生命健康、财产安全和社会公平正义为前提，把禁毒脱贫作为必须完成的硬性任务、不可推卸的重大政治责任，综合施策，铁腕禁毒，做到不获全胜绝不收兵。

2. 认清严重性

俗话说，"贼偷偷一点、火烧烧精光"，毒品问题也一样，毒祸猛于虎。毒品问题的发展蔓延，不仅严重危害吸毒群众身心健康、破坏家庭幸福，而且严重败坏社会风气、污染社会环境，带来一系列社会问题。毒品问题与犯罪活动历来是一对"孪生兄弟"，与"黄、赌、盗、抢"等问题相互交织，诱发大量违法犯罪活动和极端事件，直接危害社会治安稳定，严重影响人民群众安全感、幸福感，直接毁损一个地区的形象，是阻碍经济社会发展的源头性消极因素。

3. 把握严峻性

四川省制毒、外流贩毒、毒品滥用等突出毒情形势严峻。要对当前的毒情形势有足够清醒和深刻的认识，特别是在禁毒攻坚取得阶段性成效之时，不能盲目乐观，更不能畏难松劲，要坚决防止"松口气、歇歇脚"的懈怠思想和"刀枪入库、马放南山"的错误做法，必须咬定青山不放松，锲而不舍，打好持久战，彻底扭转被动局面、改变面貌。

4. 强化紧迫性

2020 年是决胜全面建成小康社会之年，2021 年是"十四五"开局之年，禁毒服务全国大局比以往任何时候都显得紧迫，是力争尽快形成毒品整治工作"拐点"的关键时期，必须以等不起的紧迫感、慢不得的危机感、坐不住的责任感，聚焦关键、锁住重点、超常举措、精准发力，深入推进禁毒斗争，着力整治突出毒品问题，高质量完成新时代禁毒人民战争各项任务，确保禁毒形势持续向好。

5. 坚持科学性

救火是专业性很强的工作，不能蛮干，禁毒也是一样，要有科学、系统、规范、具体、可行的措施。要坚持"四禁并举"，全环节治理；要坚持以打开路，预防为先，标本兼治；要充分发挥职能部门作用，广泛发动人民群众参与禁毒人民战争，综合施策、齐抓共管；要坚持以人为本，充分考虑到吸毒人员既是违法者也是受害者的事实，落实戒治、帮扶和救助等措施，去污名化、去标签化，让他们真正回归社会、融入社会。

三 提高市域毒品治理能力必须构建体系

党的十九届四中全会聚焦国家治理体系和治理能力建设，系统地总结了"中国之治"的 13 项制度原则。提高市域毒品治理能力，推进四川省毒品治理体系和治理能力现代化，更要把这些制度原则的优势转化为治理的可持续性，既要强基固本，也要改革创新，主攻四项重点任务（彝区毒品治理、环蓉制毒整治、全川禁毒氛围营造、科技禁毒支撑），完善六环机制运行（责任体系完善、教育防范先行、戒治康复多元、打击堵截前移、要素管控在网、动态监测无缝），健全全闭环运转、具有四川特点的"六全"治理体系。

（一）深化载体，提升禁毒"五化"水平

禁毒脱贫、重点整治和示范城市创建是深化市域毒品治理的重要载体，是提升禁毒工作制度化、社会化、法治化、智能化、专业化水平的重要手段。

1. 持续深化禁毒脱贫工作

以凉山彝区为重点，落实禁毒与脱贫"双责任"，坚持摘帽不摘责任、不摘政策、不摘帮扶、不摘监管，动态掌握涉毒贫困人口及家庭成员底数，分级分类落实脱毒、教育、戒治、帮扶措施，坚决打掉盘踞贫困地区的制贩毒团伙，切断毒品供应渠道，铲除毒品消费市场，防止因吸毒产生新的贫困人口和脱毒贫困人口复吸返贫。建立禁毒帮扶工作机制，巩固禁毒脱贫成果。

2. 持续深化禁毒重点整治

聚焦解决毒品制造、外流贩毒、毒品中转集散等突出问题，严格落实中央及省委等文件精神，完善重点整治地区"戴帽"和"降级摘帽"标准，坚持重点整治地区动态调整机制；推动重点地区党委、政府和相关部门落实禁毒工作责任，采取打击、管理、宣传等措施，运用评估、约谈、问责等手段，因地制宜开展专项整治；省、市两级禁毒委建立健全与重点整治地区对口联系制度和帮扶对接措施，组织力量派驻开展工作，限期改变面貌。

3. 持续深化禁毒示范城市创建

重点支持和推动一批禁毒工作先进城市参与全国禁毒示范城市创建，完善支持政策和创建标准，启动全省禁毒示范县（市、区）创建活动，培育示范典型，打造经验亮点，发挥典型引领作用，整体带动禁毒工作全面提升。

（二）压实责任，巩固全层级责任机制

1. 落实党政首责

各级党委、政府坚持把禁毒工作纳入国家安全战略统筹谋划，建立党委常委会、政府常务会定期听取禁毒工作汇报机制，健全禁毒工作督导检查、考核评价、问效问责制度，纳入党政领导班子和领导干部政绩考核内容，推

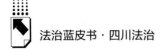

动禁毒工作从"部门首责"向"党政首责"转变。

2. 优化完善禁毒委组织机制

强化禁毒委员会法定特设协调机构的责任意识，规范运作规则，形成依法履责、科学决策、运转高效的三级禁毒委组织领导机制。探索在省级和重点市州建立禁毒委领导下，主要成员单位牵头的工作小组机制，负责组织开展相关领域的禁毒业务工作，为成员单位开展工作提供平台。

3. 加强禁毒队伍建设

以国家《关于加强禁毒队伍建设的意见》和《关于加强禁毒社会工作者队伍建设的意见》为指导，着力推进省、市、县三级禁毒委员会办公室实体化建设，推动重点乡镇（街道）建立禁毒工作领导小组或联席会议制度，切实把禁毒办事机构做实做强。加快与四川警察学院的"院警合作"，培养四川省禁毒教官人才，建立完善禁毒专业学生实习模式；通过政府购买社会服务、公益岗位等形式，打造一支社会化的禁毒专业力量，形成禁毒工作整体合力。

（三）持续严防，巩固全覆盖预防机制

1. 广泛开展全民禁毒宣传教育

全面落实《关于加强新时代全民禁毒宣传教育工作的指导意见》，弘扬"健康人生、绿色无毒"理念，坚持将禁毒宣传教育与生态文明建设、乡村振兴战略、脱贫攻坚、"一带一路"倡议、中华优秀文化传承、弘扬时代文化精神有机结合，持续推进禁毒宣传"进学校、进单位、进家庭、进场所、进社区、进农村"常态化。组织开展禁毒宣传下基层、禁毒社区嘉年华等活动，打造具有四川特点的群众性禁毒文体活动品牌，抓住"6·26"国际禁毒日等重要节点，策划开展形式多样的大型禁毒宣传活动。

2. 加强青少年禁毒宣传教育

将毒品预防教育融入学校德育、法治、安全教育，拓展教育资源，精选教育内容，丰富教育资料，创新教育手段，加强教师禁毒专业知识师资培训，确保人才培养方案、教学标准、师资、课时、教材"五落实"。推进全

国青少年毒品预防教育数字化平台推广应用，完善学校、家庭和社区衔接教育机制，加强失学辍学青少年、农村留守儿童等群体的毒品预防教育。

3. 丰富禁毒宣传教育模式方法

按照"三级六类"标准，持续推进禁毒宣传阵地标准化建设。创新"互联网＋禁毒宣传教育"模式，加大禁毒微博、网站等新媒体建设和推广，提升关注度和互动性。推动禁毒媒体融合发展，打造禁毒融媒体传播平台，形成内容丰富、形式多样、覆盖广泛的禁毒宣传矩阵。建立禁毒系统网评队伍，按照依法办理、舆论引导、社会面管控"三同步"要求，完善禁毒舆情监测、处置机制，提升网上舆论引导能力。

（四）持续严戒，巩固全环节管控机制

1. 加大排查管控力度

强化吸毒人员"清隐""清零""清库"工作，最大限度排查隐性吸毒人员和复吸人员。深化吸毒人员驾驶机动车问题专项治理，严管严查吸毒驾驶机动车行为，着力解决"毒驾"问题。健全吸毒人员动态管控机制，定期评估风险，落实分类管控措施，进一步减少脱管失控吸毒人员，坚决防范吸毒人员肇事肇祸案（事）件。完善"毒驾"治理工作长效机制，探索建立交通运输经营单位驾驶人员吸毒筛查制度。

2. 加强强制隔离戒毒

各级公安机关和司法行政部门加强协作配合，严格执行收戒、转送标准，落实凉山籍强制隔离戒毒人员定期集中转送制度。加强公安和司法强制隔离戒毒场所规范化建设，整合利用资源，提高床位利用率。加大病残吸毒人员收戒力度，进一步完善"2＋2"收治模式，加快专门场所、收治专区和特殊医疗机构建设，实现应收尽收。采取政府购买社会服务、参加社会医疗机构医联体建设等方式，引入社会医疗机构参与戒毒场所的戒毒治疗和医疗工作，提升戒毒场所戒毒医疗能力。

3. 规范健全戒毒康复模式

按照"中心＋站＋点"模式，持续推进社区戒毒康复工作站点标准化

建设，统筹推进凉山州戒毒康复场所建设，持续完善社区戒毒社区康复人员异地执行和移交衔接管控机制。支持医疗机构开设戒毒治疗专科或物质依赖门诊，鼓励社会力量参与举办自愿戒毒医疗机构，有条件的戒毒场所可以和社会医疗机构合作，面向社会提供戒毒医疗服务，提高戒毒治疗可及性。强化戒毒药物维持治疗与社区戒毒社区康复、强制隔离戒毒的衔接和工作协同，扩大维持治疗覆盖面。

4. 落实帮扶措施

完善就业帮扶政策，加强对戒毒康复人员的职业指导和职业技能培训。加强戒毒康复人员社会保障，对符合条件的纳入社会救助。对因父母吸毒致贫的家庭、孤儿或事实无人抚养儿童提供帮扶救助。完善涉毒青少年监测处置机制，加强对未成年吸毒人员的教育挽救。

（五）持续严打，巩固全链条打击机制

1. 全力打击合成毒品制造

持续深化"天府破冰"打击制毒犯罪工作机制，按照强宣传、细排查、断原料、打厂点、挖通道、追外流"六步措施"，进一步完善精准研判、情侦融合、证据共享、整体起诉的全链条打击制毒犯罪工作机制。加强打击制毒专业队伍建设，持续深化"公安厅牵总 + 市（州）公安机关主战 + 16 个重点县（市、区）公安机关支撑"的联合打击工作机制，加强区域协作和情报共享，坚决摧毁制毒窝点、打掉制毒团伙、切断制毒链条。推动建立制毒犯罪排查管控责任追究制度，督促对辖区制毒参与人员、重大制毒窝点开展倒查，逐级压实工作责任，坚决遏制合成毒品规模化制造。落实制毒案件技师、设备、原料、配剂"四个必查"，破获一批上中下游全链条打击的缉毒精品案件。

2. 坚决遏制毒品中转集散

深化"净边"行动工作机制，狠抓队伍、手段、机制"三个关键"，有效切断毒品入川内流贩运通道。加强凉山、攀枝花、宜宾、广元、巴中等地查缉专业队伍建设，推动各地统筹建立毒品查缉队伍，探索建立"以战代

训、以训促战"的联合轮动查缉模式，发挥战训力量查缉毒品积极作用；完善"南线堵、省内查、北线截"的全省堵源截流三道防线，以进出川重要通道和G5京昆、G85渝昆高速为重点，优化毒品查缉卡点布局，构建区域协作、情报导查、延伸侦查、联查联控的"水陆空邮"立体化查缉防控体系；持续开展片区集中查缉行动，组织"红蓝比武"对抗，探索利用信息化手段开展查缉，提升毒品公开查缉能力和科技信息化水平。

3. 全面深化涉毒高危人员排查管控

常态化排查梳理涉毒重点人员，特别是外流贩毒高危人员以及6类制毒重点人员，及时、全面、准确采集并录入重点信息，充分利用信息平台开展动态管控，实施分色预警、分级管控、分类处置，密切掌握可疑动向。加强情报线索整合，对发现的重大涉毒线索和制毒犯罪案件，按照"三级推送、统筹侦办"的原则，逐级报送至上级公安禁毒部门，统一进行线索和案件串并及扩线工作，实现对跨区域涉毒团伙网络的深入了解和深度打击。

4. 全力摧毁涉毒团伙网络

深化公安机关"一长三推"打击毒品犯罪工作机制，以目标案件侦查为载体，深入开展毒品案件溯源侦查，严格落实逢吸毒必查贩毒、逢贩毒必查制毒、逢制毒必查源头"三逢三查"要求，全力破大案、打团伙、摧网络、抓毒枭、缴毒资。持续推进"3+6+N"集群打零专项工作，坚决打击盘踞本地的贩毒集团，全面清缴毒品集散分销，有力整治区域毒品问题。

5. 严厉整治外流贩毒活动

固化"川01"工作机制，严格落实排查、清遣、打击与管控凉山籍"五类人员"机制，坚持联打联管联控，确保将接收遣返人员吸附在当地、管控在场所、帮扶在社区。凉山、广安、达州、南充、泸州、宜宾、内江等地要摸排一批长期隐藏幕后的组织者。成都、攀枝花、乐山、眉山、宜宾、雅安、广元等地要主侦一批涉凉案件，坚决打掉地域性、家族式外流贩毒团伙。开展"追逃拔钉"，继续公开悬赏缉捕一批重大涉毒逃犯，凉山、成都、德阳、遂宁、资阳等地要梳理锁定一批境外毒枭、制贩毒团伙骨干和涉毒逃犯，落实追逃责任，全力缉捕归案。

6. 深挖打击涉毒黑恶势力

紧密结合扫黑除恶专项斗争，严厉打击操纵、经营涉毒活动特别是组织、胁迫、诱骗群众参与毒品违法犯罪的黑恶势力，严厉打击与黑恶势力勾连的制贩毒活动的幕后组织者和集资者，深挖打击涉毒黑恶团伙幕后"保护伞"，严厉打击涉黑涉爆涉枪毒品犯罪活动。深入开展涉毒反洗钱工作，加大对毒品犯罪的经济制裁力度，健全涉毒资产查处工作机制，最大限度追缴毒品犯罪所得，充分适用罚金、没收财产刑并加大执行力度，彻底摧毁毒品犯罪经济基础。

7. 全面整治互联网涉毒违法犯罪

健全网上巡查侦控、网下落地打击、跨区域协作、多部门联动的打击整治互联网涉毒问题工作机制，梳理整合网上涉毒线索，实施开展集群打击行动，加强对电商平台、搜索引擎以及论坛、微信、微博等社交平台和即时通信群组的巡查监控，及时发现重大涉毒案件线索，适时开展落地侦查和集中收网，摧毁一批网上涉毒犯罪团伙，停业整顿、关闭一批涉毒问题严重的网站，坚决遏制互联网涉毒违法犯罪快速蔓延势头。

8. 提升联合打击能力

充分发挥"泛西南""泛珠三角"等区域警务协作机制作用，建立"川闽鲁粤苏""川滇陕渝"省际禁毒合作机制，适时组织开展联合打击整治行动，深化缉毒执法合作，强化跨区域大要案件集群作战工作机制。积极适应以审判为中心的刑事诉讼制度改革，强化证据意识，提高证据质量，依法从严惩处毒品犯罪分子。

（六）持续严管，巩固全要素监管机制

1. 加强易涉毒场所（区域）查控

落实乡镇、街道禁毒工作责任，充分整合基层派出所、治安群防、网格员力量，对偏远山区、化工园区、养殖场、仓库、废旧房屋、可疑厂房等易发涉毒活动的场所部位，建立联合摸排、台账跟踪、定期检查工作制度。强化复杂公共场所禁毒管理，不定期开展明查暗访，督促场所落实各项禁毒管

理制度，着力减少重点场所、重点行业涉毒行为发生。充分利用卫星遥感、无人机航测等技术手段，组织开展"天目铲毒"系列行动，确保非法毒品种植"零产量"。

2. 严格制毒物品管制措施

全面落实《关于进一步加强易制毒化学品管制工作的意见》，加强醋酸酐等重点品种专项督查、可疑交易实地核查、制毒原料来源倒查，加强对红磷、麻黄草等非列管物品的监测管理，严打制毒物品违法犯罪活动。集中清理整治医药化工产品市场，取缔违规经营、储存化学品的"黑窝点""黑仓库"。完善易制毒化学品进出口双向核查制度，严格落实向特定国家（地区）出口易制毒化学品管理规定，对销售、运输到云南的重点化学品和设备进行全面核查。完善标识管理手段，加强对核磁共振波谱仪、反应釜、氢气钢瓶、离心机、制冷压缩机、压片机等主要设备的监管。

3. 创新制毒物品监管模式

推行"互联网+政务服务"和"双随机、一公开"，深化易制毒化学品监管领域"放管服"改革。争取公安部在成渝地区部署试点，探索建设集供求信息、现货交易、支付结算、仓储物流于一体的化学品交易平台，实现以网管网、线上线下一体化监管，实现最终用户审核制度，推行销售核验、购买运输证核销、跨省运输核查和异地储存委托监管机制，实现全程动态监管。推行电子识读标签等信息化管理模式，探索建立产品标识和可追溯性管理制度。充分利用各类社会资源，完善缴获易制毒化学品处置和销毁工作机制。

4. 加强麻醉药品、精神药品以及芬太尼类物质等新型毒品管控

摸排重点化工园区、生物医药园区等功能区内企业，评估风险等级，建立涉芬太尼高危企业和人员信息库，将其纳入监控视线。加强网上巡查监控，及时清理删除芬太尼类物质等新型毒品的购销信息，切断网上联络渠道。加强通用型查缉装备配备和一线执法人员培训，对往来重点国家（地区）快递邮包开展风险评估，严密查缉措施，严防走私进出境。推进打击芬太尼类物质等新型毒品犯罪专项行动，强化专案侦查，严厉打击制贩、走私新型毒品犯罪活动。加强麻醉药品和精神药品生产、流通、使用环节监

管，加大对非法买卖麻醉药品和精神药品违法犯罪活动的查处打击力度，严防流入非法渠道。

5. 加强物流寄递禁毒管理

加强寄递物流行业的规范化管理，严格落实收寄验视、实名收寄、过机安检"三项制度"，推动落实物流寄递企业100%持证经营，从业人员信息100%登记。推广"成都市禁毒寄递物流大数据管控信息系统"应用，全面落实实名验视和寄递物流数据采集工作。加强人脸识别、智能安检等科技信息化手段应用，实现对寄递物流行业经营行为和寄递活动的精准管理。加强寄往重点地区邮包风险评估和识别、查验、拦截，建立可疑邮包取样送检机制，定期开展从业人员培训。

（七）持续严测，巩固全方位预警机制

1. 强化涉毒情报搜集

发挥公安厅"驻滇办"和省市两级禁毒"4·14"情报专班、部省级情报研判员作用，强化公安机关内部警种协作，建立与铁路、民航、通信、金融、物流等行业的情报交流机制，加强缉毒情报搜集，稳步推进禁毒特情和重点行业信息员队伍建设，完善省市县三级重大毒品犯罪线索传递、研判、经营和核查反馈工作机制，提高阵地控制、情报导侦和精确打击能力。

2. 深入实施禁毒大数据战略

利用公安部及公安领域的云计算、大数据，全面整合公安机关内部数据和社会信息数据等资源，加强与国家禁毒大数据云南、广东等分中心的合作，加快推进四川毒情监测综合应用系统建设。

3. 推进毒品实验室建设

加快推进国家毒品实验室四川分中心建设，将其建设为省级重点实验室，建立全省常见毒品和以芬太尼类物质为代表的新型精神活性物质非法制贩及滥用情况的动态监测系统，建成西南区域芬太尼类物质监测预警网络。健全完善全省"2+4+N"毒品实验室体系，推动成都、绵阳、泸州、南充、凉山等地毒品实验室建设，逐步形成"体液+毛发+实验室检验"三

位一体的检测体系。积极引进培养专业技术人才，加强与云南、贵州等省级毒品实验室和省内高校合作，形成"服务全省、覆盖西南、辐射东南亚"的管控技术支撑网络。

4. 健全毒情监测预警体系

持续开展毒品形势监测和禁毒工作群众满意度调查，定期评估毒情发展状况和毒品治理效果。完善城市生活污水抽样检测机制，科学评估毒品滥用情况。加强环境要素监测，及时发现涉毒线索。健全毒品种类变化监测方法，及时掌握毒品新品种、新类型和制毒新工艺、新原料。

B.23
构建成渝法律服务联盟的探索

成都市司法局课题组*

摘　要：　本文聚焦融入"双循环"、唱好"双城记"等重大部署，以构
　　　　　建成渝法律服务联盟为着眼点和切入点，对标学习英国伦敦
　　　　　都市圈、日本东京都市圈、京津冀协同发展、粤港澳大湾区
　　　　　建设等国内外先发经验，深入分析观察成渝法律服务联盟形
　　　　　势、成渝法律服务能力优势、成渝法律服务行业发展位势，
　　　　　重点就共建西部法律服务中心、共建全国一流法律服务产业
　　　　　集群、共建成渝地区法治协作体等方面提出了对策建议，为
　　　　　更好地构筑成渝地区法治化营商环境核心竞争力、打造新时
　　　　　代西部法律服务高地提供参考。

关键词：　成渝双城经济圈　法律服务联盟　法律服务资源

　　法律服务是指律师、非律师法律工作者、法律专业人士或相关机构以其法
律知识和技能为法人或自然人实现其正当诉求、提高经济效益、排除不法侵害、
防范法律风险、维护自身合法权益而提供的专业服务。推动成渝双城经济圈建
设，既需要市场主导下的律师、公证、司法鉴定、仲裁等法律服务供给，也需
要行政主导下的立法、执法、普法等法治保障协作，构建成渝法律服务资源互

---

* 课题组负责人：袁宗勇，成都市委依法治市办副主任、成都市司法局党组书记。课题组成
员：周新楣、刘景文、刘澎涛、胡宗祥、雷启雯、张伟。执笔人：刘澎涛，成都市司法局法
治调研处副处长；胡宗祥，成都市司法局法治调研处四级调研员；雷启雯，成都市司法局法
治调研二级主任科员；张伟，成都市司法局法治调研处四级主任科员。

联互通互动、法治协调协作的跨区域新型法律服务联合体，探索构建成渝法律服务联盟，才能在更大范围、更广领域为成渝双城经济圈建设提供法治保障。

一 构建成渝法律服务联盟的重要意义

（一）为成渝双城经济圈建设提供有力法治保障

法律服务业向社会提供高附加值、高层次、知识密集型服务，在保障和促进经济发展、维护社会和谐等方面发挥独特作用，集中反映一个城市或地区的经济社会发展程度，是当地法治化水平的重要标志（见图1）。推进经济圈建设的过程就是多个复合法律关系的产生与发展过程。构建成渝法律服务联盟，能够深度整合优质法律服务资源，积极参与成渝双城经济圈建设重大合作政策制定、重大合作协议签订、重大合作项目论证、重大合作平台打造，能够有效防范和化解成渝双城经济圈建设过程中存在的法律风险和法律障碍，能够更好地为两地市场主体和广大人民群众提供优质便捷、综合集成的法律服务，推动成渝双城经济圈建设在法治化道路上整体成势、行稳致远。构建成渝法律服务联盟，既是做强西部高质量发展重要增长极的支撑保障，也是建设践行新发展理念的公园城市示范区的题中应有之义，更是满足巴蜀地区人民群众对美好生活需求的重要举措。

（二）为构筑成渝地区法治化营商环境核心竞争力提供有力支撑

法律服务产业作为一种高端服务业和轻资产业态，近年来成为国际大都市厚植商务环境、打造竞争优势的重要抓手。世界银行发布的《国别财富报告》将法治作为一个国家或地区经济发展的重要内容，其研究结果表明，现代国家财富中，无形资本占78%，远超过自然资本的4%以及生产资本的18%，而其中法治因素可以决定一个国家57%的无形资本价值[①]。构建成渝

---

① 郝枫：《世界银行国别财富报告评价》，《经济统计学》2016年第1期。

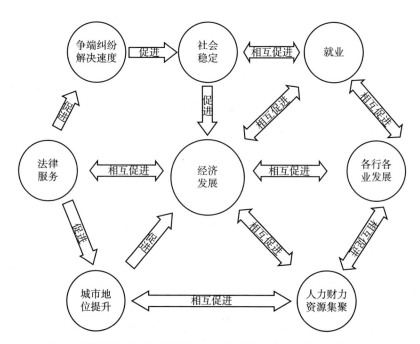

图1 法律服务业对经济发展、社会稳定和城市地位提升的影响

法律服务联盟，充分发挥集聚效应，能够助力形成完整的法律服务产业链，降低成渝双城经济圈建设的制度成本、行政成本和运营成本，最大限度地为市场主体提供"一站式"法律服务；能够以法律服务和法治创新不断吸引国内外优质资源，助力成渝双城经济圈发展成为新时代中国最具活力的新兴增长极；能够助力成渝双城经济圈深度融入"一带一路"建设，构筑法治化营商环境，在参与全国乃至全球竞争中彰显法治优势。

（三）为打造新时代西部法律服务高地提供坚实基础

法律服务业作为现代服务业的重要组成部分和新的增长点，集聚发展是大势所趋，没有集聚就难以创新。成渝法律服务业虽然在中西部地区具有领跑优势，但对标国内外先发城市，还有不小差距。构建成渝法律服务联盟，有助于集聚法律服务资源，促进法律服务机构加强合作交流，为市场主体提供优质高效的法律服务；有助于优化法律服务行业的集中管理，降低法律服务机构的运营成本，吸引高层次法律人才，进一步提升成渝双城经济圈的法治文化软实力；有助于优化法律服务业态，细化专业分工，延伸产业链条，形成品牌优势；有助于拓展法律服务空间，在总量上形成规模、在服务上形成特色、在影响上形成声势，为打造新时代西部法律服务高地奠定坚实的基础。

二 构建成渝法律服务联盟的经验借鉴

（一）国外经验借鉴

英国伦敦金融城、日本东京首都圈、法国巴黎大都市圈都是以区域深度合作为动能，促进经济发展的成功案例[①]。尤为重要的是，法律服务行业与区域协同发展进程深度融合，广泛参与到区域立法、规划制定、项目建设以及企业运营、风险防范、纠纷化解等各方面，为都市圈建设提供了全方位法律服务和保障，促进地区竞争力整体提升[②]。英国伦敦都市圈：伦敦都市圈以伦敦—利物浦为轴线，包括曼彻斯特、伯明翰等数个大城市，经济总量占英国的80%左右。从20世纪80年代开始，伦敦都市圈就实行法律服务业完全开放政策，鼓励本国律师（所）和外国律师（所）相互合作、合伙，并推动法律、会计、金融等行业跨界融合，打造全球范围内"钻石级"商业服务。世界十五大律师事务所中，5家源于伦敦金融城，近百家美国律师事务所在伦敦金融城设有办事处。统计表明，仅伦敦金融城"一平方千米"区域内，律师业每年收益达10亿英镑。

日本东京都市圈：东京都市圈以东京为中心，包含琦玉、千叶、神奈川、山梨等1郡7县。"广域行政"是其探索和发展的独具特色的区域治理

---

① 谷健：《京津冀协同发展下非首都功能疏解对策研究》，首都经济贸易大学2017年硕士论文。

② 孙永军、陈雅莉、由鹏涛：《东北亚集群发展视角下现代服务业产业协同机制研究》，《东北亚经济研究》2019年第3期。

实践模式，以解决特定具体事项为中心。比如，解决环境治理、法律服务、医疗保障等特定具体事项，通过设立协议会、联合协约等组织，一体落实都市圈建设进程中的重点工作①。法国巴黎大都市圈：区域涵盖了4个国家的40个10万人以上城市，包括巴黎、阿姆斯特丹、鹿特丹、海牙等。作为世界上最大的跨国都市圈，巴黎大都市圈通过设立跨区域的律师事务所联营组织，促进了联营组织法律服务资源共享，同时为跨国客户提供一站式法律服务②。都市圈主要城市共同制定了《巴黎大区总体规划》，着力破解经济、法律服务等资源"利己性""地域限制性""权力垄断性"导致的困境，促进了都市圈快速崛起。

（二）国内经验借鉴

京津冀、长三角和粤港澳大湾区已逐步实现区域一体化发展，经济、法律、公共服务等资源规模效应开始显现，创新要素加快集聚，2019年GDP总量占全国比重为44%，成为中国经济发展的发动机。

京津冀：整合区域立法资源，共商三地区域内立法衔接、立法前瞻性、科学立项、提高地方立法质量等问题。长三角：建立行政立法和规范性文件制定协作机制，增强一市三省年度立法计划、地方立法规划、具体立法项目等工作的协调与协作。粤港澳：开展立法建议相互通报和咨询合作，建立法律法规文本交流机制，构建系统完备的大湾区合作发展的法律支撑体系③。

三　构建成渝法律服务联盟的基础条件

（一）析察形势：成渝法律服务联盟还处于起步初创阶段

现阶段，成渝法律联盟的建设仍存在以下问题。一是缺乏顶层设计的精

---

① 田庆立：《日本首都圈建设及对京津冀协同发展的启示》，《社科纵横》2017年第3期。
② 李娣：《欧洲西北部城市群发展经验与启示》，《全球化》2015年第10期。
③ 谭博文：《冲突挑战与创新融合：粤港澳大湾区法治建设思考》，《特区实践与理论》2019年第5期。

度。2015 年，《京津冀协同发展规划纲要》对京津冀地区交通、生态、法律服务等作出了详细部署，为京津冀地区法律服务业协同发展指明了方向。2016 年，《长江三角洲城市群发展规划》提出，培育更高水平的经济增长极，发展金融、研发、物流、法律服务等现代服务业，为法律服务行业实现资源破界、地理破界提供了遵循。2019 年，《粤港澳大湾区发展规划纲要》要求"加强粤港澳司法交流与协作，推动建立共商、共建、共享的多元化纠纷解决机制，为粤港澳大湾区建设提供优质、高效、便捷的司法服务和保障，着力打造法治化营商环境"，为法律服务行业要素自由流动提供了指南。从成渝地区来看，国家层面还没有专门就法律服务协同发展提出要求，缺乏"国字头"的政策加持和顶层设计。二是行政推动的力度不够。从成渝地区来看，目前川渝两地司法行政机关已经签订了《川渝司法行政区域合作重点推进项目清单》，但明确涉及成都的项目仅有两项，成渝两地司法行政机关尚未形成实质性合作框架协议。三是缺乏市场融合的深度。从成渝地区来看，近年来，四川省律师协会、重庆市律师协会先后签署了《共建川渝律协合作交流机制，深入推动长江经济带发展框架协议》《关于加强川渝律师服务与合作 携手助推成渝城市群发展与融合的协议》，但两地的协作方式比较松散，协作领域仍限于交流互访、调研座谈等。成渝长期以来存在竞争关系，两地的"拔河效应"导致法律服务行业存在一定"离心力"，成渝法律服务行业缺乏合作协调机制。

（二）正视位势：成渝法律服务行业发展还有较大差距

根据胡焕庸分界线和国家统计局分类标准，京津冀、长三角、粤港澳均属东部地区，成渝属西部地区，中国东西部法律服务行业发展还不平衡、不均衡，主要有以下几方面表现。

一是从法律服务行业体量看，呈东大西小格局。成渝地区共有律所1779 家、有执业律师 25762 人，与京津冀（4941 家、54236 人）、长三角（5234 家、77018 人）、粤港澳（3768 家、52398 人）相比，还有较大差距（见图 2）。

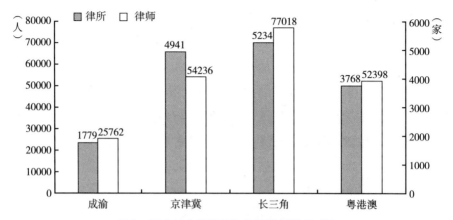

图2 四大城市群律师和律所数量情况对比

成都万人律师拥有率9.5人、重庆3.5人，与北京（15.9人）、上海（11.7人）、广州（9.7人）、香港（15.9人）等先发城市相比，也不具备明显优势（见图3）。

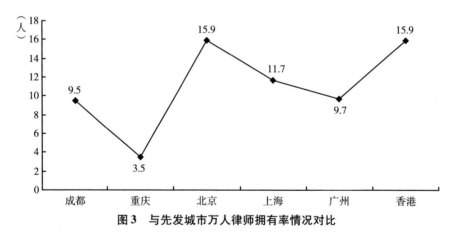

图3 与先发城市万人律师拥有率情况对比

成渝地区50人以上大型律所、100人以上超大律所数量分别为47家、29家，与京津冀（89家、53家）、长三角（89家、47家）、粤港澳（仅广东51家、26家）相比，律师事务所规模化程度还有待加强（见图4）。

成渝地区有仲裁员1082人，与京津冀（5337人）、长三角（7756人）、粤港澳（6241人）相比，还有较大差距（见图5）。

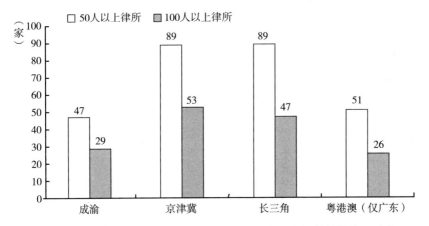

图4 四大城市群50人以上律所和100人以上律所数量情况对比

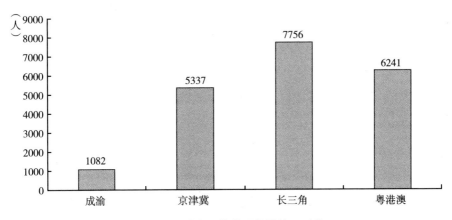

图5 四大城市群仲裁员数量情况对比

二是从法律服务行业质量看，呈东强西弱格局。根据国际权威法律评级机构2019年律所排名，成渝地区上榜12家（成都8家、重庆4家），京津冀有15家（北京9家、天津6家），长三角有19家（上海9家、浙江10家），粤港澳19家（广东13家，港澳6家），成渝不具优势（见图6）。

根据2018年首届中国律师事务所百强名单，成都4家，重庆3家，与京津冀12家（北京5家、天津3家、河北4家）、长三角15家（上海4家、浙江4家、安徽3家、江苏4家）、粤港澳（广州4家、港澳没有涉及）的

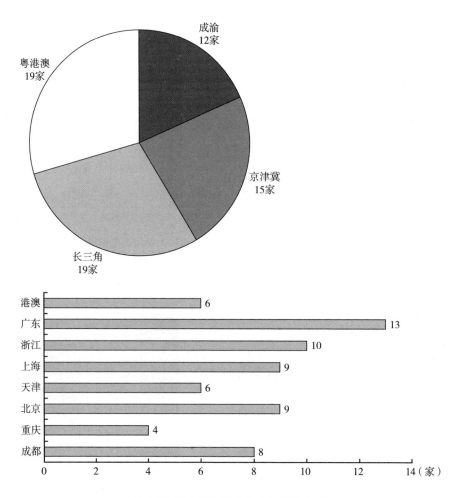

图6　四大城市群律所上榜钱伯斯情况对比

情况相比，成渝知名律所数量还有差距（见图7）。

全国涉外律师领军人才方面，成渝地区有全国涉外律师领军人才53人，与京津冀（227人）、长三角（256人）、粤港澳（97人）相比，差距非常明显（见图8）。

成渝地区仲裁机构有外籍仲裁员5人（成都0人、重庆5人），与京津冀（中国国际经济贸易仲裁委员会333人、北京仲裁委员会135人）、长三角（上海国际经济贸易仲裁委员会305人、上海仲裁委员会27人）、粤港

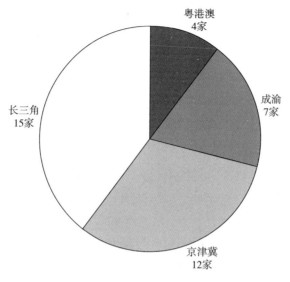

图7 四大城市群中国律所百强上榜情况对比

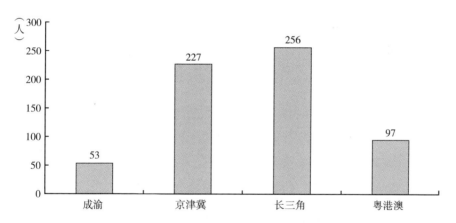

图8 四大城市群涉外律师领军人才数量情况对比

澳（香港国际仲裁中心425人、深圳仲裁委员会262人）无法相提并论（见图9）。

成渝地区通过国家级资质认定的司法鉴定机构12家，与京津冀39家、长三角60家、粤港澳13家（仅广东就有13家，港澳无数据）相比，司法鉴定机构专业化程度还需进一步提升（见图10）。

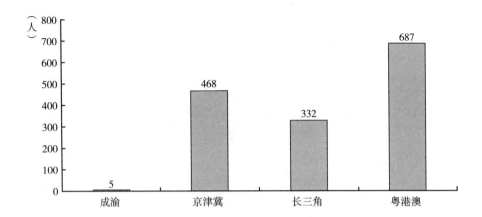

图9　四大城市群拥有外籍仲裁员人数情况对比

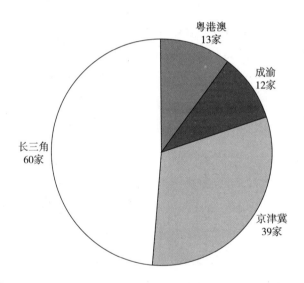

图10　四大城市群通过国家级资质认定的鉴定机构情况对比

三是从法律服务行业营收来看，呈东高西低格局。2019年，成渝地区律师行业营收额78.75亿元（成都40亿元、重庆38.75亿元），与京津冀（274.47亿元）、长三角（443.7亿元）、粤港澳（264亿元）相比，营收额总量还比较低（见图11）。

2019年，成渝地区仲裁案件标的额299.7亿元，与京津冀（仅京津就

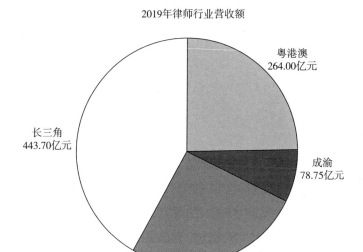

图 11　四大城市群律师行业营收额情况对比

1772 亿元，河北省目前尚未公布数据）、长三角（1006 亿元）、粤港澳（仅广东就 1362 亿元，港澳地区目前没有数据）相比，营收差距相当大（见图 12）。

（三）看清优势：成渝法律服务能力具有一定领先优势

一是公证改革创新走在全国前列。成都坚持以群众需求为导向，在全市开展公证办理"最多跑一次"试点，大幅精简公证证明材料要求、优化办理流程和服务模式，办证时间大幅压缩，群众"最多跑一次"甚至足不出户即可完成公证办理，成都公证"最多跑一次"改革经验被国务院在全国复制推广。

二是群众满意度排名全国前列。2019 年，全国司法行政人民群众满意度测评中，成渝两地法律服务行业满意度位列全国第 1（见图 13）。

三是公共法律服务体系建设速度居全国前列。成都在全国率先建成市县乡村四级公共法律服务实体平台，多语种人民调解语音录入系统在全国推

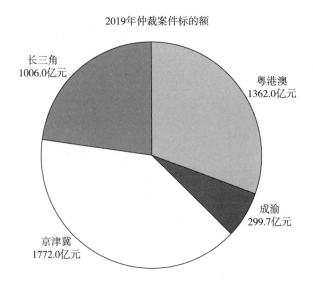

图 12 四大城市群仲裁案件标的额情况对比

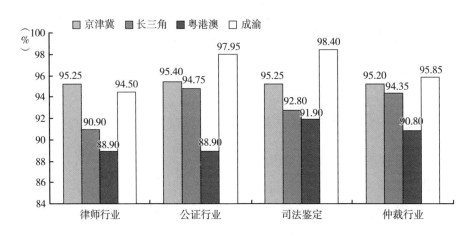

图 13 四大城市群法律行业人民群众满意度测评情况对比

资料来源：根据司法部有关统计数据整理。

广，全国首届司法所工作会议在成都召开，成都工作得到司法部党组书记、原司法部部长的充分肯定。重庆全面建成公共法律服务实体平台、"12346重庆法网"与"12345重庆法网"有效对接，实现网络、热线、实体三大平台互联互通。

四是新兴法律服务行业具有全国显示度。第三届新兴法律服务业博览会发布的《2018 年中国新兴法律服务业发展报告》显示，成渝地区共有法律服务科技公司 9 家，成都集聚了华律网及其孵化的法蝉、律图，以及数联惠法科技等本土法律大数据公司，北京威科先行成都分部等专业法律咨询公司，注册律师会员超过 25 万人，占全国律师总量的 55%，从业人员 650人，年营收超过 1 亿元，在全国具有一定影响力。重庆集聚了律军、法律先生等法律服务科技公司，小犀版权链依托区块链技术，打造知识产权确权、维权、用权平台，法律服务技术创新走在全国前列。

四　构建成渝法律服务联盟的思考建议

（一）联盟目标——共建西部法律服务中心

为贯彻落实四川省委、省政府《关于加快构建"4 + 6"现代服务业体系　推动服务业高质量发展的意见》，成渝两地发挥比较优势，推动资源共享，共同打造西部法律服务中心。

实施步骤为"五年三步走"。

2020 ~ 2021 年为"起步期"，在成渝两地司法行政机关主导下，成立成渝法律服务联盟实体运行机构，建立重大工作顶层设计、总体布局、统筹协调、整体推进、督促落实等可持续发展运行机制，制订法律服务行业分工对接方案，持续激发联盟发展动力，为"两中心两地"建设提供有力的法律服务保障。

2022 ~ 2023 年为"成长期"，成渝法律服务联盟建设取得重要进展，法律服务跨区域协作水平不断提高，高端法律服务资源要素快速集聚，涉外法律服务能级有力提升，"一带一路"国际商事纠纷解决机制进一步完善，公共法律服务体系建设同城共用，互联网法律服务业加速发展，立法、执法协同协作形成示范效应，西部法律服务中心地位进一步巩固。

2024～2025 年为"提升期"，成渝法律服务联盟发展模式更加成熟，协作领域更加广泛，合作联动更加紧密，长江经济带法律服务极点功能、"一带一路"法律服务枢纽功能大幅提升，成渝法律服务联盟一体联动、错位协同、互补成链发展格局基本形成，法律服务行业综合竞争力居全国前列。

（二）联盟机制——共建"实体化"工作运行体系

联席会议制度，原则上每半年召开一次。出席范围：成渝两地司法行政机关领导、业务处（室）负责人。主要职责：审议成渝法律服务联盟建设的重大规划、重大政策、重大改革、重大项目，审议实施计划、工作方案等。联席会议由两地轮值举办。

协调会议制度，原则上每半年召开一次。出席范围：成渝两地司法行政机关分管领导，业务处（室）、法律服务行业协会负责人。主要职责：统筹协调推进法律服务联盟的重大规划、重大政策、重大改革、重大项目，研究制订年度工作计划和下年度工作重点，搭建合作平台，建立多层次合作机制。协调会议由两地轮值举办。

联盟秘书处制度，成渝共同组建联盟秘书处，原则上每两个月召开一次调度会。参加人员：成渝两地司法行政机关办公室主任、相关业务处（室）负责人、法律服务行业协会负责人。主要职责：组织研究推动成渝法律服务联盟建设相关规划或方案，负责重点领域合作事项的统筹协调和督促检查，做好联席会议和协调会议筹备工作，完成联席会议和协调会议交办的其他工作。

专项工作组制度，联盟秘书处下设立法协同、执法协同、普法协同以及律师、公证、司法鉴定、仲裁、公共法律服务协同等工作组，并根据实际情况和需要动态调整。主要职责：负责编制专项规划或实施方案、年度工作计划，负责组织实施专项规划或方案、工作计划，负责推动本领域合作任务落地落实，定期召开专项工作组会议，研究协调专项工作中的相关事项，跟踪工作进展情况，开展工作总结，对工作推进中的重点难点问题，及时报请两地司法行政机关分管领导出面协调，确保专项合作工作质量。

（三）路径布局——共建全国一流法律服务产业集群

一是联合实施"聚流入海"发展新工程，打造全国律师人才集聚高地。"聚"就是集聚发展。集成成渝两地法律服务业发展和人才引进政策，吸引全国知名律师事务所到成渝设立分支机构，吸引全国优秀律师人才到成渝发展。鼓励引导成渝法律服务机构互设分支机构，变"审批制"为"备案制"，促进成渝法律服务行业融合互补、创新发展。"流"就是融合交流。争取全国律协涉外律师领军人才年会在重庆举办，联合举办"一带一路"法律服务合作论坛，轮值举办中国（四川·重庆）自贸试验区制度创新法律论坛，共建"巴蜀律师学院"，联合举办涉外律师领军人才培训班，形成具有全国乃至国际影响力的法律服务交流合作新平台。"入"就是政策引入。共同争取司法部支持，将中外律师事务所互派律师担任法律顾问及中外律师事务所（含港澳）联营工作试点工作在成渝落地。争取在成渝地区设立司法部服务"一带一路"研究中心（成渝）分中心。将粤港澳地区"一试三证"（一次考试可获得国家职业资格认证、港澳认证及国际认证）政策在成渝落地，助力成渝两地法律服务人员跨境便利执业。"海"就是海外拓展。推动成渝律师抱团"走出去"发展，鼓励成渝两地律所在"一带一路"沿线国家和地区互补设立分支机构。联合商务、工商联、商会等，整合法律服务资源，推动建立境外综合性法律服务中心，为成渝企业拓展国际市场、开展国际经济合作提供有力保障。

二是合力构筑"1+3+N"发展新格局，打造"一带一路"国际商事仲裁中心。"1"就是联合创建"一院两区"仲裁机构。联合建立成渝"一带一路"国际商事仲裁院，重庆两江国际仲裁中心为东区分院，成都国际仲裁中心为西区分院，构建协同发展机制，实现仲裁员名册和仲裁庭共用、重大案件互助、案源互引，打造具有全国影响力、国际知名度的国际商事仲裁品牌。"3"就是共建共享"三中心"平台。按照"国际化、专业化、市场化和功能性、平台性"标准，共建共享中国国际经济贸易仲裁委员会国际仲裁中心、"一带一路"国际商事调解（西南）中心、"一带一路"外国法查明（西南）中心，不断完善国际商事纠纷解决机制。"N"就是共同拓展"多领域"服务。联合设立金融仲裁院，在成都金融仲裁院基础上，成立成渝金融仲裁院，制定金融仲裁快速处理规则，积极参与国际金融规则的制定。联合设立互联网仲裁院，在重庆互联网仲裁院基础上，成立成渝互联网仲裁院，制定互联网仲裁规则，打造"成渝智慧仲裁平台"。联合设立农村产权仲裁院，在成都全国首个农村产权仲裁院基础上，成立成渝农村产权仲裁院，在两地农村产权交易现场设立农村产权仲裁院"咨询联络处"，搭建处理农村产权纠纷平台。同时，立足成渝双城发展区位特点，联合推进在中欧铁路港、国际航空港、国际知识产权仲裁等领域的深度合作，积极参与多领域仲裁规则制定，争取更大的规则制定话语权。

三是协力构建"1+2+6"发展新体系，打造全国公证改革创新策源地。共设"一个中心"，即推动在四川大学、西南政法大学等高校挂牌成立"成渝公证理论研究中心"，开设公证学，每年定期开展公证员业务培训等工作，打造成公证员成长提能的"摇篮"。共建"两项机制"：①线下公证研讨机制，指导成渝两地公证协会建立定期联席会议制度，每年举办成渝公证行业交流座谈会，相互交流学习借鉴经验做法，集中宣传报道一批好经验、好做法，为全国公证行业发展贡献成渝智慧；②线上公证服务机制，建立统一的公证业务协作平台，加强信息共享、优化信息调查，实现公证书核实、黑名单共享、区域调查互助、跨区远程办证等功能的在线获取，为异地核实、协作办证等事项提供条件。共拓六大领域：①金融领域，共建"民间借贷法律事务中心"，加大对中小企业融资贷款的公证服务力度，规范民间借贷公证业务，防范非法集资风险；②知识产权保护领域，在成都公证处知识产权保护中心基础上，组建"成渝知识产权联合保护中心"，推动建立"一带一路"沿线国家和地区公证知识产权合作机制，为中国企业和公民国际知识产权申请、转让、许可和国际诉讼、仲裁等提供公证法律服务；③司法辅助领域，探索异地送达公证业务合作；④"三农"领域，共同围绕农村土地制度改革，开展公证法律服务研究，更好地维护农民集体、承包农户、经营主体的权益；⑤涉外公证领域，共同建立健全涉外公证质量监管机制，进一步提高涉外公证服务质量；⑥服务方式领域，全面推广公证"最多跑一次"改革，统一公证机构设施建设、人员配备、业务规范、工作流程等具体标准，统一服务场所标识、指引和功能设置，促进两地公证行业规范发展。

四是共同推出"三个一"发展新方式，打造司法鉴定协同链。做强一个龙头，即做强中西部地区唯一的国家级十大司法鉴定机构——西南政法大学司法鉴定中心。支持西南政法大学司法鉴定中心在前期设置成都地区采样点基础上，设立成都地区分支机构。做优一批骨干，即支持华西、基因格、求实、鼎诚、重医、法正、正鼎等司法鉴定机构做大做强，在申请国际鉴定认证上提供支持，助力骨干鉴定机构获取更多国际鉴定认证。做大一群支点，即支持其他规模较小的司法鉴定机构发展壮大，定期开展交流合作，建立骨干所与支点所"一对一"合作发展方式，鼓励合作联营，实现融合发展、规模发展。

五是合作实施"四同"发展新计划，打造公共法律服务同城化示范。坚持"目标同向"，在《成都市公共法律服务体系建设行动方案》基础上，共同编制《成渝公共法律服务五年发展规划》。坚持"标准同建"，共同制订成渝两地律师、公证、司法鉴定、仲裁等执业规则标准，逐步统一律所案件收费标准、律所税收政策，统一公证服务收费标准，统一司法鉴定结论互认标准，统一仲裁案件收费标准，提高两地法律服务一体化水平。坚持"平台同筑"，将公共法律服务纳入两地"蓉易办""渝快办"政务平台，提升智能服务水平，推动实现公共法律服务共建共享、同城同网。坚持"创新同研"，轮值举办公共法律服务体系建设研讨会，共同研究解决工作中的重点难点问题，提升成渝两地公共法律服务水平。

（四）深化协作——共建成渝地区法治协作体

一是开展行政立法协作。形成"点、线、面"行政立法协作格局。"点"上抓关键，以长江生态环境保护为立法协作重点，在环境保护、污染防治等方面推进行政立法合作。"线"上有延伸,将协作领域延伸到立项、调研、起草、论证等立法全过程,共建共享行政立法专家库,依托高等院校、科研机构,建立立法协作基地,为行政立法工作提供第三方智力支持。"面"上求突破,将行政立法协作城市扩大到德阳、眉山、资阳以及内江、大足等成渝双城经济圈相关城市,通过联合调研、当面沟通、共同起草等建立行政立法协作机制,联合推动清理地方性法规、规章和规范性文件。

二是开展联合行政执法。组织开展"1234"行动。"1",指一个系统,依托国家在线监管系统,加强成渝两地执法监督信息归集共享和关联整合。"2",指两份档案,联合规范建立成渝两地市场主体诚信档案和多元协作监督力量档案,建立守信联合激励和失信联合惩戒制度,调动第三方、公众、媒体等监督力量。"3",指三张清单,联合推行成渝双城经济圈行政处罚"三张清单",编制从轻处罚事项清单、减轻处罚事项清单、不予处罚事项清单。"4",指四项机制,建立成渝两地行政执法联动响应和协作机制,建立与"四新"经济相适应的包容审慎柔性执法联合机制,建立信用信息共享机制,建立政府、平台、行业组织、劳动者、消费者共同参与的规则协商、权益保障新机制。

三是实施刑事执行协同。实现"一基地、多联动"。"一基地"就是鼓励引导支持两地社会组织,共同打造教育示范基地,实现教育帮扶资源共享。"多联动"就是建立社区矫正调查评估、执行地认定与变更、跨省(市)委托监管、信息共享、应急管理等联动机制,努力实现成渝两地社区矫正和安置帮教工作无缝衔接。

四是打造坚持和发展"枫桥经验"新样板。实施"三联三共"工程。"三联",即建立成渝调解工作联席会议制度、矛盾纠纷多地联调平台、人民调解双边联动机制;"三共",即共享调解指导案例,共建行业性、专业性调解专家库,共推王兴华、老马工作室等调解品牌,协作打造多个"枫桥式"司法所,着力化解矛盾纠纷。

附　　录

Appendix

B.24
四川全面依法治省大事记（2020年）

1月20日　四川省第十三届人民代表大会常务委员会第四十二次主任会议通过《四川省人民代表大会常务委员会规范性文件备案审查工作规定》，将省法院、省检察院的规范性文件纳入备案审查范围。

2月1日　中共四川省委全面依法治省委员会办公室印发《关于成立5类法治专业小组　进一步有效服务全省疫情防控工作的通知》，在省市县三级贯通式成立合法性审查小组、重大行政处罚案件指导小组、重大纠纷调处指导小组、重大行政复议案件指导小组、法律服务应急小组共5类法治专业指导小组。

2月10日　四川省人大常委会发布《关于依法做好当前新型冠状病毒肺炎疫情防控工作的决定》。

2月17日　中共四川省委全面依法治省委员会印发《关于依法防控新冠肺炎疫情的工作方案》。

3月11日　四川省人大常委会发布《四川省人大常委会2020年立法计划》。

3月2日、25日 中共四川省委全面依法治省委员会分别印发《中共四川省委全面依法治省委员会 2020 年工作要点》《中共四川省委全面依法治省委员会 2020 年工作任务台账》。

3月30日 四川省第十三届人大常委会第十七次会议第一次全体会议听取四川省 2019 年度法治政府建设工作情况报告。

3月31日 四川省法治政府建设工作领导小组办公室印发《关于支持复工复产 规范疫情防控行政执法工作的意见》。

4月8日 中共四川省委全面依法治省委员会召开第二次会议，省委书记、省委全面依法治省委员会主任彭清华主持会议并作重要讲话。

4月10日 中共四川省委全面依法治省委员会办公室第三次全体（扩大）会议在成都召开。

4月15日 四川省政府办公厅印发《四川省人民政府 2020 年度法治政府建设重点工作安排》。

4月 中共四川省委全面依法治省委员会印发《四川省公共法律服务体系建设行动方案》《四川省乡村振兴法治工作规划（2020～2022 年)》《四川市县法治指数》《中共四川省委全面依法治省委员会办公室督察工作实施办法》《关于加强综合治理 从源头切实解决执行难问题的实施意见》。

5月15日 川渝政法合作联席会议暨政法部门合作签约仪式在成都举行，会议审议通过了《关于提升一体化执法司法水平 服务保障成渝地区双城经济圈建设的指导意见》，两地法院、检察院、司法行政等部门分别签署了合作协议。

6月8日 中国社会科学院法学研究所、社会科学文献出版社在成都设分会场在线发布法治蓝皮书《四川依法治省年度报告 No.6（2020)》。

6月10日 四川省服务业发展法治论坛在成都举行，四川省委常委、政法委书记、省法学会会长邓勇出席并讲话。

6月11日 中共四川省委全面依法治省委员会执法协调小组印发《关于全省"百个行政执法优秀案例评选暨典型案例评析"结果的通报》。

6月15日 四川省法治政府建设工作领导小组办公室印发《关于开展

人民群众最不满意行政执法突出问题承诺整改活动的通知》。

6月30日 中共四川省委全面依法治省委员会印发《关于深入学习贯彻习近平总书记重要讲话精神 有效推动〈中华人民共和国民法典〉实施的工作方案》。

7月2日 四川省委理论学习中心组举行专题学习（扩大）会，学习贯彻习近平总书记在中央政治局第二十次集体学习时的重要讲话精神，集中学习《民法典》。省委书记彭清华主持会议并讲话。

8月21日 全面依法治省工作联络员会议在成都召开。

8月25日 重庆、四川、贵州、云南、西藏五省（自治区、直辖市）监狱管理局在成都签署合作协议，正式启动西南地区监狱工作标准化协作机制。

9月29日 全面依法治县示范试点暨示范推动解决法治建设八个具体问题动员部署会议在成都召开，省委副书记、省委全面依法治省委员会副主任邓小刚出席会议并作动员讲话。省委常委、政法委书记邓勇主持会议，省人大常委会副主任刘作明、副省长叶寒冰、省政协副主席赵振铣、省检察院检察长冯键出席会议。

10月27日 全面依法治县示范试点暨示范推动解决法治建设八个具体问题工作培训会议在成都召开。

11月16日 第十五届西部法治论坛暨第七届"治蜀兴川"法治论坛在成都举行，四川省委常委、政法委书记、省法学会会长邓勇出席论坛开幕式并致辞。

11月19日 四川省委召开常委会会议，传达学习习近平总书记在中央全面依法治国工作会议上的重要讲话精神和在全面推动长江经济带发展座谈会上的重要讲话精神，以及习近平总书记对平安中国建设作出的重要指示和平安中国建设工作会议精神，研究四川省贯彻落实意见。省委书记彭清华主持会议并讲话。

11月24日 中共四川省委全面依法治省委员会办公室第四次全体（扩大）会议在成都召开。

12月2日 "深入学习宣传习近平法治思想 大力弘扬宪法精神"为

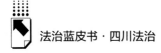

主题的"宪法宣传周"启动仪式在成都举行，揭晓了 2020 年度"四川十大法治人物"，展示了四川省"七五"普法成果。省委副书记、省委全面依法治省委员会副主任邓小刚出席并讲话。

12 月 28 日　四川省委召开常委会会议，听取省人大常委会、省政府、省政协、省法院、省检察院党组工作汇报。省委书记彭清华主持会议并讲话。

Abstract

The "Annual Report on the Rule of Law in Sichuan Province No. 7 (2021)" comprehensively sorts out the work experience and achievements of Sichuan Province in implementing the central government's major decisions and deployments as well as the in-depth advancement of governing the province according to law in the past year, and analyzes the existing problems and suggestions for improvement.

In the general report, various deployments in implementing the deployment of the central government's rule of law in Sichuan Province in 2020, together with the overall situation of comprehensively and deeply promoting the rule of law in Sichuan Province and accelerating the construction of the rule of law in Sichuan Province are sorted out. It analyzes in detail the progress and deficiencies of Sichuan Province in governing according to law, scientific legislation, strict law enforcement, fair justice, law-abiding by the whole people, and guarantee of the rule of law, and puts forward the outlook for the construction of the rule of law in the future.

This volume of the blue book also launched a series of special research reports, covering multiple topics such as Local Legislation, law-based government, judicial construction, social governance, epidemic prevention and control, poverty alleviation. In terms of local legislation, there are two reports, one is the contact point of legislation at the grass – roots level and the other is the help of legislation to alleviate poverty, which show the attempts and efforts in promoting legislation in Sichuan Province. As for the law-based government, several reports have highlighted the highlights of the construction of a government under the rule of law in Sichuan in 2020, such as promotion of the extension of comprehensive administrative law enforcement to towns and towns, the demonstration and

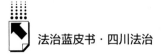

establishment of the construction of law-based government, and the form and analysis of administrative reconsideration. In terms of judicial construction, resolving disputes at the sources, the judicial protection of minors, and public interest litigation are still the focus of attention. In terms of social governance, topics such as market supervision bureaus exploring new ways to build the rule of law at the grassroots level, as well as social organizations participating in the normalization of social governance are covered. In 2020, a sudden epidemic broke the normal order in China and even in the whole world. In terms of epidemic prevention and control, a number of reports were selected to show some relevant experience in epidemic prevention according to law in Sichuan. In terms of poverty alleviation, there are not only the overall thinking and methods of poverty alleviation in Sichuan according to law, but also the practice and thinking of poverty alleviation under the rule of law in Guangyuan City, fully demonstrating the end results of Sichuan's poverty alleviation in 2020.

Keywords: Rule of Law at the Local Level; Law-Based Government; Social Governance

Contents

I General Report

Abstract: In the year 2020, Xi Jinping's thought of rule of law was conscientiously studied and implemented in Sichuan Province, where the rule of law was always persisted in, the overall practice of governing the province by law was deepened and the construction of the rule of law was accelerated in Sichuan. The party's leadership in governing the province according to law has been comprehensively strengthened. New results have been achieved, distinctive highlights have been formed, and practical experience and practices of the rule of law have been accumulated in scientific legislation, the construction of a law-based government, fair justice, the construction of law-based society, and the guarantee of the rule of law. At the same time, in accordance with the new situation and new requirements, problems in various fields of the rule of law construction have been sorted out and the direction of future efforts have been pointed out.

Keywords: Law-Based Exercise of State Power; Rule of Law in Sichuan; Law-Based Government; Law-Based Society

II Local Legislation

B.2 Exploration and Practice of the Construction of the
Basic-Level Contact Point of Administrative
Legislation in Dazhou City

Research Group of Dazhou Judicial Bureau / 045

Abstract: As an important way for the public to participate in legislation, the legislative contact point is a concrete manifestation of the implementation of the "scientific legislation and democratic legislation" proposed by the CPC Central Committee. It is of great practical significance for improving the quality of local legislation and promoting the refinement of legislation. Taking the establishment of a basic-level administrative legislative contact point and the exploration of "legislative contact point + information point + publicity point" model in Dazhou as an example, this paper mainly introduces the highlights in the legislative contact points, the achievements in the process of practice and the existing problems, and proposes that in the future, we should improve the legislative contact point system, innovate the legislative contact point working mechanism, improve the team building in legislative contact point, and promote the development of legislative contact points to be more conducive to local legislation.

Keywords: Legislative Contact Point; Public Participation; Democratic Legislation

B.3 People's Congress Practice of Strengthening Legislative Supervision to Promote Poverty Alleviation

Research Group of the Agricultural and Rural Committee of
Sichuan Provincial People's Congress / 059

Abstract: In recent years, the Standing Committee of the Sichuan Provincial People's Congress has been steadfastly unswerving with General Secretary Xi Jinping's important discussion on poverty alleviation to arm the mind, guide practice, and promote work, giving full play to the functions of the NPC, strengthening legislative supervision, and actively promoting the implementation of the central and provincial Party committees' decision-making and deployment on poverty alleviation by using the thinking and mode of the rule of law. Based on the actual situation of Sichuan Province, the Regulations on Poverty Alleviation and Development in Rural Areas of Sichuan Province were formulated, thus to strengthen the foundation of rule of law for poverty alleviation in Sichuan Province. They have innovated working methods, demonstrated the power of rule of law to help promote poverty alleviation in accordance with the law, and found a practical way for Sichuan people's Congress to strengthen legislative supervision to promote poverty alleviation.

Keywords: Local Legislation; Legislative Supervision; Poverty Alleviation

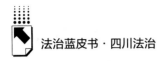

Ⅲ Government of the Rule of Law

B.4 Practice and Exploration of the Demonstrative
Establishment of the Construction of a Law-Based
Government in Luzhou City

Research group of Luzhou Judicial Bureau / 069

Abstract: In recent years, Luzhou City in Sichuan Province has insisted on taking the construction of a law-based government as the key task and main project of governing the city according to law, comprehensively promoted various government tasks into the track of rule of law, and successfully established the first batch of demonstration cities for the construction of national law-based government. Luzhou has strengthened the main body consciousness, active consciousness and initiative consciousness of the demonstrative construction of a law-based government, emphasized the organizational leadership, typical role, declaration, evaluation, assessment and supervision of the demonstrative construction of the law-based government, and improved the leading effect, system construction effect, function transformation effect, standardized law enforcement effect and legal service effect. To deepen the construction of the law-based government in the future, the organizational system of the demonstration should be further improved, the key orientation should be further clarified, the endogenous power should be further stimulated and the experience promotion should be further strengthened.

Keywords: Law-Based Government; Demonstrative Establishment; Assessment and Supervision

B.5 The Joint Operating Mechanism Reform for Construction
Projects in Jinniu District

Research Group of Office of Urban Jinniu District
Committee for Comprehensive Rule of Law / 081

Abstract: The reform of delegation and decentralization is "simplification of administrative procedures, delegation of powers, combination of decentralization and appropriate control and optimization of services". The optimization and upgrading of the approval system for construction projects is a key part of the reform of delegation and decentralization, and an important indicator for testing the status of the local business environment and the effectiveness of the administrative approval reform. Affected by historical and practical factors, such problems as low efficiency, multiple links, time-consuming, and high cost in engineering construction project approval have been long-standing problems, and it is urgent to use the rule of law to break the institutional barriers that restrict its healthy development. Taking the promotion of the construction of a law-based government as the driving force and with the reform of delegation and decentralization as the starting point, Jinniu District in Chengdu has vigorously developed joint approval reform for engineering construction projects. The "four unification" (approval process, data platform, management system and supervision mode) in engineering construction projects has been promoted and innovation has been adopted in project recruitment, electronic drawing review, intermediary service and on-site inspection, thus to realize the good economic and social benefits of improving the approval efficiency, stimulating the vitality of economic operation, and improving the public satisfaction rate, which is of great significance to promote the high-quality development of regional economy. In August 2020, the "joint operating mechanism for engineering construction project approval" in Jinniu District was named as the "national demonstration project of government construction under the rule of law" by the central office of rule of law, which has made a good start for Jinniu District to speed up the construction of a market-oriented, rule of law-based and international business environment.

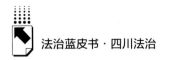

Keywords: Engineering Project; Joint Examination and Approval; Business Environment

B. 6　Construction Practice of Standardization of Sichuan
Financial Administrative Enforcement of Law

Research Group of Sichuan Provincial Department of Finance / 094

Abstract: Administrative enforcement of law is a concentrated reflection of the government's image of the rule of law. Combining with the characteristics of administrative enforcement of law in financial departments, Sichuan Provincial Department of Finance standardizes the process, documents, terms, discretion and legal audit of financial administrative enforcement of law through standardization construction, so as to promote the strict, standardized, fair and civilized enforcement of law in financial departments. This paper systematically introduces the exploration and practice of the financial departments in the standardized construction of administrative enforcement of law.

Keywords: Department of Finance; Administrative Enforcement of Law; Construction of Standardization

B. 7　Exploration on the Path to Innovatively Promote the
Reform of the Comprehensive Administrative Law Enforcement
System in Shawan District of Leshan City

Research Group of the Office for Comprehensive
Rule of Law of CPC Committee, Shawan District,
Leshan City / 105

Abstract: It is an important part in deepening the reform of the administrative law enforcement system and promoting the construction of a government under the rule of law to promote the in-depth reform of comprehensive administrative law enforcement. In recent years, Shawan District in Leshan City has focused on solving such problems as overlapping powers and responsibilities of administrative law enforcement agencies, multiple law enforcement, and repeated law enforcement, promoted cross-departmental and cross-field comprehensive administrative law enforcement reforms, and basically realized "one team of law enforcement", which has effectively promoted the process of law-based government. The reform, however, is also facing many problems. This paper mainly analyzes the exploration and practice of the reform of the comprehensive administrative law enforcement system in Shawan District, Leshan City, with the purpose of clarifying the ideas, solving the problems, "cultivating opportunities in the crisis, opening up new situations in the changing situation", and forming replicable and extendable Shawan experience.

Keywords: Comprehensive Administrative Law Enforcement; Reform of the Administrative Enforcement System, Guarantee for Enforcement

B. 8　Promote the Extension of Administrative Law Enforcement Resources to Villages and Towns

Abstract: For the purpose of implementing the provincial Party Committee's deployment requirements in the "second half" on the adjustment and reform of township administrative divisions and village-level organizational system, the research group carried out special investigation on strengthening the construction of township comprehensive administrative law enforcement system, and summarized experience. It is found that in the process of promoting the extension of administrative law enforcement resources to towns and villages, the ideological preparation is not enough, the system supply is not perfect, the coordination mechanism is not sound enough, and the basic guarantee is not strong enough. In the future, it is necessary to further consolidate the organizational structure of township law enforcement, further improve the work mechanism of township law enforcement, and further

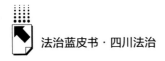
strengthen the basic guarantee for comprehensive administrative law enforcement.

Keywords: Comprehensive Administrative Law Enforcement, Law Enforcement toward Lower Levels; Administrative Law Enforcement Agencies

B.9 Situation Analysis and Countermeasures Research on the
Administrative Reconsideration at the Grass-Roots
Level in Guang'an City

Research Group of Guang'an Judicial Bureau / 131

Abstract: Since its promulgation in 1999, the *Administrative Reconsideration Law* has played an important role in protecting citizens' rights and interests, resolving administrative disputes, supervising and regulating administrative power, and maintaining social stability. However, with the rapid development of the economy and society in China, some drawbacks and difficulties have been exposed in the administrative reconsideration system, especially the grass-roots administrative reconsideration work, and there are some urgent problems to be solved, such as the weak power of grass-roots administrative reconsideration institutions, the weak role of the main channel to resolve administrative disputes, and the less use of the reconsideration accountability mechanism. Based on the actual work, the author makes an empirical investigation on the administrative reconsideration work in Guang'an City, summarizes the problems existing in the current grass-roots administrative reconsideration system, and proposes some improvement measures, such as strengthening the organization and leadership guarantee, strengthening the publicity of administrative reconsideration, implementing the reform of administrative reconsideration system, strengthening the construction of administrative reconsideration team, improving the quality of administrative reconsideration review, perfecting the accountability mechanism, and strengthening the relationship between the government and the court.

Keywords: Grass-Roots Administrative Reconsideration; Administrative Reconsideration Accountability; Construction of Administrative Reconsideration Team

Abstract: With empirical research method, this paper systematically combs and analyzes the development status, work basis and development dilemma of the sub-district offices in Sichuan Province, and puts forward the corresponding countermeasures and suggestions. Specifically, the research is based on the institutional innovation and capacity-building of urban and rural grassroots governance in Sichuan Province. Starting from the overall level and stages of urbanization in Sichuan Province and the cities and prefectures as a starting point, the development foundation of Sichuan sub-district offices has been sorted out from four aspects: organization construction, function transformation, operating mechanism, and institutional setting. The development dilemma of Sichuan sub-district offices is analyzed from five aspects: regional differences, functional responsibilities, operating mechanisms, governance capabilities, and human resources. It also provides specific countermeasures and suggestions from six aspects: organizational leadership, system problem solving, empowerment, governance capabilities, grassroots burden reduction, and security system.

Keywords: Grassroots Governance; Sub-district Office; Legislative Research

IV　Judicial Construction

Abstract: To correctly implement the system for imposing lenient punishment on those confessing to their crimes and accepting punishments, it is not only necessary to deeply understand its importance to improve the efficiency of criminal proceedings, but also fully grasp the leading role of procuratorial organs in the implementation of the system. Positive results have been achieved in implementing the system by introducing systems, strengthening guidance, focusing on cooperation, optimizing functions and powers, simplifying procedures, and strengthening supervision. Procuratorial organs in Sichuan have organized and implemented this system focusing on key aspects such as prosecution and defense negotiation, sentencing recommendations, supervision and restriction, etc. The effect is outstanding, and the rate of willingly accepting the judgments in criminal cases applying this system is high. However, the current implementation of this system is still facing many contradictions and problems, and further reforms are needed to enhance the scientificity, standardization and accuracy of the system, and shape its good judicial credibility.

Keywords: the System for Imposing Lenient Punishment on Those Confessing to Their Crimes and Accepting Punishments; Leading Role of Procuratorial Organs; Supervision and Restriction

B.12 The Construction of the Collaborative and Socialized System of Public Interest Litigation in Chengdu Procuratorial Organs

Research Group of the People's Procuratorate of Chengdu City / 171

Abstract: The initiation of a public interest litigation system to protect the public interest system by procuratorial organs and the realization of its positive significance for national governance requires the coordinated performance of duties within the scope of the duties of different state agencies and the orderly participation of social forces. The procuratorial organs of Chengdu have put forward countermeasures and suggestions to continuously promote the work by adhering to the problem orientation, exploring the practice path of judicial protection of social public welfare, carrying out the reform of collaborative and socialized system construction of public welfare litigation, constantly solving the

problems in public welfare litigation, and at the same time, deeply analyzing the problems and shortcomings in the exploration.

Keywords: Public Interest Litigation; Coordination; Socialization

B.13   Establishing the System of "Minors 110 Command Center"
    —*Ya'an Model of Socialized Support System for Minor Procuratorial Work*
    Research Group of the People's Procuratorate of Ya'an City / 183

Abstract: In view of the difficulties in information sharing, work convergence and systematization in minor protection, the procuratorial organs of Ya'an City have, based on the legal supervision function, explored to establish a working system of "minor 110 command center". They have broken the barriers between the administration and justice and built a bridge to establish a work system, which is led by the procuratorial organ, with the participation of administrative law enforcement agencies with minor management and protection functions and managed by local governments. Thus, the information sharing, department cooperation and quick handling in accordance with the law in minor protection has been realized, and practical effect of minor judicial protection has been effectively improved.

Keywords: Protection of Minors; Multi-department Linkage; Administrative and Judicial Connection

B.14   An Innovative Research on the Offender Reintegration
    from the Perspective of the Modernization of
    National Governance System and Governance Ability
    Research Group of Sichuan Provincial Bureau of Prisons / 195

Abstract: China has entered a new era. The Fourth Plenary Session of the 19th CPC Central Committee put forward the important proposition of "modernization of national governance system and capabilities". The profound changes in the development of the times have profoundly affected the offender reintegration. The recidivism and professional crimes of released prisoners have attracted great social attention. This paper studies the prevention and reduction of recidivism from such three dimensions as national governance system, comprehensive social governance and modern prison governance, so as to provide empirical basis and countermeasure references to innovate offender reintegration and promote the harmonious development of society.

Keywords: Recidivism; Offender Reintegration; Recidivism Rate

·V   Social Governance

B.15   Construction of a Diversified and Innovative System for the
Protection of Minors' Rights and Interests in the
Context of Grassroots Social Governance

Research Group of Sichuan Provincial Department of Education / 218

Abstract: The grassroots stands in the first line of national governance. The protection of minors' rights and interests is an important part of grassroots social governance, and innovation in grassroots social governance also provides new opportunities for the protection of minors' rights and interests. In recent years, the protection of the rights and interests of minors in Sichuan Province has achieved remarkable results. A diversified pattern of protection of minors' rights and interests under the leadership of the party committee has taken shape. The protection mode has been constantly innovated, and the pattern of bringing the protection of the rights and interests of minors into the grass-roots social governance has initially appeared. In the future, efforts should be made in improving the local legislative system, strengthening the government's responsibilities, enhancing the degree of intelligence, and strengthening the publicity and education of the rule of law to further build a diversified and innovative protection system for the rights and interests of minors.

Keywords: Grassroots Social Governance; Protection of Minors' Rights and Interests; Publicity and Education of the Rule of Law

B.16 A Study on the Normalized Government-Community
Coordination Mechanism to Participate in Social
Governance Orderly
—*Based on the Exploration and Practice of Ya'an*
Political and Social Collaborative Entity Platform
Research Group of Ya'an Mass Organization Social Service Center / 231

Abstract: With the implementation of the spirit of the 19th National
Congress of the CPC, Ya'an has integrated the resources of the mass organizations,
constructed the working pattern of "mass organizations", cultivated social
organizations, integrated social resources, built a government-community
coordination platform to participate in social governance through various measures
such as system construction and talent team construction. Thus, Ya'an has
established a unique social governance model with orderly participation of
coordinated social forces.

Keywords: Government-Community Coordination; Social Governance;
Mass Organization Implementation

B.17 Market Supervision Bureau to Explore a New Path for the
Construction of the Rule of Law at the Grassroots Level
—*Taking the Law Popularization Activities of "Lectures on the*
Rule of Law to the Grassroots Level" as an Example
Research Group of Sichuan Provincial Market Supervision Bureau / 242

Abstract: With the acceleration of the reform and modernization of the
market supervision institutions in Sichuan Province, higher goals and requirements
have been put forward for the legalization of grassroots governance. Judging from
the current situation of grass-roots social governance, however, some problems are
still existing, delaying the process of rule of law, and effective improvement

strategies need to be formed on the basis of exploration and research. Guided by the problem of legalization of grass-roots governance after the institutional reform, this paper finds that there are some problems in the construction of grass-roots rule of law, such as the concept of rule of law is weak, the system of rule of law is imperfect, the grass-roots rule of law personnel is not enough, and the rule of law atmosphere has not been formed. In the future, an in-depth analysis and demand docking on the construction of the rule of law at the grass-roots level should be conducted, thus to carry out targeted law popularization activities of "lectures on the rule of law to the grassroots level".

Keywords: Legalization of Grassroots Governance; Lecture on the Rule of Law; Law Popularization

VI Prevention and Control of Epidemic According to Law

B. 18 Investigation and Research on Strengthening Urban and Rural Grassroots Governance to Help Epidemic Prevention and Control

Research group of Organization Department of
CPC Nanchong Municipal Committee / 254

Abstract: A profound and complex change unseen in a century has entered a period of accelerated evolution in the world. The impact of the COVID-19 is widespread and far-reaching. The great rejuvenation of the Chinese nation has entered a critical period and the modernization of the national governance system and governance capabilities is facing new requirements and challenges. Taking Nanchong City as an empirical sample, this research analyzes and judges the experience and practices of strengthening urban and rural grassroots governance during COVID-19 prevention and control, comprehensively summarizes the rules and characteristics, and proposes how to further play the role of the battle fortress of grassroots party organizations and the vanguard and exemplary role of party members in the new era, continuously improve the level of urban and rural grassroots governance capabilities, and strive to build a new pattern of social governance of co-construction, co-governance, and sharing.

Keywords: COVID-19 Prevention and Control; Urban and Rural Grassroots Governance; Grassroots Party Building

B . 19 Research on the Bankruptcy Reorganization Value Identification Mechanism of Enterprises under the Background of the Epidemic

Research Group of the People's Court of

Qingbaijiang District, Chengdu / 265

Abstract: It is an essential topic for the people's courts to accurately identify the reorganization value of bankrupt companies in the context of the epidemic and give full play to the rescue function of the reorganization system in handling enterprise reorganization cases. Combined with its practice of handling cases for many years, People's Court of Qingbaijiang District, Chengdu has set up a set of standardized value recognition rules from procedure to entity, such as strengthening the construction of professional reorganization value recognition team, establishing "four-step" standard review process, "two inspections and eight questions" element type entity review paradigm, "four-dimensional" penetrating epidemic impact evaluation, etc, which has made beneficial explorations and achieved positive results in improving the supporting mechanism of high-quality reorganization value identification. At the same time, it also puts forward some suggestions for the next step to improve the value identification mechanism of bankrupt enterprise reorganization, such as formulating normative guidance documents on the value identification of enterprise reorganization, improving the linkage mechanism between government and institution of value identification of enterprise reorganization at the provincial level or above, and accelerating the cultivation of the third-party enterprise reorganization value consulting institution.

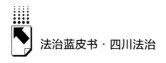
Keywords: Bankruptcy Reorganization; Reorganization value identification, epidemic

Ⅶ　Guarantee of the Rule of Law for Poverty Alleviation

B. 20　Practice and Exploration of Poverty Alleviation according to Law in Sichuan Province

Research Group of Sichuan Provincial Poverty Alleviation and Development Bureau / 278

Abstract: By the end of 2019, except for the 7 counties in Liangshan Prefecture, the remaining 81 poor counties in Sichuan Province have been successfully lifted out of poverty. The year 2020 is the decisive year for China to build a well-off society in an all-round way, and it is also the final year for the national poverty alleviation work. The Party and the state have given high support and put forward strict requirements for the final battle of poverty alleviation work in Sichuan Province. Through unremitting efforts, Sichuan has finally lifted the last 7 counties out of poverty and achieve the goal of clearing 88 poverty-stricken counties. The standardized development of poverty alleviation work, the effective implementation of special funds for poverty alleviation, the continuous and in-depth development of poverty alleviation after comprehensive poverty alleviation, and the effective protection of the legitimate rights and interests of the poor are inseparable from the guarantee of the rule of law. Through a systematical summary of the situation and challenges Sichuan has faced in poverty alleviation work according to law since the 18th National Congress of the Communist Party of China, this paper analyzes the ideas and measures taken by Sichuan in the process of poverty alleviation according to law, summarizes the remarkable achievements and typical experiences in Sichuan's work of poverty alleviation according to law, studies and puts forward suggestions for further promoting poverty alleviation work in Sichuan with rule of law-based thinking and methods, and provides suggestions for the construction of a modern socialist country ruled by law from the perspective of carrying out poverty alleviation work in accordance with the law.

Keywords: Poverty Alleviation; Poverty Alleviation according to Law; Rule of Law-Based Thinking

B.21 Practice and Thinking of "Poverty Alleviation by Law" in Guangyuan City

Research Group of the Office of the Guangyuan Municipal Committee of the CPC for the Comprehensive Administration of the City by Rule of Law / 297

Abstract: Prosperity of the rule of law ensures national security, and a strong rule of law guarantees success. To win the battle against poverty is inseparable from the guarantee and escort of the rule of law. Guangyuan City has thoroughly studied and implemented Xi Jinping's thoughts on the rule of law and important expositions on precision poverty alleviation, and resolutely implemented the decision-making and deployment of the CPC Central Committee and the Provincial Party Committee. They have pinpointed the combination of the rule of law and poverty alleviation, and innovatively carried out the "rule of law and poverty alleviation" special action. Efforts have been made to build the "three systems", namely, a strong organizational system, an efficient implementation system, and a strong guarantee system, thus to promote the normalization of the rule of law in poverty alleviation. The "four major actions" have been carried out, namely spring rain drip irrigation, judicial convenience, thunder escort, and swattering of flies and rodents, to promote the precision of the rule of law to benefit the people. The "four goals" have been focused on, which are seeing the elements of the rule of law, hearing the voice of the rule of law, finding the service of the rule of law, and receiving the protection of the rule of law, to maximize the benefits of the rule of law, and provide a strong legal guarantee for Guangyuan's decisive battle against the overall contiguous poverty to stride across the overall well-off society, and the start of the new journey of comprehensive construction of socialist modernization in Guangyuan.

Keywords: Poverty Alleviation; Poverty Alleviation by Law; Service for the Benefit of the People

Ⅷ   Legal Guarantee for the Construction of Chengdu-Chongqing Economic Circle

B.22   Construction of the "Six Complete" Drug Control System with Sichuan Characteristics

Feng Bin, Gao Li / 308

Abstract: It is a major strategic deployment focusing on strategy and the overall situation of the CPC Central Committee with Comrade Xi Jinping at the core to promote the construction of Chengdu-Chongqing economic circle. In this paper, from the construction of the "six complete" drug control system with Sichuan characteristics, we try to discuss and analyze how to improve the drug control ability of the city and serve the construction of Chengdu-Chongqing economic circle, and put forward some suggestions for the next step.

Keywords: Drug Control; Drug Control Ability of the City; Chengdu-Chongqing Economic Circle

B.23   Explore the Establishment of Chengdu-Chongqing Legal Service Alliance

Research Group of Chengdu Judicial Bureau / 324

Abstract: Focusing on the major deployment such as integrating into the "double cycle" and singing the "tale of two cities", this paper takes the construction of Chengdu-Chongqing legal service alliance as the focus and entry point, and deeply analyzes the situation of Chengdu-Chongqing legal service alliance, the advantages of Chengdu-Chongqing legal service ability, and the development of the Chengdu-Chongqing legal service industry, by learning from the advanced experience both at home and abroad, such as London Metropolitan Area in the UK, Tokyo capital circle in Japan, coordinated development of Beijing, Tianjin and Hebei, and the construction of Guangdong, Hong Kong and Macao Greater Bay Area. Besides, this paper puts forward countermeasures and suggestions on the construction of western legal service center, national first-class legal service industry cluster and legal cooperation in Chengdu-Chongqing area, so as to provide reference for better building the core competitiveness of legal business environment in Chengdu-Chongqing area and creating the legal service highland in the western region in the new era.

Keywords: Chengdu-Chongqing Economic Circle; Legal Service Alliance, Legal Service Resources

IX Appendix

皮 书

智库报告的主要形式
同一主题智库报告的聚合

❖ 皮书定义 ❖

皮书是对中国与世界发展状况和热点问题进行年度监测，以专业的角度、专家的视野和实证研究方法，针对某一领域或区域现状与发展态势展开分析和预测，具备前沿性、原创性、实证性、连续性、时效性等特点的公开出版物，由一系列权威研究报告组成。

❖ 皮书作者 ❖

皮书系列报告作者以国内外一流研究机构、知名高校等重点智库的研究人员为主，多为相关领域一流专家学者，他们的观点代表了当下学界对中国与世界的现实和未来最高水平的解读与分析。截至2021年，皮书研创机构有近千家，报告作者累计超过7万人。

❖ 皮书荣誉 ❖

皮书系列已成为社会科学文献出版社的著名图书品牌和中国社会科学院的知名学术品牌。2016年皮书系列正式列入"十三五"国家重点出版规划项目；2013~2021年，重点皮书列入中国社会科学院承担的国家哲学社会科学创新工程项目。

中国皮书网

（网址：www.pishu.cn）

发布皮书研创资讯，传播皮书精彩内容
引领皮书出版潮流，打造皮书服务平台

栏目设置

◆关于皮书

何谓皮书、皮书分类、皮书大事记、
皮书荣誉、皮书出版第一人、皮书编辑部

◆最新资讯

通知公告、新闻动态、媒体聚焦、
网站专题、视频直播、下载专区

◆皮书研创

皮书规范、皮书选题、皮书出版、
皮书研究、研创团队

◆皮书评奖评价

指标体系、皮书评价、皮书评奖

◆皮书研究院理事会

理事会章程、理事单位、个人理事、高级
研究员、理事会秘书处、入会指南

◆互动专区

皮书说、社科数托邦、皮书微博、留言板

所获荣誉

◆2008年、2011年、2014年，中国皮书
网均在全国新闻出版业网站荣誉评选中
获得"最具商业价值网站"称号；
◆2012年，获得"出版业网站百强"称号。

网库合一

2014年，中国皮书网与皮书数据库端口
合一，实现资源共享。

中国皮书网

权威报告·一手数据·特色资源

皮书数据库
ANNUAL REPORT(YEARBOOK)
DATABASE

分析解读当下中国发展变迁的高端智库平台

所获荣誉

- 2019年，入围国家新闻出版署数字出版精品遴选推荐计划项目
- 2016年，入选"'十三五'国家重点电子出版物出版规划骨干工程"
- 2015年，荣获"搜索中国正能量 点赞2015""创新中国科技创新奖"
- 2013年，荣获"中国出版政府奖·网络出版物奖"提名奖
- 连续多年荣获中国数字出版博览会"数字出版·优秀品牌"奖

成为会员

通过网址www.pishu.com.cn访问皮书数据库网站或下载皮书数据库APP，进行手机号码验证或邮箱验证即可成为皮书数据库会员。

会员福利

- 已注册用户购书后可免费获赠100元皮书数据库充值卡。刮开充值卡涂层获取充值密码，登录并进入"会员中心"—"在线充值"—"充值卡充值"，充值成功即可购买和查看数据库内容。
- 会员福利最终解释权归社会科学文献出版社所有。

社会科学文献出版社 皮书系列
SOCIAL SCIENCES ACADEMIC PRESS (CHINA)
卡号：948497873292
密码：

数据库服务热线：400-008-6695
数据库服务QQ：2475522410
数据库服务邮箱：database@ssap.cn
图书销售热线：010-59367070/7028
图书服务QQ：1265056568
图书服务邮箱：duzhe@ssap.cn

S 基本子库
SUB DATABASE

中国社会发展数据库（下设 12 个子库）

整合国内外中国社会发展研究成果，汇聚独家统计数据、深度分析报告，涉及社会、人口、政治、教育、法律等 12 个领域，为了解中国社会发展动态、跟踪社会核心热点、分析社会发展趋势提供一站式资源搜索和数据服务。

中国经济发展数据库（下设 12 个子库）

围绕国内外中国经济发展主题研究报告、学术资讯、基础数据等资料构建，内容涵盖宏观经济、农业经济、工业经济、产业经济等 12 个重点经济领域，为实时掌控经济运行态势、把握经济发展规律、洞察经济形势、进行经济决策提供参考和依据。

中国行业发展数据库（下设 17 个子库）

以中国国民经济行业分类为依据，覆盖金融业、旅游、医疗卫生、交通运输、能源矿产等 100 多个行业，跟踪分析国民经济相关行业市场运行状况和政策导向，汇集行业发展前沿资讯，为投资、从业及各种经济决策提供理论基础和实践指导。

中国区域发展数据库（下设 6 个子库）

对中国特定区域内的经济、社会、文化等领域现状与发展情况进行深度分析和预测，研究层级至县及县以下行政区，涉及省份、区域经济体、城市、农村等不同维度，为地方经济社会宏观态势研究、发展经验研究、案例分析提供数据服务。

中国文化传媒数据库（下设 18 个子库）

汇聚文化传媒领域专家观点、热点资讯，梳理国内外中国文化发展相关学术研究成果、一手统计数据，涵盖文化产业、新闻传播、电影娱乐、文学艺术、群众文化等 18 个重点研究领域。为文化传媒研究提供相关数据、研究报告和综合分析服务。

世界经济与国际关系数据库（下设 6 个子库）

立足"皮书系列"世界经济、国际关系相关学术资源，整合世界经济、国际政治、世界文化与科技、全球性问题、国际组织与国际法、区域研究 6 大领域研究成果，为世界经济与国际关系研究提供全方位数据分析，为决策和形势研判提供参考。

法律声明

　　"皮书系列"（含蓝皮书、绿皮书、黄皮书）之品牌由社会科学文献出版社最早使用并持续至今，现已被中国图书市场所熟知。"皮书系列"的相关商标已在中华人民共和国国家工商行政管理总局商标局注册，如LOGO（▉）、皮书、Pishu、经济蓝皮书、社会蓝皮书等。"皮书系列"图书的注册商标专用权及封面设计、版式设计的著作权均为社会科学文献出版社所有。未经社会科学文献出版社书面授权许可，任何使用与"皮书系列"图书注册商标、封面设计、版式设计相同或者近似的文字、图形或其组合的行为均系侵权行为。

　　经作者授权，本书的专有出版权及信息网络传播权等为社会科学文献出版社享有。未经社会科学文献出版社书面授权许可，任何就本书内容的复制、发行或以数字形式进行网络传播的行为均系侵权行为。

　　社会科学文献出版社将通过法律途径追究上述侵权行为的法律责任，维护自身合法权益。

　　欢迎社会各界人士对侵犯社会科学文献出版社上述权利的侵权行为进行举报。电话：010-59367121，电子邮箱：fawubu@ssap.cn。

社会科学文献出版社